언어적 사고의 수수께끼

언어적 사고의 수수께끼

다케다 세이지[竹田青嗣] 지음

윤성진 옮김

서광사

이 책은 다케다 세이지[竹田靑嗣]의 《言語的思考へ》
(東京: 株式會社 徑書房, 2001)를 완역한 것이다.

언어적 사고의 수수께끼
다케다 세이지[竹田靑嗣] 지음
윤성진 옮김

펴낸이—김신혁
펴낸곳—서광사
출판등록일—1977.6.30.
출판등록번호—제 6-0017호

(130-820) 서울시 동대문구 용두 2동 119-46
대표전화·924-6161 팩시밀리·922-4993 E-mail·phil6161@chol.com
http://www.seokwangsa.co.kr

제1판 제1쇄 펴낸날·2005년 8월 10일

ISBN 89-306-2035-3 93160

옮긴이의 말

도쿄의 오차노미즈 역 부근의 산세이도 서점에서 우연히 다케다 세이지 선생의 책을 집어든지 10년이 지났다. 선생의 책을 읽기 위해 일본어를 공부했고, 그 결과 두 번째 역서에까지 이르렀다. 선생의 책 《니체입문》을 《니체 다시 읽기》란 새로운 이름으로 번역 출판해 낸 이후 두 번째다. 역자의 여건으로는 다케다 세이지 선생의 책을 번역하는 일이 쉬운 일은 아니었다. 왜냐하면 줄곧 독일어와 영어로 쓰여진 책을 읽어 온 터라 일본어로 된 책을 읽는 것은 물론이고 그것을 번역해내는 일은 거의 불가능한 일이었기 때문이다. 그보다 더 힘든 일은 일본서적들의 특징으로 보이는데, 각주에 있는 저서명을 원어로 직접 표기하지 않고 일본 국내 학자들에 의해 번역된 책들을 참조했다는 점이다. 요컨대 그만큼 번역 수준이 높다는 증거일 것이다. 국내에서도 최근에 들어서는 학자들이 국내번역서들을 직접 표기하려는 노력이 시도되고는 있지만 여전히 요원한 상태다. 옮긴이의 입장에서는 이 책이 세상에 나온다는 사실만으로도 벅찰 따름이다. 힘들여 번역해 놓고 나니 선생의 또 다른 저서들이 쏟아져 나왔다. 벌써 또 다른 욕구가 치밀어 오른다.

이 책은 언어철학의 미묘한 논리를 현상학적 입장에서 철저하

6

게 풀어보려는 일종의 '시도'라고 보인다. 여기서 다케다 선생의 시도는 간략히 다음과 같이 요약해 볼 수 있다.

1) 근대철학 이래의 인식문제의 논의는 현대철학에서 '언어론'의 영역으로 이동했지만, 이것을 현상학적 방법에 의해 완전히 해명하는 것. 즉, 여러 가지 아포리아에 의해 미궁으로 빠져버린 현대의 언어의 수수께끼를 말끔하게 해결하는 것이다. 발어주체와 수어주체 간의 신빙구조, 일반언어표상, 언어 콘텍스트, 의미의 존재론 등이 이 문제의 해명을 위한 주요한 개념으로 제시되고 있다.

2) 현상학적 사고의 틀 속에서, 원리의 제시와 그러한 전개를 통해 보편통찰성을 확보하고자 하는 철학적 사고의 본질을 제시하는 것이다.

철학적 사고의 본질은 보편통찰성이라는 개념에서 표시된다. 철학적 사고는 원리를 제시하고, 이것을 보조적 여러 개념으로 뒷받침하면서, 우리 자신이 만들어낸 인간적, 사회적 과제의 핵심을 전개해간다. 이 방법에 의해 철학적 사고는 인식의 보편타당성(=진리)으로 접근하는 것이 아니라 인식의 보편통찰성으로 접근하는 것이다. 이러한 철학의 방법원리는 현대철학 및 현대사상에서는 거의 망각되고 고갈되었다. 이 책은 그러한 상흔을 명확하게 짚어내고자 한다.

다케다 세이지 선생은 이 책에서 현대사상의 빅네임 중의 하나인 데리다 비판을 시험하고, '그다음 행보'의 방향을 제시해준다. 이 책은 철학에 흥미가 있는 모든 사람들에게, '그 다음의 행보는 무엇인지'라고 묻는 사람들을 위해 책일 것이다.

2005년 7월 7일

일산에서 윤성진

지은이의 말

이 책은 형상학적 방법에 의한 언어의 본질학이다. 이 졸작에서 내가 의도한 것을 간략하게 서술해보면 다음과 같다.

먼저 하나는 근대철학 이래 인식문제의 논의는 현대철학에서 언어론의 영역으로 이동했지만, 이것을 현상학적 방법에 의해 완전히 해명하는 것. 즉, 여러 가지 아포리아에 의해 논의가 미궁으로 빠지게 된 현대의 언어의 수수께끼를 해결하는 것이다. 발어주체와 수어주체 간의 신빙구조, 일반언어표상, 언어 콘텍스트, 의미의 존재론 등이 이 문제의 해명을 위한 주요한 개념으로 제시되고 있다.

또 하나는 현상학적 사고의 범례를 두는 것으로, 원리의 제시와 그 전개에 의해 보편통찰성을 목표로 한 철학적 사고의 방향을 제시하는 것이다.

철학적 사고의 본질은 보편통찰성이라는 개념에서 표시된다(이 개념에 관해서는 서구의 근저 《철학적 사고》를 꼭 참조). 철학적 사고는 원리를 제시하고, 이것을 보조적 여러 개념으로 뒷받침하면서, 우리들 자신이 창설한 인간적, 사회적 과제의 핵심을 향해 스스로를 전개해간다. 이 방법에 의해 철학적 사고는 인식의 보편타당성(=진리)으로 접근하는 것이 아니라 인식의 보편통찰성으로

8

접근하는 것이다. 이러한 철학의 방법원리는 현대철학 및 현대사상에서는 거의 망각되고, 고갈되었지만, 그 사정에 관해서도 본서에서 명확시되고 있다.

이 책은 《플라톤 입문》을 펴낸 이래 거의 3년 만의 단저가 된다. 그 사이 내가 생각하고 있던 것은 철학적 사고의 르네상스라는 것이다.

현대사상에서 최대의 문제는 자본주의의 아포리아, 자본주의의 가능성이라는 것이다. 이제 모든 사상적 언설은 이 문제의 외주를 둘러싸고 있다. 그것은 근대의 창절기에 모든 언설이 신앙과 계몽의 대립을 둘러싼 것과 닮은꼴을 하고 있다. 이 문제의 깊숙이 들어가서 이것을 극복하는 원리의 제시 없이는 사상의 가능성은 존재할 수 없다.

지금까지 나는 현상학의 가능성의 원리를 조술해 왔다. 하지만 이제 그 방법이 구체적으로 수행되지 않으면 안 된다. 실존론적 존재론도 또한 부연될 뿐만 아니라 더욱이 전개되지 않으면 안 된다.

이러한 나의 철학적 모티브를 전면적으로 헤아려 준 고미치쇼보, 어떤 주문과 성가심도 꺼리지 않고 협력해준 오오바 유우사쿠, 데구라 쥰, 와타나베 호우나 편집부 모두에게 깊은 감사드린다.

2001년 11월
다케다 세이지

차례

옮긴이의 말 5
지은이의 말 7

제1장 현대의 반형이상학:《목소리와 현상》의 선언 11

 1. 유럽사상의 자기극복: 형이상학 비판에 관하여 11
 2. 탈구축적 선언 22
 3. 근원개념의 금지:반음성중심주의 31
 4. 글쓰기와 주체의 죽음 44

제2장 데리다적 탈구축과 회의론 53

 1. 순수자아의 역설 53
 2. 회의론의 본질: 철학적 사고의 해체 61
 3. 차연과 초월성: 데리다 기호론(그라마톨로지) 75

제3장 현상학적 언어이론에 관하여 81

 1. 형이상학의 해체 81
 2. 언어게임: 비트겐슈타인의 논리주의 비판 87
 3. 언어의 현상학: 두 가지 신빙구조 99
 4. 하이데거의 언어의미론: 의의연관 106

제4장 글쓰기와 작자의 죽음 113

 1. 언어의 신빙구조: 언어 콘텍스트와 양해 113

2. 언어의 의미란 무엇인가? 121
3. 글쓰기의 구조 132
4. 문학 텍스트의 본질 147

제5장 일반언어표상 155

1. 일반언어표상과 언어의 다의성 155
2. 지시이론에 관하여 169

제6장 의미의 현상학 191

1. 의미의 존재론 191
2. 발어의 현상학 203
3. 규칙의 패러독스 214

제7장 정의의 패러독스와 부정신학 235

1. 부정신학: 탈구축을 넘어서 235
2. 정의의 패러독스: 법의 힘 247
3. 윤리의 현상학: 타자의 목소리/자기의 목소리 254

종장 현대적 초월항 279

1. 말할 수 없는 것의 복수성: 기게스적 비판 279
2. 현대적 초월항에 관하여: 무근거로의 점프 283

제1장 현대의 반형이상학:
《목소리와 현상》의 선언

1. 유럽사상의 자기극복: 형이상학 비판에 관하여

우리들이 착수하려고 하는 과제는 자크 데리다 언어이론의 출발점이라고 할 수 있는 《목소리와 현상》[1]을 재검토하는 것이다. 주지하는 바와 같이 자크 데리다의 언어이론은 20세기 후반의 사상계를 석권한 탈구축 사상의 이론적인 거점을 두고 있다. 그것은 에드문트 후설 《논리학 연구》[2]에 대한 비판에서부터, 즉 선행하는 사상 패러다임인 현상학에 대한 철저한 비판에서부터 시작되었다. 하지만 우리들의 의도는 반드시 이런 비판과 비판에 반대하는 입장을 다시 뒤집어 후설의 언어이론을 옹호하려고 하는 점에 있는 것은 아니다. 자크 데리다가 현대사상 속에서 차지하고 있는 위치의 전체적 의미, 또 그것이 유럽의 철학적 사고에 있어서 지니는

---

1) 자크 데리다, 《목소리와 현상―후설현상학에서 기호의 문제로의 서론》, 다카하시 역, 이상사, 1970년.
2) 에드문트 후설, 《논리학 연구》(전4권) 타테마츠 히로타카/마츠이 요사카즈/마카마츠 히로시 역, 미스즈 출판사, 1968~76년.

역사적 의의가 문제인 것이다. 즉, 최후에 이르러야 할 주제는 언어이론 그 자체가 아니라 본질적인 철학적 사고의 운명이라는 것임이 틀림없다.

1980년에 들어서 자크 데리다, 미셸 푸코, 질 들뢰즈 등 포스트구조주의라고 불리는 프랑스 사상가들이 일본에 유입되어 새로운 현대사상의 흐름을 만들었다. 그것은 마르크스주의, 현상학, 구조주의라고 하는 당시의 사상 일체를 전면적으로 비판하면서 새로운 사조로서 전개되었다. 그 포스트모더니즘의 중심적 이념을 한마디로 말하면, 전통적인 유럽적 지성으로의 총체적인 반성, 즉 유럽철학에서 진리주의, 객관주의, 형이상학적 사고 등을 향한 철저한 비판인 것이다. 19세기말에 니체가 기독교와 근대철학에서 유럽적 인간관을 전면적으로 비판했는데 포스트모더니즘은 그 반=철학 또는 철학비판이라는 점에서 니체철학의 20세기판이라는 성격을 갖고 있다고도 할 수 있다. 기독교와 근대철학이 니체의 두 가지 커다란 가상의 적이었다고 하면, 포스트모더니즘의 가상의 적은 근대철학(교조적 마르크스주의를 포함)과 현행의 자본주의 시스템이다.

데리다의 《목소리와 현상》은 포스트모더니즘에 의해 총체적인 유럽철학 비판의 기점을 이루는 상징적인 의미를 갖고 있다. 이 책에서 데리다는 유럽사상에서의 음성중심주의를 지적하지만 그후 《근원의 저편에》[3]에서는 소위 탈구축 사상을 세계에 내던지게 된다. 그리고 이 탈구축사상이야말로 20세기 후반의 최신 사상인 포스트모더니즘의 중심적인 이론으로서 지금 20, 30년에 이르기까

---

3) 자크 데리다, 《근원의 저편에 —그로마톨로지에 관하여》(상·하권), 이다치 카츠히로 역, 현대사조사, 1972년.

지 철학의 영역뿐만 아니라 인문계 학문세계 전체에 광범위한 영향을 끼치고 있다. 우리가 여기서 《목소리와 현상》에 대한 데리다의 언어론을 가지고 논의를 진행하려는 까닭은 유럽사상의 올바른 적통으로서의 포스트모더니즘을 전체적으로 평가함에 관계하기 때문인데, 이것에 관해서 먼저 두 가지 중심적 문제를 거론하지 않을 수 없다.

첫째, 포스트모더니즘의 핵심적 과제는 근대철학에 의해 완성되어진 근대 시민사회이념의 극복이라는 점에 있다.

둘째, 이 극복의 시도는 형이상학 비판이라는 관념에 그 중심적 초점을 맺고 있다.

첫 번째 점에 관해서는 다음과 같이 말할 수 있다.

포스트모더니즘은 20세기 전반 세계 최대의 사상이었던 마르크스주의가 왕위를 물러난 뒤, 이것을 계승한 유럽사상의 적통이다. 왜 포스트모더니즘은 마르크스주의를 대신하여 세계사상의 새로운 지배자가 되었을까? 그 이유는, 먼저 마르크스주의가 근대 시민사회이념을 넘어설 수 있는 유효한 사상원리라고 인정할 수 없게 되었기 때문이다. 다시 말하면, 마르크스주의는 현재 자본주의의 모순을 극복하는 원리를 더 이상 가질 수 없다는 인식이 일반적으로 퍼졌기 때문이다.

20세기 전반까지 자본주의의 거대한 모순을 극복할 수 있는 최대 "희망의 원리"라고 생각되었던 마르크스주의 사상의 위신은 1956년의 스탈린을 비판하던 무렵부터 그늘을 보이기 시작하여, 헝가리사건과 체코 침공을 거쳐, 80년대 말부터 동유럽의 민주혁명 물결, 동서독일의 통일, 소련의 해체에 이르러 완전히 붕괴한다. 포스트모더니즘은 이것을 대신한 새로운 "희망의 원리"로서 등장

14

한 것이다.

　애당초 자본주의라고 하는 사회 시스템은 유럽 근대철학이 만
든 시민사회이념을 그 토대로 하고 있다. 18세기 이 시민사회이념
이 등장했을 때에는 만인의 자유의 해방을 실현할 수 있는 이념으
로서 유럽에서 진정한 희망의 원리였다. 그러나 시민사회이념은
시민혁명을 거친 뒤 19세기에 들어오면 국민국가, 자본주의라고
하는 현실적인 모습을 취함에 이르고, 그 후 누구나 알 수 있듯 역
사상 처음으로 사회적, 정치적 모순을 드러내게 되었다.

　크게 말해, 18세기에 무엇보다도 중요한 개념이었던 자유의 이
념은 그런 이유로 19세기에 들어서면서 여러 면에서 의문시되어진
다.[4] 19세기 이후 유럽에는 초기사회주의, 무정부주의, 보수주의,
마르크스주의, 실증주의, 사회학이라고 하는 사조의 물결이 차차
등장하는데, 그것은 유럽사상에 있어서 자신들이 만든 근대사회이
념의 내적 모순을 극복해야 할 새로운 사상창출의 시도를 의미하
고 있었다. 여기서는 빈부격차, 공동체 해체, 한층 격화하는 국가

---

4) 짐멜은 《사회학의 근본문제》(사회사상사, 1966년)에서 이렇게 말한다. 18세기
　에 '자유'의 관념은 인간 본래적 성질의 절대적 동일성의 확신에 기인하지만
　19세기로 들어오면 이러한 '자유'의 관념의 빛은 사라지고 그것은 현실적으
　로 불평등한 모순을 상징하는 말이 된다. "그러나 역사적 사회에 의해 제한되
　어 불구가 되었다고 느낀 개인이 갖는 이런 자유에 대한 욕구는 그것이 실현
　되면 자기모순에 빠지는 것이다. 왜냐하면 사회가 내면적으로도 외면적으로도
　아주 똑같은 특전을 갖고 아주 똑같이 강한 여러 개인한테 실현될 때만 개인
　이 갖는 이러한 자유에 대한 욕구는 항상 명백하게 실현되기 때문이다. 그러
　나 이런 조건은 어디에도 존재하지 않는다. 차라리 권력을 부여하고 지위를
　결정하는 인간의 능력은 애초부터 질적으로도 양적으로도 불평등하다.… 즉
　일반적 제도가 주는 자유는 개별적인 관계 때문에 다시 부질없는 것이 된다.
　… 이렇게 우선하는 자의 자유는 항상 억압받은 자의 자유를 희생해서 발전
　되어지는 것이다"(121~122면).

간의 대립이라는 새로운 모순을 극복하기 위한 사상이 여러 형태로 모색되었다. 그 중에서 신민족주의, 초국가주의, 인류주의 등 파시즘과 나치즘으로 향하는 듯한 여러 정치사상도 나타나게 되었지만, 그들 사상조차도 그 출발의 동기는 시민사회＝국민국가가 만든 모순을 극복하기 위한 구제사상이라는 점에 있다.

하지만 이들 가운데 가장 정통적인 사상의 힘을 보인 것은 말할 나위도 없이 사회주의사상이다. 마르크스의 사상에는 시민사회이념의 사상사적 의의를 충분히 받아들인 데다 그 모순을 극복할 수 있는 가능성 있는 원리 하나가 명료하게 제시되어 있었다. 그 의미로 마르크스주의는 근대 시민사회이념을 대신한 다음 세대의 정통적 계승자였다고 말할 수 있다. 그 원리를 한마디로 말하면 자유경쟁과 사적 소유의 금지이다. 자본주의라는 것은 끝없이 경쟁원리를 확대해 나가는 시스템이고 여기에 제동을 거는 것 외에 그 내재적 모순을 극복할 가능성은 없다. 또 그 과제는 자유경쟁과 사적 소유의 금지라는 원리 이외에는 실현 불가능이고, 시민사회이념이 처음의 동기로 했던 만인의 본질적인 자유의 해방이라는 것 자체, 이 과제를 통해서밖에는 실현되지 않는다. 마르크스의 이런 생각은 자본주의의 거대한 모순을 예측해 온 당시의 많은 지식인들에게는 지극히 올바른 사상원리로 보였다. 그러나 역사의 현실은 결국, 이 생각에도 다시 본질적 결함이 있다는 것을 우리들에게 보여주게 된다.

여하튼 다시 말하면, 포스트모더니즘이 20세기 후반에 세계 최첨단의 사상이 된 이유는 그것이 마르크스주의 대신 자본주의를 극복하는 사상을 제시하는 것이라고 기대되었기 때문이다. 포스트모더니즘은 이런 의미로 근대철학, 마르크스주의와 이어지는 유럽 세계사상의 올바른 적통을 이룩한 사상이다. 다시 말하면, 그것은 하나의 본질적인 과제를 짊어지고, 또 이 과제를 완수할 것이라는 기대를 바탕으로 유럽 정통사상으로 등장해왔다. 유럽 근대철학의 설계가 되는 근대 시민사회이념은 지금 자본주의라고 하는 거대한 모순을 만들어 그 원리를 근본적으로 의심받고 있지만, 포스트모더니즘은 어떤 사고방식에 의해서 이것을 극복하고 새로운 "희망의 원리"를 만들 수 있을까? 포스트모더니즘을 본질적인 형태로 재음미한다고 할 때 우리들은 먼저 그 물음을 피해가는 것은 불가능하다.

다음, 두 번째는 다음과 같다.
《목소리와 현상》은 데리다의 탈구축 사상의 선언이라고도 할 수 있는 책이다. 탈구축이라는 것은, 일반적으로는 어느 사상가의 텍스트에서 그 중심적 사상과 그것과 대립하는 사상의 가능성(서로 모순되는 요소)을 동시에 끄집어내어 후자에 의해 전자를, 혹은 그 사상의 총체 그 자체를 서로 대립시키는 방법이라고 할 수 있다. 《목소리와 현상》에 있어서 후설 비판에서는 그다지 현저하지 않지만, 《그라마톨로지에 관하여》에서 소쉬르 비판과 레비-스트로스 비판에서 그 방법의 특징은 보다 선명하게 나타난다. 그리고 중요한 것은 탈구축 사상의 최대 모티브는 형이상학 비판에 있다는 점이다.
애당초 형이상학 비판은 포스트모더니즘에서 그 기조를 이루는 모티브이고, 그것은 예를 들어 진리의 형이상학 주체의 형이상학 현전의 형이상학 등등의 비판이라는 주지의 하위항목을 갖고 있다. 하지만 형이상학 비판이라는 개념 그 자체는 포스트모더니즘의 독창적인 것은 아니다. 그것은 19세기 후반부터 20세기에 걸쳐 유럽사상에 등장하고, 이후 그 주류를 이루는 실증주의 사조의 핵심이 되는 개념이기도 하다. 그리고 여기에는 앞에서 서술한 것처럼 시민사회이념에 있어서 내재적 모순의 자기극복이라는 유럽 고유의 과제가 깊게 관계되어 있다. 예를 들어 이미 19세기 중반, 실증주의의 창시자라고 불리는 오귀스트 콩트에게 형이상학에 관해서 잘 알려진 정식이 있다. 그는 인간 지성의 유형을 신화적 형이상학적 실증적 지성이라는 세 개의 역사적 단계로 구별했다.[5] 콩트에 의하면 형이상학적 지성은 존재의 내적 성질, 모든 사물의 기원과 목적, 모든 세계현상의 본질적 발현형식을 근본적으로 설명하려고 시도한다. 처음단계인 신화적 지성은 이것들을 초자연세계가 의인화된 비유로 이야기한 것에 대해서, 형이상학은 이 설명을 실제화시킨 추상이념을 사용해서 행한다. 또한 형이상학은 존재의 근본원리를 모두 이야기하기 때문에 이것을 존재론이라고 부르는 것이 가능하다. 그래서 형이상학적 정신은 근대에 이르러 가장 합리적으로 완성되어진 지성 본연의 자세로서의 실증주의적 정신에 있어 교체되어지는 운명에 있다고 할 수 있다.

또 예를 들어 크로포트킨은 형이상학 즉, 관념론적 방법에 대한 조정을 명확히 반대함으로써 유물론 철학을 대치했다. 그는 19세기 중반 과학혁명의 큰 물결 이후 이미 이성이 있는 사람들은 누구라도 귀납법의 부동의 우위를 간파하고 관념론의 특징인 형이상학의 방법을 버렸다고 쓰고 있다.[6] 딜타이 또한 전통적 형이상학

---

5) 콩트, '실증정신론' 세계의 명저 46 《콩트/스펜서》, 키류우 카즈오 역, 중앙공론사(중공백스), 1980년.

6) 크로 포토킨, '근대철학과 아나키즘' 세계의 명저 53 《프루동/바쿠닌/크로포토킨》, 카츠다 요시타로 역, 중앙공론사(중공백스), 1980년. "1856년부터 1862년까지 불과 5, 6년의 단기간에 …이런 업적이 한때 개화한 결과, 당시 학자들의 기본적 견해에 일대 변혁이 일어나 과학은 한번에 새로운 길로 돌진하게 되었다. 인지(人智)의 모든 부문은 놀랄 만한 속도로 정비되었다. …서술의 방

에 관해서 언급하고 있다. 형이상학이라는 것은 생의 그 자체, 생활경험 및 인생문제에 대한 여러 가지 태도를 기본으로 하고 현실인식과 생의 평가와 목적의 정립이라는 것을 목표로 하는 "세계관"이다.[7] 그러나 형이상학은 이들의 문제에 결정적인 해답을 주는 것이 불가능하다. 따라서 그것을 단지 생의 사고의 유형으로서만 파악해야 하는 것이라고 언급하고 있다. 딜타이는 반드시 형이상학적 사고에 부정적이진 않지만, 그런데도 형이상학과 근대철학적 사고는 등호로 연결되어 그것이 내포하고 있던 진리로의 신앙은 확실히 상대화되어져 있다. 그리고 또한 우리들은 근대철학의 최후의 거장이라고 할 수 있는 니체의 가열한 형이상학 비판을 알고 있다.[8] 누구나 알고 있듯이 니체는 근대철학뿐만 아니라 근대

법 자체도 완전히 변했다. 앞서 서술한 학자들은 한 명도 남김없이 귀납적 방법의 특징을 이루어 문체의 간결함, 정확함, 미화함으로 돌아왔다. 그리고 이러한 문체는 형이상학을 버린 18세기의 문필가들의 것에도 있었다"(456면).

7) 딜타이, 《세계관의 연구》, 야마모토 에이이치 역, 이와나미 서점(이와나미 문고) 1935년. "그리하여 형이상학체계의 항쟁은 결국에 생의 그 자체, 생활경험 및 인생문제에 대한 여러 태도에 바탕을 두는 것을 알 수 있다. 체계의 다양성과 동시에 이들 체계 가운데 일정한 유형을 구별하는 가능성과 같은 태도 안에 존재한다. 이들 유형은 현실인식과 생의 평가와 목적의 정립을 자기 안에 갖고 있다"(47면).

8) 니체, 《권력에의 의지》, 하라유우 역, 카와데 출판사 1967년.
    "형이상학의 심리학에 관하여—이 세상은 가상이다. 따라서 어떤 참된 세계가 있다—이 세상은 제약받고 있다. 따라서 어떤 제약이 없는 세계가 있다.—이 세상은 모순으로 가득 차 있다. 따라서 어떤 모순이 없는 세계가 있다.—이 세상은 생성해가고 있다. 따라서 어떤 존재하는 세계가 있다.—이런 지론은 완전히 속임수이다.⋯이러한 지론을 이루도록 영감을 주는 것은 고뇌이다. 즉, 근본에 있어 그것은 그런 세계가 있다면 하는 바람이다.⋯즉, 현실적인 것에 대한 형이상학자들의 원한(ressentiment)이 여기서는 창조적으로 되어있는 것이다"(254면, 594절).

유럽의 지식의 총체를 참된 세계에 관한 형이상학으로서 엄격하게
비판했다. 즉, 19세기 후반 이후 형이상학이라는 말은 영국의 경험
론과 대륙합리론에서부터 독일의 관념론이라는 흐름을 갖는 근대
철학의 특징적인 사고를 가리키는 말이 되고, 부정적인 색채를 강
하게 띠게 되었다. 니체와 같은 내재적인 철학비판은 별격이라고
해도 콩트, 스펜서의 실증주의, 사회주의 사상과 아나키즘, 짐멜과
뒤르켐의 사회학 등이 실재론적 유물론과 과학주의적 실증주의의
입장에서 유럽철학의 형이상학성을 강하게 비판한 것이다. 또 20
세기에 들어서면 영미의 프래그머티즘부터 분석철학으로의 흐름
도 형이상학 비판의 급선봉이 되고, 예를 들어 그 기점을 이루는
퍼스에 의하면, 프래그머티즘의 방법의 동기는 전통적 형이상학의
무의미성(부조리성)을 명확하게 하는 것에 있고 철학은 그런 잡다
한 것을 버리고 과학적인 관찰에 의해서만 탐구 가능한 일련의 문
제를 자기에게 남겨진 문제로 하지 않으면 안 된다고 하였다.[9)]

　이처럼 19세기 이후 유럽사상에서 자연과학, 실증주의, 유물론,
사회과학 등에서 일제히 형이상학 비판의 물결이 나타났지만 그
밑바닥에 두 가지 커다란 동기가 작용하고 있었다. 하나는 근대철
학의 중심적 성과인 시민사회이념의 한계를 보고 이것을 극복할
새로운 사회이론의 구상을 모색하는 것. 또 하나는 근대철학의 기
본방법으로서의 관념론을 과학적 합리주의에 역행하는 시대에 뒤
쳐지는 것(＝형이상학적 사고법)이라고 간주하고, 이것을 능가할
보다 객관적이고 실증적인 지식의 방법을 수립하는 것이다. 그리
하여 20세기 초 마르크스주의의 세계사상으로의 제패는 거기에 이
두 가지 동기가 가장 집약적인 형태로 표현되어져 있었다는 이유

9) 퍼스, '논문집' 세계의 명저 59 《퍼스/제임스/듀이》, 카미야마 순페이/야마시
　타마사오 역, 중앙공론사(중공백스), 1980년, 232면.

에 따른 것이다.

　그러나 자크 데리다를 중심으로 하는 포스트모더니즘의 형이상학 비판은 지금 본 19세기 이후의 유럽의 형이상학 비판의 물결과는 또 다른 독자적인 성격을 갖고 있지 않을 수 없다. 그 이유는 그것이 오히려 마르크스주의의 본질적 결함을 극복하기 위한 사상으로서 등장해왔기 때문이다.

　포스트모던적인 견해에서는, 유럽철학 전체가 기독교 기원의 전체주의, 절대 진리주의, 보편주의라는 근본성격을 갖는다(이 비판은 니체를 원류로 한다). 그리고 현재는 그것이 사회제도의 현실성과 합리성의 정당화에 결부되어 자본주의의 숨겨진 이데올로기가 되었다고 한다. 그러므로 데리다적(포스트모던적) 관점에서는 실증주의와 근대의 과학주의 자체만이 아니라 역사 결정론적 성격을 짙게 갖는 마르크스주의 사상도 또한 객관주의와 보편주의적 이데올로기에 내속하는 것이다. 따라서 유럽적 지성의 이런 성격을 밑에서 지지하는 기원·근원·전체·절대라는 중심이념이 근본적으로 전도되지 않으면 안 된다. 또 그것은 말의 영역으로는 철학비판으로, 제도적 영역으로는 이데올로기 비판으로 끝까지 완수해내지 않으면 안 된다. 이러한 점에 데리다를 시작으로 하는 포스트모더니즘의 근본 모티브가 있었다.

　이미 언급했듯이 데리다의 탈구축이라는 전략은, 전통적 철학＝형이상학의 체계적 텍스트에 이른바 리좀적 텍스트[10]를 대치하는 것으로 그 형이상학적, 체계적 완결성을 논리적 패러독스에 빠뜨려 이 방법의 근거와 정당성을 뒤흔드는 방법을 취한다. 이것을 실증주의적인 형이상학 비판에 대해서 텍스트론적 형이상학 비판

10) 리좀은 질 들뢰즈에 의해 트리적(체계수적) 시스템과 리좀적(경근적) 시스템이라는 대비적 개념.

이라고 불러두자. 그리고 이렇게 말한 텍스트론적 형이상학 비판
은 포스트모더니즘뿐만 아니라 현대사상의 또 하나의 주류를 이루
는 현대 분석철학에 있어서도 크든 작든 공통된다고 말할 수 있
다.

　현대사상 혹은 현대철학의 기본성격은 그것이 언어에 관한 사
상이라는 점에 있다. 또는 오히려 언어의 수수께끼에 대한 사상이
라고 말할 수 있다. 우리들은 데리다의 기호론을 기점으로 그 전
체상을 재음미하지만, 그 영역에 들어갈수록 그것이 이른바 해결
불가능인 언어의 수수께끼에 관한 탐구라는 프로그래머틱
(programmatic)을 구성하고 있다는 것을 알 수 있을 것이다. 단지
주의해야 하는 것은 이 언어의 수수께끼를 둘러싼 사조 전체의 밑
바닥에, 앞에서 서술한 사고의 여러 형태, 즉 먼저 근대철학에 있
어서 형이상학적 사고, 이것으로의 조정을 반대하는 실증주의적
사고, 그리고 또 그 극복을 시도하는 현대적 반=형이상학적 사고,
라는 세 가지의 사고형태에 대항하는 것이 존재하고 있다는 것이
다. 즉, 우리들이 현대사상의 언어론적(기호론적) 게임적 사고의
세계에 깊숙이 들어올 때 그것은 암흑 가운데 형이상학적 사고와
실증주의적 사고에 대항적인 사고 태도를 취하는 것을 의미한다.
그리고 그 곳에는 앞에서 말한 유럽사상에 있어서 근본과제, 근대
철학적, 근대 유럽적 사고법을 어떻게 극복하는가, 또 근대 시민사
회이념을 어떻게 극복하는가 하는 과제가 암흑의 가운데 표현되어
져 있는 것이다.
　현대사상의 재음미를 통해서 우리들은, 살펴본 유럽 근대사상의
역사적인 전개의 의미 자체를 재검증하지 않으면 안 된다. 즉, 여
기에서 형이상학적 사고로 불리는 것의 본질적인 결함은 왜 있었

는가, 근대의 실증주의적 사고는 실제로 형이상학적 사고를 극복
했는가, 또한 현대의 반=형이상학적 사고는 정말로 근대적 사고
의 결함을 극복하고 새로운 사회와 인간의 원리를 구상할 수 있는
가능성을 갖고 있는가라는 여러 문제를 재검증하지 않으면 안 된
다. 이 프로그래머틱에는 요컨대 세계인식 또는 세계관의 원리에
관한 유럽사상의 격투극이 봉쇄되어 있다. 그리고 현재, 이러한 문
제설정의 중심에 자크 데리다의 현대기호론이 위치해 있다.

2. 탈구축적 선언

《목소리와 현상》은 데리다의 형이상학 비판의 출발점이 된 상징
적 텍스트인데 여기서 비판의 대상이 되고 있는 것은 후설의 대저
《논리학 연구》이다. 데리다의 모티브는 후설의 언어론 비판을 축
으로 해서 현상학의 철저한 비판을 시도, 더욱이 이것을 통해서
어둠의 헤겔철학에 이르는 근대철학 인식론 총체의 비판으로까지
이르려고 하는 점에 있다.[11] 먼저 서론에서 데리다는 후설현상학에
있어서 두 가지 중심적 주장을 들어 여기에 이의를 제기한다. 하
나는 현상학 방법의 기본 원리라고 할 수 있는 제원리의 원리라는
견해이고 또 하나는 후설에게 있어 이데아적 요소에 대한 굳은 옹

---

11) 《논리학 연구》에서는 아직 현상학적 환원의 개념(따라서 '본질관취'의 개념
　　역시)은 명확한 형태로 제시되어 있지 않다. 여기서 데리다의 비판이, 후설중
　　기 이후의 가장 중요한 방법개념인 현상학적 환원 자체로 향해져 있지 않은
　　것에 대해서 유의해 둘 필요가 있다. 즉, 그는 후설현상학에서 가장 약한 부분
　　을 찌르고 있다고 말하지 않을 수 없다.

호에 관해서이다.

데리다는 이렇게 말한다. 후설은 철학에 있어서 만큼은 일체의 전제 없이 시작하지 않으면 안 된다고 누차 강조한다.[12] 그러나 우리들은, 오히려 후설의 방법 중에 독단론적 내지는 사변적인 어느 종의 집착을 감추고 있다는 하나의 형이상학적 예측이 있는 것은 아닌가 하고 의심한다. 예를 들어 잘 알려진 후설의 제원리의 원리라는 견해가 있다. 이것은 근원적·능여적 명증성, 충실한 근원적 직관에 대한 의미의 현전(present) 내지는 현전성(presence)을 모든 가치의 원천 및 보증자로 간주하는 것인데, 실로 이 점에 그런 집착이 숨겨져 있다[13]고 말이다.

후설의 제원리의 원리라는 것은, 지금 뚜렷이 내 눈앞에 드러나 있는 개인적인 경험은 그 현상의 원인을 그 이상 소행(溯行)할 수 없고, 또 그 존재 자체를 의심하는 것이 무의미한 의식현상의 기저라는 의미로, 모든 지와 인식의 정당성의 원천을 이룬다는 견해이다.[14] 데리다에 의하면, 여기에 제시되어 있듯이 모든 인식에 관해서 근본적인 원천이 확정될 수 있다는 생각, 또 그것이 현전(역력히 드러나 있는 것)의 의식에 근거를 둘 수 있다는 사고야말로 절대적 진리주의의 토대를 이루는 것이다. 그 의미로 이것을 현전의 형이상학이라고 부르는 것이 가능한데, 후설의 제원리의 원리에 대한 개념은 이런 현상학에 있어 현전의 형이상학을 지지하는 받침돌이다.

---

12) 일절의 전제 없이는 모든 독사(doxa)를 의식현상으로까지 환원하는 현상학 방법의 기본원칙. 자세한 것은 본서 제2장 1절 순수자아의 역설 참조.
13) 자크 데리다, 《목소리와 현상》, 12면.
14) 《고안 I-I》 24절 참조. 에드문트 후설, 《고안 I》(전2권), 와타나베 지로 역, 미스즈 출판사, 1979~84년.

거기에서 모든 진리가 가능하게 되고 근거를 들어 보증되어지듯이, 어떤 특정한 근원적 원리를 상정(想定)할 수 있을 것이라는 견해이다. 이 생각으로의 집착을 형이상학적 예측이라고 부르는 것은, 실로 이런 생각이야말로 유럽철학의 전통적인 진리주의, 객관주의, 절대주의의 원천을 이루어 왔기 때문이다. 후설은 언제나 형이상학적 사변을 비판했지만 실제 그때 그가 염두에 둔 것은, 그가 언제나 진정한 형이상학 또는 제일철학이라고 생각하고 있는 것, 그리고 그런 것으로 그 재흥을 바라고 있었지만, 퇴폐 혹은 변질임에 틀림없다.[15] 즉, 후설의 방법 자체가 그의 의도를 어긋나게 하고 있다. 형이상학적 사변을 비판하면서 실은 그 자신이 전통적 형이상학의 진리주의와 절대주의를 재흥하려고 하고 있는 것이다. 데리다는 그렇게 주장한다.

현상학에서 형이상학적 야망을 지지하는 또 하나의 중심적 주장은, 데리다에 의하면 이데아적 동일성의 옹호라는 것이다. 후설은 이데아적 요소의 존재를 강조한다.[16] 이데아적 요소의 존재에 관한 부인, 혹은 오해야말로 종래 철학적 사고의 결정적인 약점이

---

15) 《목소리와 현상》, 13면.

16) 이데아적 요소는 현상학에서 감성적 사물, 경험적 사상, 사태와 구별된 이념적인 여러 존재자를 의미한다. 수와 수학적 영역의 관계, 법칙, 하나, 유한, 실재 등의 여러 개념 또 논리법칙 등, 이른바 실재적이지 않은 것도 또한 어느 의미에서 존재한다. 이렇게 실재적이라고는 말할 수 없지만 인간존재에 있어 변하기 어려운 존재라고 말할 수 있는 여러 이념적, 개념적 존재를 이데아적인 요소라고 부른다. 이데아적 동일성은 그러한 하나하나의 이념적 존재자가 단순한 개념이 아닌, 어느 의미에서 객관성과 확실성을 갖고 존재하고 있는 것을 나타내는 개념이다. 예를 들면 감성적 존재자, 하나의 사과라는 말은 듣는 사람에 의해 여러 뉘앙스를 환기하지만 반경 10cm이내 정삼각형은 누구라도 동일의 관념을 주는 것이라고 생각할 수 있다. 이 경우 정삼각형이라는 개념에 의해 이데아적 동일성이 주어진다고 한다.

라고 한다. 하지만 오히려 후설에게 있어 이데아적 요소의 존재에 근거를 두는 것이야말로 중대한 문제가 있는 것은 아닐까? 물론 이데아적 요소가 전혀 존재하지 않는 것은 아닐지도 모른다. 수학적 영역도 확실히 존재하는 것이기 때문이다. 따라서 이것을 굳이 다시 말하면 이데아적 요소=이념적 제존재의 근거는 그 산출의 필연적인 반복 가능성이 될 것이다. 데리다는 그렇게 말한다. 누군가가 하나라고 말할 때, 이 하나가 다른 임의의 누군가가 말로 표현(사념)하는 하나와 필시 같다는 것이다. 이것이 하나라는 이념 존재의 근거라고 말할 수 있기 때문이다. 다시 말하면 누가 언제 하나라고 말해도 그 하나가 항상 같은 내용의 이념(=의미)으로서 산출된다는 이데아의 반복가능성, 여기에 이데아적 요소의 근거가 있다고 할 수 있다.

그러나 후설은 이 이데아적 요소의 반복가능성의 근거를 살아 있는 현재의 현전성에 둔다. 현상학에서는 이 확실한 지금, 여기의 의식이 모든 지각, 인식의 원천이라고 여기지만(=제원리의 원리), 이것은 다시 말하면 활기찬 삶의 현재야말로 세계의 모든 것이 생겨나는 원천이라는 것이다. 즉 후설은 인식의 모든 근거를 이 살아있는 현재라는 것에 결부시키지만, 실로 여기에 중요한 의의(疑義)가 생긴다. 후설은 스스로 몇 번이나 일체의 전제 없이 시작한다고 말하면서, 결국 자신은 이 삶의 현재를 현상학의 전 체계에 어느 절대적인 전제로 하고 있지 않은가. 후설은 모든 지와 인식이 그곳에서 출발하고, 또 그곳에 근거를 둘 수 있는 가장 근저적인 전제=근원을 상정할 수 있다고 생각하며, 그것을 제원리의 원리와 이데아적 동일성이라는 두 가지 개념에 근거를 두려 했다. 그러나 여기에 후설에게 있어 전통적인 형이상학 재건에 대한 야망의 징후가 보인다. 오히려, 애초에 근저적인 전제와 근원이라는 개념 자체를 의심해보지 않으면 안 된다.

그리고 이러한 현상학 비판의 큰 테두리를 제시한 후, 데리다는 구체적으로 현상학 비판을 밟아나간다. 서론에서 문제점으로 언급하고 있는 것은 크게 다음 세 가지가 있다.

1) 현상학이 '삶의 철학'이라는 것에 관하여

이데아에 관한 현전의 형이상학인 현상학은 일종의 '삶의 철학'이기도 하다는 점[17]에 주의해야 한다고 데리다는 말한다. 현상학은 삶의 철학이다. 그 의미는 의미 일반의 원천이 기호 그 자체의 시스템적인 본질 속에 있다고 여겨지는 것이 아니라, 어떤 종류의 삶의 작용으로서 규정되어져 있다는 것이다. 즉, 후설의 논리학 체계 전체가 이 삶의 작용에 근거를 두고 있다. 언어이론에 있어 중심문제는, 언어와 기호가 어떤 방법으로 의미라는 것을 수행해낼까 혹은 어떤 메커니즘에 의해 일정한 의미를 전달할 수 있을까 하는 점에 있지만, 후설의 현상학적 논리학에서 의미작용의 근원은 삶의 작용, 지금 여기 역력히 살고 있는 사람들의 삶의 의식에 환원된다. 여기서 삶이라는 개념 자체는 환원을 피하고 있다 즉, 그것만큼은 어떤 절대적 전제로 믿어지고 있다. 현상학이 삶의 철학이라고 하는 규정은 모든 인식에 근거하는 학문으로서 현상학의 근저를 이루는 것이지만, 생의 개념을 인식론과 지성의 근원적 근거로서 설정하는 것은 불가능하다. 오히려 모든 것에 앞서 전제라고 여겨지는 이 삶의 현재를 자세히 검토하면, 그 자체로 환원될 수 없는 비-현전 내지는 '자기로의 비-소속' 뿌리 뽑을 수 없는 비-원초성을 볼 수 있다.[17]

2) 현상학적 '순수자아' 라는 개념으로의 비판

다음으로 데리다는 후설에 의한 현상학적 심리학과 초월론적 현상학의 구별을 문제로 한다. 여기서 현상학적 심리학이란 인간의 마음의 상태를 현상학적인 내성의 방법으로 그 자체로 독립한 내성의 대상으로서 파악하려는 심리학을 가리키며, 브렌타노의 내관심리학[18]을 현상학적으로 추진한 것이다. 이것에 반해 초월론적 현상학은 현상학적 심리학의 방법을 철저히 하고, 이것을 인식이론일반 혹은 철학일반의 원리론으로서 순화한 것으로, 《고안》 등에서 제시되어진 후설의 독자적인 초월론적 환원의 방법을 의미한다. 다만 양쪽의 상세한 구별 자체는 여기서는 중요하지 않다. 중요한 것은 데리다가 이 구분에서 경험적 자기와 순수자아의 차이를 문제로 하고, 이것을 통해서 현상학적 방법의 중심개념인 순수자아를 비판하고 있다는 점이다.

모든 인식에 정당성의 원천, 근거를 두는 것으로서의 순수자아라는 개념이 사리에 어긋난다는 비판은, 라캉을 시작으로 하는 무의식론자와 하이데거의 흐름을 이은 현상학자에 이르기까지 현재도 거의 서로 비슷한 형태를 갖고 이어져가고 있지만, 그 중에서도 데리다의 비판은 그 대표격이라 할 수 있다. 데리다가 이해하기로, 후설에 의하면 경험적 자기와 순수자아와는 전혀 다른 것이라고 한다. 순수자아(=초월론적 자아)는 경험적 자기를 포함, 그 자체를 내성할 수 있는 근거이기도 하다. 그러나 상세히 검토하면,

---

17) 《목소리와 현상》, 15면.
18) 내관심리학은 자기의 의식체험(심적 현상)을 스스로 관찰(내성)하고 기록해 나가는 방법을 취한다. 체험에 내재하고 거기에서 생각한다는 발상은 후설 현상학으로 계승되었다.

실로 이 양쪽은 실질적으로 구분하는 것이 불가능하다. 즉, 애당초 순수자아라는 개념이 하나의 허구가 아닐까 하고 데리다는 말한 다.[19]

초월론적 자아는 verweltlichende Selbstapperzeption[세계화적 자기통각]의 작용에 있어 자기 자신을 반성하면서, 자기의 세계적 자아 이를테면 자기의 마음을 구성하고, 그것과 자기와를 대립시키는 것이지만, 실제로는 그런 작용에 걸맞은 언어는 하나도 없다.[20]

후설에 의하면 초월론적 자아는 현상학적 환원의 방법 전체를 가능하게 하는 내성의 원리와 함께, 인간이 경험적 자기 전체를 항상 완전히 자기이해로 가져올 수 있는 근거이기도 하다고 여긴다. 즉 그것은 인간이 경험을 가능하게 하는 것과 함께, 경험 그 자체를 대상으로 하여 양해(=내성)할 수 있는 것의 근원적 근거이기도 하다. 그러나 이런 근원개념이야말로 의심할 만한 것이 아닐까?

이런 근원개념에 대해 데리다는 비판으로 일관하고 있다. 여기서 근원개념이란, 그것을 설정하는 것에 의해 모든 지식과 지의 정당성이 근거가 되고 또한 보증되는 어떤 근원성을 의미한다. 이미 보았듯이 형이상학의 기본 성격은 세계와 그 내부의 모든 대상에 관한 근원 기원 궁극원인을 파악하려고 하는 사고에 있다. 예를 들면 신은 무엇인가라는 물음은 그 배후에 세계의 모든 사건과 존재의 근본원리 궁극원인을 밝혀내려는 동기를 갖고 있음을 알

---

19) 에도 거의 같은 형태의 비판이 있다. 《철학입문일보전》(강담사현대신서, 1988년) 외 참조.
20) 자크 데리다, 《목소리와 현상》, 25면.

수 있다. 신의 존재론은 세계의 근본원리와 궁극원인을 파악하려
고 하는 인간의 형이상학적 욕망에 유지되고 있다. 데리아에 의하
면, 현상학의 방법은 실로 이러한 형이상학적 욕망을 숨기고 있다.
그리고 그것을 방법적으로 지지하는 것이, 하나는 삶의 철학(=뚜
렷한 삶의 의식)이라는 본질성격이고, 다른 하나가 순수자아(=모
든 세계인식의 절대적 원천)라는 개념이다.

3) 후설의 논리학에서 '음성중심주의' 지적

음성중심주의 비판은 가장 중요한 것이고 데리다의 현상학 비
판의 핵심이다. 음성중심주의는 후설의 현상학뿐만 아니라 유럽
철학의 언어이론, 인식이론 전체를 일관하는 형이상학의 숨겨진
비밀, 로고스 중심주의, 합리적 이성주의, 의식주의라고 하는 유럽
형 사고의 핵을 이루는 것과 상정되고 있기 때문이다. 차기작《그
라마톨로지에 관하여》에서 데리다는 소쉬르 언어학과 레비-스트로
스의 인류학의 비판을 행하지만, 여기서도 음성중심주의 비판이라
는 것이 기본 전략이다.

데리다는 다음과 같이 문제를 제기한다.

현상학에서 의식은 항상 특권적이다. 거기서 그것은 단순히 대
상에 관해서 의식뿐만 아니라 자기와 대상에 관해서의 관계 의식
이고, 그러한 것으로 이데아적 여러 대상을 구성하는 가능성의 근
거라고 여겨진다. 현상학에서는, 모든 인식의 근거는 의식내 사상
으로 환원된다. 이 환원의 방법이 현상학의 근본방법이다. 따라서
환원작업이 정당성을 갖는 데는 의식내의 사상이 엄밀하게 언어로
서 표현될 수 있다는 가능성이 전제되는 것이다. 다시 말하면, 의
식 내에 생긴 경험사상이 엄밀한 동일성으로서 규정되고 표현된다

는 가능성, 즉 이데아적 대상이 언어 의미의 동일성으로서 구성되는 가능성에 현상학적 방법의 근본적인 근거가 있는 것이다. 즉 여기서는 언어와 의식과의 본질적인 일치의 가능성이 전제되어 있다. 그렇게 데리다는 말한다.

확인하기 위해 필요한 해설을 첨가해 보자. 현상학적 환원의 방법의 핵심은 여러 사건[事況]에 관한 확신의 조건을 의식내의 소여(주어진 현상)에서 확실히 하려는 점에 있다(그러나 이것은 후술(後述)한 것처럼 일반적으로 큰 오해를 받고 있다). 따라서 지금 자신이 실제로(의식에서) 느끼고 있는 것 혹은 경험하고 있는 것이 정확하게 언어로 전환할 수 있다는 가능성, 즉 의식경험이 그대로 이데아적 여러 대상으로 전환된다는 가능성이 현상학의 내성 이론의 전제이고 또 근거가 되는 것이다. 그러나 데리다는 이 가능성은 단지 이념적인 것, 권리적인 것에 불과하고, 현실적으로는 성립할 수 없는 것이라고 주장한다.

데리다에 의하면, 의식과 언어는 애당초 다른 본성을 갖는다. 양쪽 사이에서는 표현관계가 있지만, "표현관계"라는 것은 의식경험으로서의 A가 언어로서의 A'에 의해 정확히 "대행표상"되어지는 것은 아니다. 표현관계라는 것은 의식내용 A와 언어 A'의 사이에서는 본질적인 차이(=어긋남)가 있어서, 양쪽은 원리적으로 동일함에 못 미친다는 것이다. 그러나 현상학적 논리학은 원래 인식에 정당성의 근거를 두는(=진리에 기초를 둠) 형이상학적 야망을 그 목적으로 갖고 있기 때문에 언어와 의식이라는 본래 동일할 수 없는 것을 억지로 동일시하는 논리적 곡예를 감행한다. 그리고 이 곡예를 가능하게 하는 것이 현상학적 목소리(phonè)의 개념이다. 그렇게 데리다는 말한다.

언어와 의식의 사이에는 완전한 동일성에는 들어맞지 않은 어굿남이 있다. 이것을 어떻게 처리할까? 현상학에서는 이 난문을 해결하는 열쇠가 목소리이고, 목소리는 여기서 의식과 언어 사이의 본질적으로는 붙을 수 없는 갈라진 곳을 메우는 기능을 한다. 즉, 목소리의 특권성이라는 것이 현상학적 논리학의 비밀을 이루고 있다. 현상학은 목소리에 특권을 줌으로 해서 의식과 언어 사이의 본질적 괴리를 뛰어넘으려고 한다. 즉, 지금 자신은 여기에 살고 있다는 삶의 현재의 의식은, 목소리와 특권적인 방법으로 맺어짐으로 해서 언어의 이념성을 보증하는 것이다. 이 현상학적인 목소리의 역할에 대한 특권성을 데리다는 음성중심주의라고 부른다.

　현상학에 있어 특히 선명하게 드러나 있는 음성중심주의, 실은 이것이야말로 또한 유럽철학의 형이상학의 비밀이기도 했다. 그렇기 때문에 이것을 철저하게 검증하고 그 형이상학적 본성을 명확하게 한 뒤에 이것을 논리적으로 깨뜨리지 않으면 안 된다. 여기 데리아에 의한 현상학=유럽 형이상학 비판의 중심적 선언이 있다.

3. 근원개념의 금지: 반음성중심주의

　앞서 서술한 문제의 각각에 관해서 데리다는 상세한 비판론을 전개하고 있지만 본론의 주제에 있어 특히 문제로 삼은 것은 마지막의 음성중심주의 비판이다. 더욱 상세하게 검토해보자. 큰 순서는 다음과 같다. 먼저 처음에 그는 현상학적 목소리의 특권성의 모순을 지적하고 이것에 대해 근원과 흔적이라는 반대 개념을 제시한다. 다음으로 현상학에 있어 의식과 언어의 특권적 관계를 시간론적으로 현전성의 모순을 비판한다. 그리고 마지막에 이것이 가장 중요한데, 데리다의 독자적인 기호론으로서 보결 작자의 죽음이라는 개념을 제시한다.

먼저, 데리다는 현상학에 있어서 목소리의 특권성에 관해 다음과 같이 말한다.

언어(parole)의 과정은 이미 스스로를 순수한 현상으로 인도하는 특이성을 갖는다. '자신이 말하는 것을 듣는다' 는 작업은 절대적으로 독자적인 형태의 자기-촉발이다.[21]

혹은

목소리는 의식이다. 대화에 있어 능동적인 기록의 전파는 어떤 장해에도 맞닥뜨리지 않도록 여겨진다. 왜냐하면 능동적인 기록의 전파는 순수한 자기-촉발의 두 가지 현상학적 근원을 관련짓기 때문이다. 누군가를 향해 말을 거는 것은 확실히 '자기가 말하는 것을 듣는 것', 자신에 의해서 듣게 되는 것이지만, 그것은 또한 동시에, 만약 그 사람이 타인으로부터 이야기를 듣게 된다고 하면, 타인이 그 똑같은 '자신이 말하는 것을 듣는 것'을, 내가 그것을 만들었을 때의 실로 그 형태 그대로 자기 안에서 직접적으로 반복하도록 시키는 것이기도 하다.[22]

---

21) 자크 데리다, 《목소리와 현상》, 148면.
22) 같은 책, 151면.

목소리에 의해 매개된 언어는 어떤 의미에서 그 기원인 의식(＝발화자의 뜻)을 직접적으로 전할까 하는 성격을 갖는다. 왜냐하면 목소리에 의한 파롤(발화)은 듣는 사람에게 그것이 실로 눈앞에 있는 발화자 마음의 움직임(＝자기-발화)의 직접적 표현으로 "현전"한 것이라는 확신을 주기 때문이다. 하지만 이것에 비해 글쓰기(쓰는 말)에서는 사정이 다른 양상을 보인다. 거기에서 발화자는 문자 그대로 현전하지 않고 단지 상정되어 있을 뿐이다. 즉 쓰는 말에서는, 그 의미의 시발점이 어떠한 것일지는 결정되어 있지 않고 미결정인 채로 유보되는 것이 일반적이다. 반대로 말하면 목소리에 있어서 언어는, 발화자의 뜻을 직접적으로 전달하고 반복하는 것을 재촉하는 방법으로 듣는 사람에게 나타내는 것에 불과하다. 어쨌든 파롤에 있어서 발화하는 것은 '자신이 이야기한 것을 듣는 것'이 그대로 다른 사람에게도 같은 형태로 생기게 하도록 나타내는 것이다.

실로 이런 이유로 후설 현상학에서는 목소리＝파롤의 그 자체야말로 언어작용의 본질적 모델로서 조정된다. 목소리에 있어 누군가가 말하려는 것(What he wants to say)이 올바르게 있는 그대로 표현될 가능성의 근거가 확보된다. 또 이것을 보다 순수화하면, 언어가 의식의 내실을 있는 그대로 표현할 가능성은 '자신이 이야기한 것을 듣는다'라는 고독한 내언(內言)에 그 원형적인 근거를 갖게 된다. 이런 암흑 속에서 목소리의 특권화를 통해 후설이 계획한 것은 무엇일까? 그것은 언어에 있어 이데아적 동일성을 확보하는 것임에 틀림없다. 그러나 이런 논리는 정당할까? 그렇게 데리다는 반문한다. 그리고 그는 후설 언어론의 내적 모순을 탈구축적 수법에 의해 끄집어내고, 이 논리가 성립할 수 없다는 것을 증명하려고 한 것이다.

  데리다의 반증을 검토하기 전에, 후설이 《논리학 연구》에서 행한 언어론상의 시도를 개괄해 둘 필요가 있을 것이다.

  후설 현상학의 중요한 모티브로서 '제학의 기초를 둠'이라는 것이 있다. 인식일반의 가능성의 원리를 철학적, 논리학적으로 기초를 둔다는 과제지만, 이를 위해서는 언어의 논리사용이 내포한 여러 모순의 원인을 해명하지 않으면 안 된다. 후설의 중심적인 의도는 언어 의미의 본질을 독자적인 방법으로 끄집어 내려는 점에 있다. 의미라는 말은 매우 다의적, 복의적(複義的)이며, 그 본질을 확실히 하는 것은 언어자체의 다의성과 복의성, 불확정성을 해명하는 것에 관한 중요한 열쇠가 되기 때문이다. 이런 관점에서 후설은 《논리학 연구》에 있어 의미의 본질을 크게 의미의 이데아적 동일성과 의미작용이라는 두 가지 계기로 파악하며 탐구한다.

  먼저 의미의 이데아적 동일성이란, 말은 이것을 실제로 사용하는 상황에서 보면 여러 가지 다의성과 복의성을 만들어내지만, 말의 의미 그 자체는 어떤 확정적이고 동일적인 이데아적 성격을 갖는다는 견해이다. 이 단적인 예는 수학적 언어이다. 예를 들어, 후설에 의하면 "원주율은 π이다"라는 명제의 의미는 3.1415926…으로 무한정 이어지는 수열에 의해 표시되지만, 이 명제가 말로 표현되는 경우와 상황은 무한정 다양할 수 있음에도 불구하고 이 명제에 포함하는 의미는 '항상 동일하고, 가장 엄밀한 의미로 같은 것이다'라고 한다. 원주율은 π는 그 의미를 3.1415926…으로 무한정 이어지는 수열의 수치로 갖고 누구라도 이 총체를 증감할 수 없다. 그렇기 때문에 수학자는 이러한 수학적 진리를 만들어내지 않고 단지 발견할 뿐이다. 어떤 말, 어떤 개념의 의미라는 것은 이처럼 가장 기본적 형태에서는 그 자체의 이데아적 동일성을 갖고 있다고 생각하지 않을 수 없다. 그렇게 생각하지 않으면 수학의 세계 엄밀성과 보편성은 설명이 되지 않는다. 이것이 《논리학 연구》에서 제시되어 있는 이데아적 동일성에 관한 후설의 견해이다.

또 하나는 의미작용의 개념이다. 왜 언어에는 독특한 당의성과 복의성, 애매성이 생길까 하는 물음에 대해서 후설은 이렇게 대답한다. 언어기호의 의미 그 자체에는 변하기 어려운 동일성이 있다. 그러나 또한 말은, 실제 대화에서는 이것을 주고받는 화자와 청자 사이의 의미작용이라는 계기로 성립한다. 그리고 이 의미작용에 얽매인 콘텍스트의 불확정성, 애매성이 말의 다의성, 복의성 등을 만들어 낸다. 이렇게 해서 후설은 한편으로 의미의 이데아적 동일성이라는 개념을 확정함으로 해서 이른바 엄밀한 언어(학적 언어)의 "가능성의 원리"를 확보하고, 또 한편으로 의미작용이라는 현상을 추적하여 언어행위에 있어 의미이해의 본질의 계기로 의미부여-의미충실이라는 작용을 보기 시작한다. 이것을 통해 언어의 다양성, 애매성이 만들어지는 이유를 설명하려고 하는 것이다.[23]

---

23) 《논리학 연구》에 있어 후설은 의미작용을 의미부여작용과 의미충실작용이라는 구분으로 고찰하고 있다(제2권, 48~49면). 이 두 가지 개념에 관해서는 대략 다음과 같이 생각하면 된다. 후설의 표현법에서 언어표현은 먼저, 물리적 현상과 여기에 의의와 직관적 충실을 부여하는 제작용으로 분리된다. 이것은 소쉬르용어에서는 대략 시니피앙(기호표현)과 시니피에(기호내용)라는 분해로 대응한다. 그리고 후설에서는 후자의 언어의 의의작용의 측면이 다시 의미부여작용과 의미충실작용으로 구분된다. 전자는 어떤 말은 표현으로서 무엇인가를 사념하고, 그것으로 표현은 대상적인 것에 관계한다. 후자는 이 관계가 단순히 의미지향의 작용에 머무르지 않고 직관적인 충실을 줄 수 있다는 측면이다. 즉, 언어가 개념으로서 가리키는 대상성과 그것을 더욱 구체화하고 충실화하는 작용을 의미부여작용과 의미충실작용이라고 부르고 있다. 그러나 내 생각으로 이 개념은 기호이론으로서 애매성을 남기고 적절한 구분이라고는 말할 수 없다(의미부여작용에 대해 의미부여(賦與)작용과 의미부여(付與)작용이라는 두 가지 번역이 있고 뉘앙스의 차이도 있지만 혼란을 없애기 위해 이후 본문에서는 의무부여(付與)로 통일한다).

나의 생각을 끼워 넣으면, 후설이 의미작용의 본질을 기호 자체로 보지 않고 의식의 작용으로 보기 시작한 것에는 큰 공적이 있지만, 그가 의미(개념) 그 자체의 본질로 이데아적 동일성을 확보하려고 한 점에는 역시 무리가 있다. 후설의 생각으로는 이것을 염두에 두지 않으면 수학과 자연과학 등의 영역에서 보편적인 공통인식이 성립하는 이유를 설명할 수 없게 되지만, 이것은 현상학적인 사고의 원칙에서는 철저하지 못한 견해라고 말하지 않을 수 없다. 수학과 물리, 화학 등 일정한 엄밀성을 갖는 자연과학의 영역에서는, 거기서 제시되는 여러 개념은 어떤 의미에서 이데아적 동일성을 확보하고 있을까 하는 생각처럼 보인다. 그러나 이 엄밀한 과학의 영역을 벗어나면, 이 이데아적 동일성은 엄밀함을 확보할 수 없고 애매한 동일성밖에는 성립하지 않게 된다. 어째서 엄밀한 과학의 영역에서는 언어의 의미가 이데아적 동일성을 확보할 수 있는 것일까? 다시 말하면 일정의 엄밀한 객관성이 성립하는 것일까?

우리의 관점에서는, 즉 현상학적인 생각을 철저히 하면 이 문제는 다음과 같이 해결된다. 자연세계의 존재는, 여기서는 본질적으로 신체성과의 상관개념으로 파악할 수 있다. 자연세계가 종, 민족, 문화의 차이를 넘어 광범위한 공통양해로서 성립하는 근본적인 이유는 그것이 인간의 자연스런 유적 신체성에 상관하는 사항으로 파악되는 대상이기 때문이다. 유적 신체성이라는 것은, 예를 들어 뜨거운 것에 닿으면 화상을 입는다든지, 벽을 뚫고 나가는 것은 불가능하다든지 하는 인간적인 신체의 생리적 공통성을 가리키며, 여기서는 광범위한 동일성을 상정할 수 있다. 이 영역에서는 원리를 제시하고 그것을 점차 늘려 가면, 그 대상인식에 관한 상당히 높은 정도에서 공통양해가 성립할 수 있는 것이다. 이것에 반해

철학적 혹은 문화적 영역에서 보편적인 공통의 양해가 성립하기
어려운 것은 그것이 인간의 환상적 신체성에 의해 나타나는 의미
와 가치의 지평이기 때문이다. 즉 유적 신체성은 환상적 신체성과
비교가 될 수 없을 만큼 높은 공통성을 갖고 있고, 그 때문에 고도
의 공통양해, 즉 고도의 객관성이 성립하는 것이다.[24] 하지만, 자연
과학의 영역과 다름없는(혹은 그 이상), 수학적 영역에서도 엄밀
한 이데아적 동일성이 존재하는 것처럼 보인다. 이 이유는 어떻게
생각하면 좋을까? 수학적 영역에서 동일성의 이유는 후설의 생각
에 반해 말과 영역에 이데아적 동일성이 있기 때문이 아니다. 예
를 들어 하나라는 개념은 그 자체로 엄밀한 동일성을 갖고 있다고
는 말할 수 없다. 동일성은 하나라는 개념 그 자체로 존재하는 것
이 아니라, 오히려 하나와 많음, 하나, 둘, 셋이라고 하는 대립성의
구조로서 존재하는 것이다. 한마디로 말해, 개념 구조의 동일성의
원형은 예를 들어, 자신을 기점으로 하는 좌와 우라는 구조의 동
일성(보편성)이라는 것과 비교해서, 자연과학이 대상의 여러 성질
에 관해 단위를 창출하면서 섬세한 자국을 새기는 정밀한 동일성
과는 다르다. 즉 무지개색이 몇 가지로 나뉠까 하는 정밀성은 임
의의 기준밖에는 갖지 않지만, 좌와 우, 상과 하, 안과 밖이라는 구
조의 동일성은 인간세계 분절의 기본구조로서 변하기 어려운 공통
성을 갖고 있다.

　수학의 영역은 말하자면 대상세계를 구조화하는 기초 부분과
이 구조화된 대상성의 상호본질관계만을 전개하는 영역이고, 따라
서 그것은 처음부터 공통구조로 가능한 영역만을 기술체계로서 전

---

24) 여기서 유적 신체성은 일반적으로는 생리적 신체성을, 환상적 신체성은 일반
　적으로는 감정성, 정서성, 무의식, 감수성, 미의식, 가치관 등을 의미한다고 생
　각해도 좋다.

개해 나가는 원리를 갖고 있는 것이다. 즉 수학적 이념의 동일성은 수학이라는 언어게임에 있어 전제적인 규칙설정인 동일성에 근거를 두고 있어서, 제이념 그 자체에 본디 동일성이 존재하는 것은 아니다. 즉, 후설은 먼저 수학적 영역의 동일성의 근거를 언어기호의 이데아적 동일성이라는 장면에서 확보하려고 하고, 더욱이 이것을 무방비로 언어의 전체적 영역에 확장하고 있다고 말할 수 있다.

여하튼, 데리다의 비판으로 돌아오자. 그는 《논리학 연구》에서 이러한 약점을 어느 의미로 정확하게 찌르고 있다. 데리다에 의하면, 후설의 자신이 말하는 것을 듣는다라는 고독한 내언에는, 의미의 이데아적 동일성의 어느 절대적인 기원, 원천이 상정되고 있다. 그리고 이것을 기점으로 해서 의미 이데아성의 전달가능성이 확정되는 과정은 다음과 같다. 먼저, 근원으로서의 목소리(파롤)가 존재하는 것. 다음으로 이 목소리의 사본으로서 글쓰기가 생겨나는 것 그리고 목소리에 막힌 이데아적 요소의 동일성이 글쓰기에 의해 반복되어지는 것이다.

이렇게 해서, 사람들은 글쓰기에 의해 그 근원적인 의미를, 즉 그 의미의 이데아성을 창조한 순수사고의 작용을 언제라도 반복하는 것이 가능할 것이다.[25]

물론, 데리다는 이런 생각, 글쓰기에 의해 근원적 의미가 몇 번이고 반복될 수 있다는 생각에 동의하지 않는다. 데리다에 의하면, 후설이 여기서 그리고 있는 의식과 언어의 일치가능성은 단지 이

---

25) 자크 데리다, 《목소리와 현상》, 153면.

넘적인 것에 불과하고, 실제로 그것은 끊이지 않는 위기에 봉착해 확실하게 실현할 보증을 갖고 있지 않는 것에 지나지 않는다. 의식과 언어의 일치는 이른바 "권리상"에서는 가능할지도 모르겠지만, 실제상에서는 양쪽이 일치되는 근거가 어디에도 없다. 그렇기 때문에 역사상의 수많은 침전물에 파묻힌 작용의 현전을 원래의 모습으로 구성하는 것이 차츰 어려워진다.[26]

이 비판은 데리다가 후설의 기하학의 기원의 서문에서 행한 수학적 이념의 권리적 반복의 견해에 대해 비판한 것과 같은 형태이지만, 이 논의는 한층 후설적인 현전에 관한 시간론적 비판과도 접합된다. 이것도 대단히 흥미로운 부분이다.

목소리가 특권화된 이유는 후설이 언어행위의 밑바닥에 자기-촉발이라는 것을 두고, 이것이 현상학적 의식에 있어서 틀림없이 일종의 근원일까 하는 모습을 보였기 때문이다. 그렇게 데리다는 말한다. 현상학에 있어 자기-촉발이란, 어느 절대적 시작 절대적 근원으로서 자신이 말한 것을 듣는다라는 것이다. 후설은 근원적 인상은 이 산출의 절대적 시작, 근원적 기원이고, 거기에서 다른 모든 것이 부단히 산출되어지는 출발점이다[27]라고 주장한다. 물론 우리들의 의식에 있어서는, 끊임없이 의식에 떠오르는 상념은 어느 절대적 시작인 것처럼 보인다. 하지만 실로 그렇게 말할 수 있을까? 오히려 이 자기-촉발 자체가 하나의 차이의 기묘한 운동인 것은 아닐까?

그래도 살아있는 현재 《자기로의 현전》을 성립하는 이 순수한 차이는, 거기에서 배제할 수 있다고 생각되어진 모든 불순성을 근

---

26) 《목소리와 현상》, 153~154면.
27) 같은 책, 157면(《강의》 보유 I - 불역 131면).

원적으로 다시 그곳에 도입하는 것이다. 살아있는 현재는 자기와의 비동일성과 과거 마음속에 간직한 흔적의 가능성에서 솟아난다. 살아있는 현재는 언제나 이미 하나의 흔적이다.[28)

후설은 의식의 자기-촉발을 절대적인 기원으로서 상정한다. 하지만 이것은 불가능이다. 물론 어느 의미에서 자기-촉발은 의미의 발생현장이라고 말할 수 없지 않다. 하지만 거기서 의미가 발생하고 있다는 것은 실로 거기에 하나의 운동이 생기고 있다는 것이다. 여기서 의미는 어떻게 발생할 수 있는지 물을 수 있다. 이 물음에 대한 데리다의 대답은 독창적인 것이다. 즉 그에 의하면, 의미라는 것은 언제나 미리 존재하는 차이의 운동의 흔적인 것이다.

이 흔적에서 출발하여 근원-존재[l'êre-originaire(근원적인 것)]를 생각하지 않으면 안 되고, 그 반대는 안 된다. 이러한 원-글쓰기가 의미의 근원에서 작용하고 있는 것이다. 의미는 후설이 인정한 대로 시간적 본성을 갖는 것이기 때문에 결코 단순히 현전적[=현재적]이지 않고, 언제나 이미 그랬던 흔적의 '운동' 속에서, 즉 '기호작용'의 범주 속에서 관계하는 것이다.[29)

사람은 누구나 항상 지금의 의식 속에서 여러 가지 의미가 솟아나는 것을 경험하고 있다. 여기에서, 이 지금의 의식=자기-촉발이야말로 의미의 절대적 기원이라고 생각하고 싶어진다. 하지만 그럴까? 의미란 무엇일까? 의미란 오히려 원리적으로, 어떤 기호의 체계 속에서 차이의 운동으로 살아가는 것이라 할 수 있다. 예를 들어 말[馬]이 말이라는 의미로 생성하는 것은, 이 언어기호가 소

---

28) 《목소리와 현상》, 159면.
29) 같은 책, 159~160면.

와 돼지와 당나귀와 그 밖의 기호와의 차이에서 존재하기 때문이
다. 또한 이것을 시간론적으로 말할 수도 있다. 오늘은 말로 간다
라는 문장은, 오늘은 말로 간다라는 단어의 여러 의미의 시스템
(연속됨) 속에서 처음 하나의 의미로 확정되었다. 그렇다면 그 의
미가 하나의 의미로 생성할 수 있는 것은, 실은 순수한 지금의 의
식에 있어서가 아니라, 지금에 미묘한 과거(=지나버린 의미)가
끊임없이 재귀하여 들어와 현재의 의미성을 부활시킨 것이라고 말
하지 않을 수 없다. 그렇다면 살아있는 현재로서의 자기-촉발이야
말로 의미의 절대적 원천이라고 생각하는 것은 배리(背理)이다. 오
히려 지금 보았듯이 끊임없이 현재로 재귀하는 과거의 운동, 즉
어느 종의 흔적운동이야말로 의미생성의 원천이라고 생각할 수 있
을 것이다. 살아있는 현재를 의미의 절대적 원천으로 확보하려고
하는 후설의 의도는 이렇게 해서 불가능이라는 것을 알 수 있다.
이 부분이 데리다에 의한 현상학적인 근원으로서의 현전성 비판의
핵심부임이 틀림없다.

그러나 한 가지 주의할 점이 있다. 데리다는, 의미의 근거로서
후설이 남긴 살아있는 현재라는 절대적 기원, 절대적 원천의 개념
을 금지수로 하고 싶어 한다. 여기까지 데리다의 주장을 요약하면,
후설적 자기-촉발(살아있는 현재)은 최초 원리의 근거가 아니라,
오히려 이 자기-촉발이라는 현상 자체가 어느 차이의 운동(차연)
에 의해 뒷받침되고 있다는 것이다. 그러나 이런 데리다의 주장
그대로는, 살아있는 현재가 아니라 오히려 차이의 운동이야말로
절대적인 최초 원리, 혹은 기원이 된다. 그런데 원래 데리다의 모
티브는 이데아적 요소의 무한한 반복가능성, 즉 엄밀한 인식의 정
당성의 절대적 근거를 상대화하는 점에 있었기 때문에, 살아있는
현재 대신에 차이의 운동이라는 절대적 원천을 둔 것처럼 되어 버

42

린다. 그래서 데리다는 이른바 절대적 기원이라고 간주되어 있던 현재의 자기-촉발 자체가 어느 종의 운동의 결과(흔적)라는 표현 방법을 선택한다. 그것을 통해 데리다는 근원의 배후에 보다 깊은 차연이라는 근거를 대치하는 게 아니라, 인식의 정당성의 근거로서 근원성이라는 개념 자체를 "말소"하려고 한 것이다. 이러한 데리다 비판의 특징을 근원개념의 금지라고 불러두자.

이 근원개념의 금지는 글쓰기와 차이[30]와 그라마톨로지에 관하여 등을 합쳐, 그 전후 플라톤, 루소, 헤겔, 소쉬르, 레비-스트로스 등에 대해서 행해진 데리다의 비판 가운데 여러 번 등장하며, 이른바 탈구축개념의 방법적 핵심을 이루게 된다. 형이상학 사고의 특징은, 데리다에 의하면 기원과 반복 본질과 현상 근원과 대보(代補) 목소리와 글쓰기 등이라는 가치개념의 이항대립적 분할(전자가 본래적인 것이라고 되어있다)에 있지만, 이것을 전도하기 위해 기원과 본질과 근원이라는 본래성의 개념의 불가능성을 증명하는 것이 무엇보다 중요한 과제라고 한다.

그럼, 다음으로 우리들은 이러한 데리다적 탈구축적 비판의 사상적 의의를 자세하게 음미하지 않으면 안 되지만, 우선 그의 방법의 논리적 특징에 관해서 다음의 것을 지적해 두지 않으면 안 된다.

예를 들면, 버트런드 러셀은 서양철학사에서 그리스의 잘 알려진 회의론자인 피론의 제자, 티몬[31]의 회의론을 소개하고 있다. 그

---

30) 자크 데리다, 《글쓰기와 차이》(상·하권) 상·와카쿠와 타케시 역, 1977년/ 하·카니타니 히로코 역, 1983년, 호세이대학 출판국.
31) 티몬(BC325~235경) 풍자시를 통해 철학자의 독단을 비판. 디오게네스 라에르티오스, 《그리스철학자 열전》(하권, 키쿠 아키토시 역, 이시가와 문고) 참조.

리스 철학에 있어 귀납법은 아직 확립되지 않았고 연역법이 논리의 기본으로 간주되었지만, 티몬은 다음과 같이 설명한다. 모든 연역은 공리(일반원칙: general principle)에서 출발한다. 공리라는 것은 즉, 누구나가 그것에 납득하는 "자명한 것"이다. 그러나 어떤 자명한 것도 이것을 자세히 검증해 보면, 엄밀하게 그 절대적인 옳음을 증명하는 것은 불가능하다. 따라서 가장 근본적인 것, 가장 기원적인 것은 존재할 수 없고, 때문에 또한 어느 것도 엄밀하게 옳다라고 말할 수 있는 것은 존재하지 않는다고 말이다.[32]

나의 생각을 말하면, 지금까지 보아온 데리다의 형이상학 비판의 기본형태 또한, 엄밀한 것의 근거 근원이 되는 것의 회의론적인 상대화라는 점에 있다. 데리다의 유럽형이상학 비판의 규모와 사정, 그 정밀함은 거의 역사상 처음 있는 일이고, 분명 현대사상에서는 뛰어난 것이다. 그러나 철학사에서 이미 나타난 본격적인 형이상학 비판, 예를 들어 플라톤, 칸트, 니체 등의 근저적인 형이상학 비판과 그 기본형태를 비교하면, 데리다의 비판이 본질적으로 논리상대주의적, 혹은 '귀류논리적'[33] 기본형태를 취하고 있음을 알 수 있다. 즉, 예민한 독자라면 여기까지 보아온 데리다의 형이상학 비판의 논의가 커다란 틀의 논리구조로서는 티몬의 그것과 거의 같은 형태라는 것을 눈치 챘을 것이다.

데리다의 근원개념의 금지는 극히 치밀한 논리적 과정을 따라

---

32) 러셀, 《서양철학사》(전3권) 이치이 사부로 역, 미스즈 문고, 1970년, 235~236면.

33) 귀류론은 논리학적으로는 어떤 세상사를 적극적이지 않고 부정적으로 증명하는 간접적 증명법의 하나라 할 수 있다. 따라서 그것은, 논쟁상대의 논증의 논리적인 어긋남을 지적하는 것으로, 자신의 명제의 정확함을 상대적으로 증명하는 성격을 갖는다. 7세기 불교철학에 있어 중관파의 사상가 찬드라키르티는 이 방법을 자각적으로 사용하여 귀류논증파라고 불리는 유파를 이루었다.

가지만, 그래도 다음과 같은 기본적인 논리형식으로 환원할 수 있다. 즉 그것은, 형이상학은 절대적 기원으로서의 목소리 생생한 현전(지금) 확실한 동일성으로서의 이데아성이라는 개념을 학문의 진리성과 보편성의 근거로 확립하려 하지만, 이들의 개념을 엄밀하게 검증하면, 절대적인 근원과 기원이라고 말할 수 있는 것을 보는 것은 절대 불가능하다는 논리의 기본형태를 취하고 있다. 하지만, 이것의 의미에 관해서는 나중에 검토하기로 하고, 데리다에 의한 현상학 비판의 마지막 중요한 전개를 확인하는 것으로 하자.

4. 글쓰기와 주체의 죽음

《목소리와 현상》 끝부분에서 데리다는, 후설이 구분한 지표와 표현의 문제를 다시 집어 들어 자세히 검토한다. 그 개요는 다음과 같다.

왜 언어에 관한 고전적 이론은, 여러 가지 언어론에서 다의성의 아포리아(aporia)를 회피할 수 없었던 것일까? 이 아포리아에 관해서 후설은 다음과 같은 예를 제시하고 있다. 부케팔로스는 말이다와 이 마차를 끄는 말은 말이다라는 표현에서는 같은 말이라는 단어가 다른 대상을 지시(지표)하고 있다.[34] 또 예나의 승자와 워털루의 패자라는 표현에서는 다른 표현(시니피앙)이 같은 대상(시니피에)을 지시하고 있다.[35] 후설은 이 아포리아를 해결하기 위해 언어의 기본적계기로서 표현과 지표라는 구분을 세운다.[36] 후설에 의

---

34) 부케팔로스는 알렉산더대왕의 승마용 말.

35) 예나의 승자와 워털루의 패자는 동시에 나폴레옹.

하면 지표는 언어기호 그 자체가 갖는 대상지시의 기능인데, 지표에 있어서 그 사념이 어느 직관에 의해 충실해지는 것은 반드시 불가결한 것은 아니다.[37] 그리고 언어의 다의성은 언어의 표현이라는 측면, 특히 의미부여 의미충실이라는 의미작용에 유래한다고 간주된다.

그러나 데리다는 이렇게 말한다. 언어기호가 지표로서 기능한다는 것은, 기호는 기원으로서의 직관의 충실(의미부여) 없이도 기호표현으로서 기능한다는 것이다. 오히려 이것이 지표와 표현과의 분열을 필연적인 것으로 하고 있는 것이다. 후설은 화자와 듣는 사람이 언어로 주거나 읽거나 하는 의미작용을 표현의 본질로서 중시한다. 그러나 언어표현에서 언어기호가 지표로 기능하고 있다는 것이야말로 본질적인 것이다. 즉, 언어표현이 언어표현이라는 것의 본질은, 오히려 언어기호가 직관에 의해 의미작용에서 독립하고 있다는 점에 있다는 것이다.

위의 표현은 다소 이해하기 어렵지만 데리다가 여기서 제시하는 작가의 죽음이라는 개념이 그의 음성중심주의 비판의 내실을 잘 나타내고 있다.

기호작용 일반의 구조 그 자체를 조금이라도 생각해보면 수긍할 수 있듯이 직관의 부재는 기호작용 일반의 구조에 의해 요구되고 있는 것이다. 직관의 부재는 근본적으로 요구되고 있다. 다시

---

36) 《논리학연구》 제2권1 제1장1절에서 이 구분을 세운다. 지표(Anzeichen)라는 의미의 기호는 그것이 지시하는(Anzeigen) 기능 이외에, 한층 더 의미기능을 채우지 않으면 무엇도 표현할 수 없다(33면). 이처럼 지표는 기호가 단순히 무엇인가를 표시하는 지시적 기호의 측면을, 표현(Ausdruck)은 이것을 넘어서 발화자의 뜻에 관계하는 유의미적 기호로서의 측면을 나타낸다고 한다.

37) 자크 데리다, 《목소리와 현상》, 171면.

46

말하면, 어떤 언어표현의 주체 및 그 대상의 전면적 부재—작가의
죽음, 혹은 그가 쓸 수 있었던 여러 대상의 소멸—는 《의의작용》
의 텍스트[texte]라 하여도 무방하다. 오히려 반대로, 이 가능성이
의의작용을 의의작용으로서 생기게 하고, 의의작용을 듣게 하거나
읽게 하는 것이다.

(⋯)글쓰기—이것이 주관의 죽음에 의한(혹은 죽은 후의) 주관
의 전면적 부재임에도 불구하고 기능하는 기호의 통상의 명칭이
다.[38]

부연해보자. '부케팔로스는 말이다' 와 '이 마차를 끄는 말은 말
이다' 라는 두 가지 언어 표현에서 말이라는 단어는 어의로서의 의
미(Bedeutung)는 같은데, 표현으로서의 의미(Sinn)은 다르다.[39] 즉
그것은 동일대상을 가리키고 있지 않다. 후설의 생각으로 같은 말
이라는 두 단어가 다른 대상을 지시할 수 있다는 것은, 애당초 발
화자가 각각의 말이라는 단어에 부여한 처음의 직관이 다르기 때
문이라는 것이다. 하지만 실로 우리들은 '부케팔로스는 말이다' 와
'이 마차를 끄는 말은 말이다' 라는 글쓰기(쓰는 문장)를 보는 것
만으로, 거기에서 금방 두 가지의 말이 다른 대상을 가리키고 있
다고 비판할 수 있다. 그렇다는 것은, 우리들은 단지 이 두 가지의
글쓰기의 차이만으로 언어의 의미의 다의성이라는 사태를 이해하
고 있는 것이다. 그렇게 생각하면, 가령 언어 표현하는 발화자가
말을 어떤 대상으로서 직관하고 있다(의미하고 있다)고 해도, 그
것과는 관계없이 이 두 가지의 글쓰기의 차이만으로 각각의 말의

---

38) 자크 데리다, 《목소리와 현상》, 176~177면.
39) 어의(Bedeutung)는 지표로서의 언어기호에, 의미(Sinn)은 표현으로서의 언
    어기호에 대응한다고 생각하면 된다.

지시대상성이 다르다는 판단이 성립할 수 있다는 것이다.

즉, '부케팔로스는 말이다'와 '이 마차를 끄는 말은 말이다'라는 언어표현은, 한 가지 언어의 일반적 시스템 중에서 일반적인 의미를 표시하는 것으로 성립하는 것이고, 그것은 발화자가 그곳에 포함시킨 처음의 직관(의미)하고는 관계없는 것이다. 그렇다고 한다면, 언어기호는 직관적인 의미부여의 작용 없이도 기능할 수 있다고 말하기보다 오히려, 언어가 언어로서 성립하는 것은, 언표가 언표자의 처음의 직관(의미부여)과는 관계없는 것으로서 자립할 수 있기 때문이라고 말하는 편이 보다 적절할 것이다. 언어표현이 활기 있는 현재의 직관을 통한 의미의 부활에 의해 지지되고 있기 때문이 아니라, 그 직관의 소멸을 각인한 흔적으로서 기호작용을 소행하기 때문에 언어는 언어로서 기능하는 것이다. 그러한 이상, 이른바 주체의 죽음 혹은 작자의 죽음이라는 것이야말로 언어의 의미작용이 기능하기 위한 본질적 조건이라고 말하지 않을 수 없다. 이것이 데리다의 주장이다.

만약 어떤 사람의 '아, 하늘이 파랗구나'라는 언어(기호)가 그 사람 독자적으로 하늘이 파랗다는 감각 혹은 감동을 표현해야 하는 것이라고 한다면, 그 후 누구라도 자신의 독자적인 의미로 파랗다라는 단어를 사용하지 않게 되어버린다. 즉 언어표현과 모든 의의(Bedeutung))의 이데아적 본성이란, 어떤 의의(Bedeutung)가 '항상 새롭다'라는 사태와 양립하지 않는다.[40] 혹은 또한 다음과 같이 말할 수 있다.

'나'의 기호적 가치는 말하는 사람의 생에 존재하지 않는다. 지

---

40) 자크 데리다, 《목소리와 현상》, 181면.

각진술에 지각작용이 수반하려고 하지 않는다면, '나'의 진술에 '자기로의 현전'으로서의 생이 수반하려고 하지 않는다면, 그것은 의의작용의 기능수행에는 아무래도 좋다는 것이다.[41]

그럼, 언어표현은 직관적 의미충실의 흔적으로서의 글쓰기 의의작용 속에서야말로 그 본질적 조건을 갖는다는 데리다의 주장에는 확실히 큰 설득력이 있다. 우리들이 단어를 이미지할 때, 먼저 언어표현자의 뜻(=말하려고 하는 것)이 있고, 그 뜻이 상대에게 정확하게(혹은 그릇되게) 전달된다고 생각하는 것이 자연스러운 것이다.[42] 하지만 데리다는 독창적인 방법으로 이 견해를 전도하고 있다. 파롤(회화체)에서 우리들은 극히 자연스럽게 그 단어에 상대의 뜻이 포함되어 있다고 생각한다. 단어는 그의 뜻의 "표현"이라고 말이다. 그러나 글쓰기(문장체)에서 사정은 일변한다. 어느 텍스트를 앞에 두었을 때, 우리들은 이미 그 작자의 뜻이 무엇이었는지를 확실하게 확인할 길이 없다. 어느 경우, 그 작자는 문자

---

41) 같은 책, 182면.

42) 처음으로 말하려고 하는 것이 있다고 생각하는 것도 착각으로, 실로 사람은 말해야 하는 것을 생각하고 나서 말하는 것이 아니라 생각하면서 말하고, 말하면서 생각하는 것이 사실이다. 그렇기 때문에 처음에 말하려고 하는 것이 있고 언어가 그것을 표현한다는 도식 자체도 잘못된 것이라고 주장한다. 물론 그러한 장면도 생각할 수 있지만, 그러나 논의로서 타당한 것이라고는 말할 수 없다. 언어론은 언어의 본질을 이해하기 위해 어떠한 모델이 적절할지를 탐구하는 것이라서, 먼저 뜻이 있고, 이것을 전달하려고 하는 언어표현이 있다는 모델은 기본적인 것이다. 표현이 먼저일지 뜻이 먼저일지는 판단할 수 없다는 것은 어느 특수한 경우를 일반화하여 이것을 일반적인 것으로의 반증으로 하고 회의론적 상대화의 전형적인 반론이다. 데리다의 판단은 그런 것이 아니다. 그는 일단 뜻과 표현의 전후관계를 인정한 뒤에 그 전의 의미작용에 관해서 문제로 하고 있다.

그대로 죽어서 부재일 경우도 있을 수 있고, 그것뿐 아니라 작자가 존재하고 있을지 어떨지도 모르는 경우조차도 있다. 데리다에 의하면, 실로 이 작자의 불확실성, 부재성, 즉 시원(始源)의 뜻의 불가확정성(＝확인할 수 없는 것)이야말로 글쓰기의 본질이다. 글쓰기를 앞으로 하고 우리들은 그러한 작자의 부재와 뜻의 부재에도 불구하고, 혹은 그것하고는 관계없이 그 텍스트에서 일정한 의미를 받고 있으며, 또한 그렇지 않으면 애당초 글쓰기라는 것이 성립하지 않기 때문이다.

한층 더 데리다는 여기에서 다음과 같은 논의를 전개한다. 우리들은 종종 파롤이야말로 언어의 본래 형태이고, 글쓰기는 이른바 그 흔적에 불과하다고 생각한다. 그러나 이런 생각이야말로 언어의 본질은 언어표현자의 뜻과 그 표현의 관계에 있다고 생각하게 하는 원인이고, 여기에도 중요한 착각이 있다. 실로 파롤은 결코 시원의 언어는 아니다. 파롤 그 자체가 이미 기호의 체계(시스템)를 전제로 하고 있기 때문이다. 파롤의 흔적으로서 글쓰기가 있는 것이 아니라 파롤 자체가 글쓰기의 체계 속에 있다. 여기서도 언표와 발화가 근원이 아니라 발어 자체가 이미 흔적의 체계에 의해 받쳐지고 있다. 따라서 실은 흔적이라는 것이야말로 기원이고, 게다가 이 기원은 그 자체로 이미 무엇인가의 흔적으로서 밖에는 성립하지 않는 기원이다.

데리다는 이 모든 기원의 기원성을 말소하는 기원으로서의 흔적(원흔적)의 개념을 《그라마톨로지에 관하여》에서는 에크리튀르(RC ecriture)(원서기)라고 부르고, 이것은 넓게 유포되게 된다. 여하튼 여기까지 오면 데리다의 기호론의 전체상도 거의 명백해진다.

데리다의 기호론적 언어이론은 뜻과 표현의 관계로 언어의 본질을 보는 전통적인 언어이론을 크게 뒤집은 것이었다. 언어의 문제는 이미 어느 표현이 어떻게 그 뜻을 정확하게 전달하는가 하는 문제가 아니라, 어느 텍스트(기호흔적)가 그 자체로서, 왜 어떻게 우리들에게 일정한 의미를 환기하는가 하는 문제가 된다. 이것은 후에 자세하게 보듯이, 비트겐슈타인, 콰인, 크립키 등의 현대분석 철학의 계보가 패러독스로 보기 시작한 언어의 결정불가능성 문제의 포스트모던판이라고 말해도 좋다. 즉, 언어를 철저한 하나의 텍스트(흔적)라고 간주하면, 언어 의미의 결정불가능성이야말로 언어에 있어서 "본질적인 것"으로 보이는 것이다.

이렇게 해서 데리다는 후설의 '살아있는 현재', '제원리의 원리', '목소리'로 하는 근원개념을 철저하게 비판한다. 데리다적 텍스트론에서 언표자의 뜻과 표현과의 관계는 무의미하게 된다. 목소리의 본래성의 생각이 확보되었던 기원으로서의 뜻과 표현의 관계, 연결성의 보증, 다시 말하면 이데아적 요소 이념적 요소가 정확하게 반복되어 전달되는 그 보증은 이미 존재하지 않는다. 《목소리와 현상》의 마지막으로 와서 데리다는 다음과 같이 단언한다.

형이상상의 역사는 절대적으로 '자기가 말한 것을 듣고 싶다' 이다. 이 무한한 절대자가 자기 자신에 대해 자기 자신의 죽음으로서 나타날 때 이 역사는 종결한(close) 것이다. 차연 없는 목소리, 글쓰기 없는 목소리는, 절대적으로 살아있다는 것과 동시에 절대적으로 죽어있다.[43)

현상학에 있어 음성중심주의는 후설 한 사람만의 예측인 것은 아니다. 실로 그것은 헤겔을 정점으로 하는 유럽 형이상학의 진리

---

43) 자크 데리다, 《목소리와 현상》, 195면.

로의 예측의 역사이기도 하다. 그것은 기원으로서의 뜻이 절대적
으로 전달될 수 있는 가능성에 의해 이념과 진리의 절대성의 권리
를 확보하려고 하는 형이상학적 예측의 역사이다. 그러나 이 목소
리의 특권성의 역사는 작자의 죽음이라는 글쓰기의 본질이 명백해
지자마자 종결한다. 그것과 함께 형이상학에 있어 절대적인 진리
와 이념의 역사도 종결한다. 진리와 절대지식으로 도달하려는 철
학과 형이상학의 야망도 종결한다. 이렇게 해서 데리다는 《목소리
와 현상》을 다음과 같은 말로 총괄한다.

　우리들은 여기서 사람들이 절대적인 근원이라고 생각한 것의
근거로서 오히려 차연이라는 개념을 손에 넣었다. 그러나 이것은
또 하나의 보다 깊은 근원은 아니다. 그것은 흔적으로서의 근원,
모든 근원개념을 금지된 수로 하려는 근원이다. 따라서 우리들은
이것에 관해서 지금까지와는 다른 방법으로, 즉 어느 미문의 물음
의 개막에 있어서 묻지 않으면 안 된다.

　그렇지만 이 미문의 물음은 지식으로 향해서 열리는 것도 아니
고, 이 다음의 지식으로서의 부지(不知)를 향해 열리는 것도 아니
다. 이 물음의 개막에 있어서 이미 우리들은 알고 있는 것이 아니
다.[44]

　여기서 열린 새로운 지식은 전통적인 진리라는 개념과는 분리
된 것이라는 것을 그의 독특한 말투로 강조한다. 여기서 자신은
지금까지의 근원개념을 가능하게 하는 것으로서의 차연이라는 개
념을 나타내 보이지만, 그것은 실로 보다 깊은 근원이라고 여겨지

---

44) 자크 데리다, 《목소리와 현상》, 195면.

지는 않는다. 그것은 대개 근거, 근원, 기원이라는 개념의 금지이기 때문이다. 진리의 절대성을 우리들이 힘이나 차연이라는 낡은 명칭으로 부르고 있는 것은 근원적인 요소보다도 한층 낡은 것은 아닐지 어떨지—그것을, 그러므로 우리들은 이제 모른다.[45]

　이렇게 해서 데리다의 《목소리와 현상》은 그 형이상학 비판의 투쟁을 매듭짓는다. 데리다 독자적인 흔적의 기호학, 차연 개념은 이후, 현대사상을 석권하는 탈구축사상의, 즉 산종 반복가능성 마크 유령 완전한 타인 등이라는 제이념으로 전개된 데리다 사상 전체의 근본적인 초석이 되는 것이다.

---

45) 같은 책, 197면.

제2장 데리다적 탈구축과 회의론

I. 순수자아의 역설

데리다에 의한 후설 현상학 비판의 기둥은 크게 두 가지가 있다. 하나는 순수자아[1]의 개념(삶의 철학과 결부되어 있음)은 어긋나 있고, 이 개념이 현전의 형이상학을 받치고 있다는 비판과 또하나는, 후설의 언어이론은 음성중심주의이고 글쓰기의 개념에 의해 전도되지 않으면 안 된다는 비판이다. 지금 데리다의 이런 비판이 본질적인 비판으로서 타당성이 있을지 어떨지 음미해보자.

먼저, 현상학의 순수자아의 개념에 대한 비판부터 시작해보자. 제원리의 원리 순수자아 살아있는 현재 등은 현상학의 중심 개념을 이루지만, 이것들은 이미 형이상학적 근원성을 확보하기 위한 개념으로 서로 지지하고 있다는 것이 데리다의 주장이다. 그러나

---

1) 《고안 I》의 구별에서는 순수자아의 계기로서 순수자아와 순수한 의식상관자가 있다고 한다. 이 영역 전체가 초월론적 주관의 영역이다. 그러나 여기서의 문맥에서는 순수자아와 순수의식은 거의 같은 의미라고 생각해도 좋다.

54

나는 애당초 이 비판은 현상학의 방법에 대한 기본적인 오해에 기인한다고 말하지 않을 수 없다.

　현상학에서 제원리의 원리와 순수자아의 개념은 데리다가 이해하고 있는 것과는 상당히 다르다. 현상학의 순수자아(=초월론적 자아)의 개념은 데리다를 시작으로 반=현상학적 논자들이 주장하는 모든 인식의 근거가 되는 근원개념은 아니다. 이것은 현상학의 근본 모티브를 진리에 기초를 둠이라고 간주하는, 오래 이어져 온 통념적인 오해와 강하게 연결되어 있는 것이다. 이 통념에 의하면 현상학적 환원이란 인간의 모든 인식과 지식을 순수자아로 환원하는 것이고, 순수자아는 모든 인식과 지식의 정당성을 근거하는 절대적 근원이다. 또 여기에서 순수자아가 세계를 구성하는 과정을 확정하는 것에서 올바른 세계인식의 가능성을 엄밀하게 규정하는 것이 가능하다고 여긴다. 그러나 지금까지 내가 여러 곳에서 누차 주장해 왔듯이, 현상학의 근본방법은 엄밀한 인식이 구성된 조건을 주관 내부의 과정 및 구조로서 상정하는 것이 아니라(이것은 칸트가 취한 방법이다), 세계에 관한 확신성립의 조건과 구조를 해명하는 것에 있다. 애당초 후설현상학의 최대 공적은, 인식론의 문제에 있어서는 진리의 조건이 무엇일까가 아니라 확신성립의 조건이 무엇일까를 묻는 것에 문제의 본질이 있다는 것을 명백히 한 점에 있는 것이다. 현상학 사고의 본질이 이러한 동기에서 존재하는 것이 아니면, 그것은 기껏해야 근대철학의 흄적, 칸트적 인식론을 정밀화한 것에 지나지 않고, 애당초 현대철학으로서 무언가 중요성을 갖는 것이라고는 말하기 어렵다. 현상학 방법의 본질이 확신성립의 조건의 해명에 있다는 점의 자세한 것은 이미 몇몇의 저작이 있기 때문에,[2] 여기서는 현상학적 환원의 방법을 진리의 조건의 탐구가 아니라 확신성립의 조건의 해명이라고 생각했을 때,

순수자아의 개념이 어떻게 이해되어야만 할까에 관해서 개설해보
자.

　상술한 관점에서는 현상학적 환원의 방법의 요점을 '인식의 과
정에 있어 대상과 인식관계의 인과성에 관해서 자연주의적 독사[3]를
뒤집는 것'이라고 요약해서 말할 수 있다.

　예를 들면, 보통 우리들은 눈앞의 사과를 보고 '지금 눈앞에 사
과가 존재하기 때문에 자신에게 이러이러한 사과의 상이 보인다'
고 생각한다. 여기서는 사과의 실재가 원인이고 상의 현상은 결과
이다. 현상학적 환원의 방법은 사고에 있어 이러한 자연적 태도,
먼저 사물이 존재하고 그것이 시각을 통해 우리들의 의식에 나타
난다는 원인-결과의 계열을 뒤집어, 오히려 자신에게 이러이러한
상이 이러한 형태로 나타난 뒤, 나는 사과의 현실존재를 의심할
수 없는 것으로 간주한다고 생각한다. 여기서는 자연스런 사고의
순서를 방법적으로 뒤집어 상을 원인으로, 사과의 존재확신을 결
과라고 생각하는 것이다. 즉 대상의 객관존재를 전제하지 않고, 우
리들이 이러이러한 대상, 사태에 관한 존재와 의미의 확신을 갖는
것은 어떠한 조건(또 구조)에서일까라고 항상 묻는 것, 이것이 현

---

2) 졸저 《의미와 에로스》(작품사, 1986년→치크마 학예문고, 1993년) 《현상학 입
　문》(NHK북스, 1989년) 《처음의 현상학》(카이쵸우사, 1993년)을 참조. 확신성
　립은 후설에게는 타당과 정립, 세계정립이라는 술어로 불리고 있지만, 극히 잘
　못 읽힌 것이기 때문에 그 동기를 생각해 확신성립과 신념의 성립이라는 용어
　를 사용하는 것이 좋다고 생각한다. 서구의 근저 《철학적 사고》(치쿠마 문고,
　2001년)에서 명석한 해설이 되어있다.
3) 독사는 원래 그리스철학에 있어 독사(생각하다)와 에피스테메(참된 지식)이
　라는 대립 개념에서 취하고 있다. 일반적으로는 억견. 자연주의적 독사는 세계
　의 객관존재를 철학적인 확인 없이 믿고 있는 근대 이후의 일반적 또는 자명
　한 세계상을 가리킨다.

상학적 환원의 기본방법이다.

사과 등의 자연대상의 존재에 관해 그렇게 생각하는 것은, 언뜻 우스운 것처럼 여길지도 모른다. 그러나 원래 근대철학에서 출발한 인식문제의 근본 동기는 세계관, 가치관, 미의식 등의 불일치와 대립의 문제를 해명하려고 하는 점에 있다.[4] 이를 위해서는 대상존재를 미리 전제하는 것이 아니라 오히려 그것을 우리의 관념적 제조건에 의해 생긴 신념을 생각하는 편이 이치에 맞다. 인식문제를 해명하기 위해서 무엇이 현실에 존재하는가 하는 물음은 효과가 없고, 그것을 신념형성의 조건의 문제로서 묻는 것 이외에는 없는 것이다. 즉 그러한 국면에서는 무엇이 진리인지 혹은 어떤 생각이 가장 올바른가가 아니라, 다양한 신념체계가 성립하고 그것이 서로 대립하는 그 동기, 이유를 묻는 것이야말로 본질적이라고 말하지 않으면 안 된다.

그럼, 형상학의 방법을 확신성립의 조건 혹은 신념조건의 해명이라는 본질에서 파악하는 한, 순수자아(=초월적 자아)의 개념을 데리다가 말한 것처럼 엄밀한 인식을 가능하게 하는 절대적 기원 혹은 절대적 근거라고 간주하는 것은 불가능하다. 데리다와 비슷한 많은 논자가 순수자아의 개념을 인식과 지식의 절대적 원천, 게다가 그 존재를 실증할 수 없는 철학적 픽션이라고 생각해 왔다. 그러나 순수자아란, 단지 여러 개념의 확신성립의 조건을 묻는 동기에 의해 단행되는, 대상과 인식의 인과관계에 관한 방법적인 "시선변경"을 의미한다고 생각하지 않으면 안 된다. 즉 그것은 여러 사태에 관한 초월론적 문제[5]를 명확화하기 위해 필요한 시선변

---

4) 주관-객관의 일치라는 근대철학의 인식문제는 신교와 구교의 대립, 기독교적 세계상과 자연과학적 세계상과의 대립, 유럽적 세계상과 이문화세계상과의 대립이라는 근대특유의 세계관 대립의 극복이라는 동기를 갖고 있다.

경에 불과하다. 이 시선변경은 존재→의식현상이라는 인과의 순서를 의식현상→존재확신이라는 것으로 뒤집는 것이며, 시선변경을 행하는 이유는 확신성립의 조건을 해결하기 위함이다. 여분의 주석을 붙이지 않으면, 지금 서술한 것으로 현상학적 환원의 방법의 핵심은 전부이다.

그러나 조금 더 부연해 보겠다. 지금 누군가가 눈앞에 있는 사과를 확실히 보고 그 존재를 확신하고 있다고 한다. 일반적으로 말해서 이때, 누구나 자신의 집에 있는 사과의 존재확신의 근거와 이유(=조건)를 자기 자신의 의식 속에 묻고, 그것을 확신시킬 수 있다. 지금 감성적 사물에 관한 존재확신의 일반조건을 개괄적으로 말하면 다음과 같다. 일반적으로 어떤 사물대상이 존재하고 있다는 확신을 우리에게 주는 것은 그것이 의식에 지각이라는 형식으로 부여되는 경우이다. 그럼, 어떤 대상이 지각으로서 의식에 부여받는다고 말할 수 있는 조건은 무엇인가. 이 여러 조건을 확실한 현전 사영 반복가능성 등으로 이름 붙일 수 있다. 현상학적 환원의 방법은 이러한 길을 취해 나아가는 것이다.

다른 경우를 생각해 보자. 보통 대부분의 사람은 자신의 어머니를 진짜 어머니라고 믿는데 의심하지 않는다. 이런 자신의 암흑의 확신의 조건을 이루고 있는 것은 무엇일까라고 물을 수 있고, 이것을 자신에게 실제 부여되고 있는 내재적 소여로서 확인하는 것이 가능하다. 어머니 이전의 보호자의 기억이 없는 것, 어머니, 아버지, 형제 등이 자신에게 거짓말하고 있다는 생각은 들지 않는 것, 그들이 거짓말할 이유도 생각나지 않고 특별히 짐작이 가는

5) 여기서의 초월론적 문제란, 경험을 초월했기 때문에 확정할 수 없는 여러 대상과 여러 존재(종교적 세계상, 세계의 근본원리 외)의 인식을 어떻게 생각해야 하는가의 원리문제를 나타낸다.

58

점도 없는 것 등 그리고 이것들을 확신성립의 조건으로서 확인하
면, 진짜 어머니에 대한 확신이 누구나 상당한 정도의 가의성(可疑
性)을 갖는 것이 명백해진다. 예를 들어 우리들은 관공서로 나가서
자신의 호적부를 확인하거나, 병원에 가서 출산기록을 볼 수도 있
다. 이런 확인의 작업은 우리들의 확신을 보강한다. 그럼에도 불구
하고 그것은 결코 절대적인 확인을 주지 않는다는 것을 알 수 있
다.[6]

요컨대, 이러한 내성을 통해서 사람은 자신이 보통 암흑 속에서
갖고 있는 여러 가지 확신의 근거가 되고 있는 것을 확인할 수 있
다. 이 확신조건의 확인은 이미 명백해졌지만, 인식의 절대적인 정
당성과 타당성의 근거의 확인이라는 것을 모두 의미하고 있지는
않다. 그것은 오히려 여러 가지 확신의 확실성 가의성의 정도의
확인을 의미한다. 따라서 그것은 어디까지 이 확인작업이 소행가
능한지, 어디서 그것이 애매하게 되고, 불가능이 되고, 또 무의미하
게 되는 임계점인지 등에 관한 확증의 원리이고, 실로 그런 까닭
으로 칸트의 이성비판(=인간의 인식능력의 한계의 지적과 확정)
의 보다 본질적인 원리화이다. 이미 명백해졌듯이 이러한 현상학
의 방법의 기본원리는 객관인식과 엄밀한 인식의 기초를 둔 개념
과는 전혀 양립하지 않는 것이다.

좀 더 말하면, 이 내성에 의한 확신조건의 확인은 권리적인 것
에 불과하고 사실적인 것은 아니라는 비판도 많이 존재한다. 그러
나 이 비판도 확인의 "근거를 둠"(=확신조건의 확인)을 절대적
사실의 확정이라는 것과 혼동하는 것에서 오는 오해에 불과하다.

---

6) 이 절대적 확신의 불가능성은 실로 엄밀하게 감성적 사물의 존재확인에 관해
   서도 들어맞는 것이다. 현상학에서는 이것을 감성적 사물지각의 초월성이라는
   개념으로 부르고 있다.

확신성립의 조건의 확인 가능성이란 이 조건의 절대적 확정이라는 것은 아니다. 어디까지가 확실한 것으로 확정할 수 있고, 어디부터는 그것이 불가능이 된다는 임계성에 관한 확인의 가능성을 의미한다. 그런 이상 이 확인의 가능성은 단지 권리적인 것에 불과하고 현실적인 것은 아니라는 말은 어긋나는 것이다. 여기까지는 확실하다고 말하고 여기부터는 확실하지 않다고 말하는 경계를 "내적으로" 확인할 수 없다는 것은, 간단히 말해 인간은 현실과 꿈을 결코 구별할 수 없다는 것이고, 혹은 지(地)와 도(圖)에 의해 구성된 하나의 모양을 결코 확실하게 인지할 수 없다는 것이며, 게다가 어떤 사람을 다른 사람이라고 확실하게 구별하는 것은 결코 인지할 수 없다는 것이 된다. 하지만 이러한 주장이야말로 단지 "이론적"으로만 가능하고 현실적으로는 가능하지 않은 것이다.

확신조건에 있어 확실성, 가의성, 확인작용의 한계점 등을 내성적으로 확인할 수 있는 것의 가능성은 권리적 또 현실적인 원리이다. 왜냐하면 이 "확인"의 수행은 일상적으로 누구라도 행하고 있는 것이고, 사람의 일상생활 전반이 오히려 이러한 확인수행의 가능성에 의해 처음 성립하고 있기 때문이다. 이 수행가능성은 일반적으로 말하면 광기(狂氣)와 정기(正氣)를 분할하는 기준선이다. 그리고 인간인 이상 누구나가 갖고 있는 이 자기 확인과 세계양해의 기초능력을 인식문제의 해결을 위해 기본개념으로서 방법적으로 추려낸 것이, 순수자아의 개념의 내실임에 틀림없다. 앞에서 봤던 오해는 요컨대, 현상학의 방법이 엄밀한 인식의 기초를 둠에 있는 것이 아니라, 대개 인식이라는 것의 정당성에 기초를 둠에 있다는 것, 객관인식이라는 것이 어긋남임에도 불구하고, 어떠한 조건에서 공통양해라는 것이 정당화되는가에 관한 기초를 둠에 있다는 것의 무이해에서 출발하고 있는 것이다.

더욱 부연하면 이렇게 된다. 후설은 헤겔과 함께 칸트의 형이상
학 비판의 의미를 깊게 이해했을 뿐만 아니라, 그 이해는 훨씬 칸
트의 그것을 초월했다. 객관이라는 개념이 어긋남이라는 것은 후
설에 있어서는 기본적인 전제였다. 그러나 객관인식이라는 것이
어긋남이라고 해서 인간의 인식 그 자체가 전혀 무효이거나 무의
미라고는 말할 수 없다. 인간은 본질적인 이유에 의해 절대적인
객관인식이라는 것에는 도달하지 않는다. 그러나 그것은 칸트가
말하는 인식능력의 한계라는 것이 아니라 무릇 인식이라는 것의
본성으로서 그런 것이다. 하지만 또, 객관인식의 원리적 불가능성
은 인간적 세계에 있어 인식의 객관성, 보편성이라는 개념이 일정
한 조건을 바탕으로 타당성을 갖는다는 것과 결코 모순되지 않는
다. 자연과학적 인식의 타당성은 그것을 시사하고 있고, 인식론의
본질은 실로 그러한 인식의 정당성의 기초를 둔, 즉 어느 인식이
타당성을 갖기 위한 조건의 해명이라는 것에 존재해야 한다. 그리
고 이 과제는 존재타당(=확신성립)의 개념에 의해서만 가능하게
된다고 후설은 생각했다. 반대로 말하면, 후설의 대답은 객관인식
의 가능성이라는 과제는 정밀하고 절대적인 객관적 인식이라는 발
상을 취하는 한 불가능이고, 단지 여러 신념 사이의 주관적인 관
계성, 신념의 상호양해의 보편성이라는 견해에 있어서만 가능하다
는 것이었다. 현상학의 방법원리가 이러한 이상, 그 세계양해의 방
법이 엄밀 인식의 기초를 두는 것이 아니고, 또한 그런 이상 이 방
법적 사고 영역인 순수자아가 엄밀 인식의 절대적 기원이 아닌 것
이다.

여하튼 그러한 이유로 현상학에 있어서 순수자아의 개념은 칸
트의 순수통각과 베르그송의 순수지속과는 다르고, 논리적인 순수
이념이 아닌 확신성립의 조건을 해명하기 위한 어느 방법적 시선

변경의 영역으로서의 의식이라는 것을 철학적 술어로서 표현한 것이다.[7]

순수자아는 형이상학적인 절대근원을 근거하는 절대개념이라는 데리다의 비판은 먼저 순수자아를 칸트풍의 순수이념으로서 이해하고 있는 점으로 큰 오해를 나타내고 있고, 더욱이 후설이 이것을 인식의 정당성의 절대적 근거라고 하고 있다는 이해에 있어서도 명백한 오류라는 것이다.

2. 회의론의 본질: 철학적 사고의 해체

그러나 데리다의 후설이해에 전제적인 오해가 있다고 해서 그것은 당장 데리다의 형이상학 비판의 사고를 완전히 무효화하는 것은 아니다. 이미 언급했듯이 그의 비판은 어떠한 근원개념도 성립할 수 없다는 것을 상대의 논리 내부에서 부정과 모순을 발견하는 것으로 증명하는 귀류론적, 회의론적 본질을 갖고 있지만, 형이상학이라는 것이 전통적으로는 절대적인 근원과 기원의 개념을 숨기고 있고 이것을 여러 형태로 재생하려고 하는 이상 데리다의 비

---

7) 칸트의 순수통각은 인간의 관념이 선험적으로 갖고 있는 '나는 생각한다'라는 경험통합의 능력. 선험적인 통각의 능력이기 때문에 그것을 구조와 조건을 분석하거나 반성하는 것은 불가능하게 된다. 선험적 통각이라고도 불린다. 베르그송의 순수지속도 또한, 이른바 세계를 시간성이라는 양식으로 살아가는 인간의 선험적 능력이다. 물질에서 이 능력은 저하된다. 베르그송에게 그것은 창조적 능력이라고 여긴다. 결국 이것들은 인간의 경험 사실을 어느 개념으로 부르는 것이지만, 그것에 관해 자각이 명확하지 않기 때문에 일종의 실체화를 떠맡고 있다.

판에도 정당성이 있다고 보인다. 또한 그것은 스콜라철학으로 대표되는 그때까지의 형이상학 사고의 기본유형을 안티노미로 몰아넣어 해제한 칸트의 본질적 방법에 통하는 면도 있다. 그러나 우리들은 여기서 이 회의론적 비판의 범형성(範型性) 그 자체를 사고원리의 문제로서 검토해 보자.

데리다의 현상학 비판은 실로 더욱 중요한 가상의 적으로서 헤겔의 철학을 그 형이상학 비판의 조준에 둔다. 헤겔과 후설은 데리다에 있어서 유럽철학의 절대적 진리주의 상징이 되었기 때문이다. 하지만 데리다의 헤겔에 대한 이해 또한, 후설에 대한 이해가 어긋난 정도에 대응해서 역시 큰 오해 속에 있다.[8]

예를 들어 헤겔은 《철학사 강의》[9]에서 회의론에 관해 투철한 논의를 행하고 있다. 현대사상이 헤겔에 대해서 완고하게 갖고 있는 여러 가지 편견을 배제하고 생각하면, 여기서 헤겔의 논의는 오히려 헤겔철학에 의한 데리다적 사고에서 형이상학성의 비판으로서 읽는 것까지 가능하다.

헤겔은 회의론에 관해서 다음과 같이 쓰고 있다.

---

8) 현대사상의 헤겔 비판은 포스트 구조주의의 데리다, 들뢰즈, 푸코뿐만 아니라, 프랑스에서는 바타이유, 블랑쇼, 리오타르, 레비나스 등, 독일에서도 아도르노를 시작으로 하는 프랑크푸르트학파, 또 영미계의 프래그머티즘과 분석철학 등, 극히 넓은 범위에 달한다. 반대로 헤겔은 현대철학 및 현대사상의 기조음(基調音)이라고 해도 좋다. 그 최대의 이유는 헤겔이 근대국가의 옹호자라고 간주되고 있기 때문이다. 그러나 이 현대사상의 전반적인 헤겔 비판은 후설 비판과 플라톤 비판과 나란히 근대철학의 근본이념에 대한 기본적인 오해 위에 쌓아올린 것이라고 말하지 않을 수 없다.

9) 헤겔, 《철학사강의》(전3권), 하세가와 히로시 역, 카와데 출판사, 1992~93년

회의파는 그렇게 생각되기 쉽지만 반대론을 갖거나, 다른 생각과 이미지의 가능성을 시사하거나, 지금 주장되고 있는 것과 우연히 다른 생각을 제시하거나 하는 것이 아니다. 경험에 근거를 두고 행동하는 것이 아니고 학문적인 사명을 다하려고 하는 것이 회의주의이다. 회의주의 방식은 한정이라는 개념 내지는 본질에 목표를 정하고, 한정된 것을 끝까지 부정하려고 하는 것이다. 부정이야말로 회의주의의 주장이고 그것에 개인으로서의 위대함을 상상한다.···회의파의 방식은 분석적 사고가 빠질 수밖에 없는 대립을 제시하고 있고, 분석적 사고가 구상하는 형이상학의 결함은 모두 그곳에 포함된다. 무한후퇴와 전제(직접의 지식)의 모순은 오늘이라도 곧잘 눈에 띄는 것이다. 이 방식의 공격목표는 하나의 원리를 명확한 명제로 정식화하는 독단철학이다. 그러한 원리는 언제나 한정되는 것이고, 따라서 자기 자신을 해체하는 변증법의 운동을 스스로 행한다. 이 방식은 분석적 사고에 잡힌 철학을 공격하고, 기본적인 무기가 되는 것이며, 회의파는 이 방식을 일상의 의식에 대해서도 철학적 원리에 대해서도 날카롭게 들이댄 것이다.

그럼, 이상이 회의주의와 회의적인 의식의 개요이다.···회의파의 방식이 여러 가지 학문에 어떻게 적용됐는지는 여기서 자세하게 개입하지 않겠지만, 회의파의 의식이 최고도로 단련된 변증법적 사고를 전개하는 것은 틀림없다.[10]

헤겔의 서술은 회의론의 역사적 의미뿐만 아니라 그 사고의 본질을 깊게 파악한 견해이다.

특히, 회의론은 변증법적 사고의 본질을 발휘하여 자명하게 보이는 근거개념을 검증하고, 보다 깊은 모순을 제시하는 것으로 개

---

10) 헤겔, 《철학사강의》 중권, 제2편D, 330~331면.

념의 더한 전개를 재촉하는 역할을 다한다는 점이 중요하다.

이것도 부연해보자. 철학적 사고는 추상개념을 논리적으로 사용하여 보편적 통찰을 가능하게 하기 위한 원리를 제기한다. 그것이 철학적 사고의 기본 규칙이다. 철학에 있어서 원리의 개념은 양해의 보편성, 보편양해를 만들어내기 위해 제기되는 이른바 키워드라는 정도의 의미로, 진리와 모든 것을 객관적으로 이해하기 위한 절대적 시점이라는 것을 의미하는 것은 아니다. 때문에 제기된 원리는 시대 속에서 항상 그 타당성을 재검증되지 않으면 안 된다. 그러나 철학적 언설에서는 종종 일원론-다원론, 유심론-실재론이라는 논리적 이항대립이 만들어져 논리의 전개가 고정화되거나, 또 일정한 권위와 권력을 후순(後盾)으로 만들어 세계관이 절대화되고, 독단론과 권위주의가 철학의 사고를 지배하게 된다. 즉 철학은 종종 형이상학화하는 것이다. 그리고 회의론적 사고는 철학의 사고가 그러한 절대화와 고정화의 경향을 드러낼 때에 등장해서 일정한 역할을 떠맡는 것이다.

회의론은 철학의 형이상학적 사고에 대항하여 그것이 갖는 근거와 전제의 절대성을 의심하고 그 논리모순을 변증법적인 부정의 힘에 의해 드러낸다. 이렇게 해서 회의론은 종종 형이상학 비판의 시발점이 된다. 실제 데카르트가 스콜라철학에 대해 회의론의 흐름을 타 방법적 회의라는 수단으로 스콜라 철학적 논의를 비판하고, 근대의 철학적 사고를 재흥했듯이 말이다. 이것이 회의론적 사고에 대한 헤겔의 기본적인 평가이다.

그러나 헤겔은 또한 다음과 같이 말한다. 회의론은 적의 논의를 근거의 무한후퇴에 빠뜨리거나, 그 상대성에 주목하여 순환론에 빠뜨리거나 한다. 헤겔은 여기서 앞서 언급한 티몬의 스승인 회의론자 피론에 관해서 그는 아직 경박한 회의론에 불과하다고 일축하고, 오히려 그 후에 등장하는 섹스토스 엠페이리코스[11]를 그리스 최대의 회의론자로서 높게 평가한다. 그것은 엠페이리코스가 회의론의 사고를 주도적으로 체계화하고, 각각의 개별적 논의를 철저하게 음미하면서 그 전체상을 그려나갔기 때문이다. 예를 들어 섹스토스 엠페이리코스는 회의론적 방법의 범형으로 다섯 개의 기본 방식을 들어 이 방법의 본질을 완전히 그려나가고 있다. 이것은 인간의 인식이 결코 일의적으로는 나타나지 않는 그 제조건과 제원리를 일일이 매거한 것이다. 그것을 간결하게 정리해서 나타내면 다음과 같다.[12]

(1) 견해의 차이를 주장하는 방식 ··· 많은 독단론이 무엇이든 동등한 권리로 주장될 수 있다.

(2) 무한후퇴에 빠뜨리는 방식 ··· 회의파가 증명하는 것은 어느 주장의 근거로서 제안되는 것이 그 자체로 또 근거를 필요로 하고, 그 근거가 또 다른 근거를 필요로 한다는 식의 무한후퇴가 생기는 것이다

(3) 인식의 상대성에 주목하는 방식 ··· 우리들에게 나타나는 대상은 한편으로 판단주체와 관계하고, 다른 한편으로 다른 사물과 관계하면서 나타나는 것이기 때문에 그 자체가 있는 그대로의 모습으로 나타나는 것은 아니다

(4) 전제를 문제로 하는 방식 ··· 독단파는 무한후퇴의 위험을 알

---

11) 알렉산드리아와 아테네에서 활약한 고대 그리스의 의사, 철학자. 저서로 《피론주의철학의 개요》(카네야마 야헤이/카네야마 마리코 역, 도쿄대학, 학술출판회, 1998년) 등이 있다.

12) 헤겔, 《철학사강의》 중권 제2편D, 324면 이후. 괄호 안은 《철학사강의》에서 인용.

아채면, 증명된 적 없는 어느 사항을 원리로 세워 그것을 단순히 증명 없이 승인하려고 하는 ― '그것이 공리이다'라고 주장한다.

(5) 순환론법 내지 순환증명에 빠뜨리는 방식…문제가 되는 사항의 근거로서 제시된 것이 다른 근거를 필요로 할 때, 그 근거로서는 처음의 사항이 제안되어 두 가지의 사항이 서로 상대의 근거가 된다. 예를 들면 현상의 근거는 무엇인가. 힘이다. 그러나 힘이란 무엇이냐고 한다면 그것이 또한 현상의 제요소에서 구성될 수밖에 없다.

회의론은 절대의 근거와 기원을 주장하는 것에 대해 변증법적인 부정의 힘을 발휘하기 때문에 이른바 원리적으로 논리상의 우위를 확보할 수 있다. 이것으로 회의론은 철학의 사고가 종종 함정에 빠지는 이원론적 대립의 고정화와 형이상학화를 상대화한다. 헤겔은 우선 이러한 표현방법으로 회의론의 역할을 평가한다. 그러나 여기서 잠깐 길을 돌아서, 철학적 사고가 종종 그러한 이항 대립과 형이상학에 빠지는 전제적인 사정에 관해서 필요한 해설을 첨가해보자.

철학적 사고는 (1)의 이야기를 금지수로 하고, (2)추상개념을 논리적으로 사용하여 (3)사물의 보편통찰=보편이해를 위한 원리를 제기한다는 방법을 그 기본원리로 한다. 전출했듯이 그것이 철학이라는 언어게임의 기본 규칙이다. 여기서의 원리란 일반적으로 그렇게 간주되고 있는 진리에 연관되는 근본원리와 궁극원인이라는 것을 의미하지 않는다. 그것은 예를 들어 전기의 플러스와 마이너스가 혹은 또한 신체의 건강함과 병약함이 현상에 관해 광범위한 공통양해를 초래하기 위한 원리라고는 말할 수 있지만, 그것에 관한 근본원리와 궁극원인이 아닌 것과 같다.

물론, 이것은 개개의 철학자에게 있어 충분히 명료하게 자각되고 있던 것은 아니다. 원리의 사고는 개념적 원리에 의해 세계의 삼라만상을 설명할 수 있는 독사를 철학자들에게 부여하고, 거기에서 예를 들어 세계는 하나이다에 대해서 세계는 많다가, 또한 세계는 동일하다에 대해 세계는 계속 변화한다는 세계상의 이항대립도식이 정형적으로 생기고, 결말이 나지 않는 것이다. 여기서는 개념이 갖는 기호론적 본질이 실체화되는 것이다. 철학의 사고는 또한 원리의 제시라는 것으로 세계의 전체성과 완전성을 일거에 근본적으로 알아맞히려는 욕망을 촉발한다. 거기서 철학의 논의는 종종 세계의 근본원리와 궁극원인을 알아내려고 하는 언어게임이 되는 성격을 갖는다. 즉 철학은 개념의 논리적 사용과 원리의 제시이라는 독자적인 방법에 의해 종교적 세계 설명이 결코 얻을 수 없었던 보편성(=공동체의 한계를 넘어서는 것)을 획득했지만, 이 방법적 특징은 또한 철학의 고유 약점의 원인이고 그곳에서 필연적으로 존재의 수수께끼(세계존재의 형이상학)와 언어의 수수께끼(인식·언어의 형이상학)라는 두 가지 아포리아를 불러 모으는 성격을 갖고 있다.[13]

존재의 수수께끼는, 세계의 존재는 하나인지 많음인지, 같은지 같지 않은지, 변함인지 불변하는지라는 배타적인 양자택일적 물음을 구성하지만, 논리적으로는 어느 쪽의 대답도 상대를 포괄할 수 있는 완전성을 갖지 않기 때문에 문제 자체가 결정불가능성을 드러낸다는 형태를 취한다. 플라톤이 말하는 독사와 에피스테메의

---

13) 철학 방법의 기본원리와 이 방법 고유에 따라다니는 아포리아로서의 존재의 수수께끼와 언어의 수수께끼에 관해서는 근대철학재고(메이지 학원 대학 국제학부기요《국제학 연구》제20호 2001년 3월)에서 상세히 논했기 때문에 이 것을 참조.

대립은 일상적, 평균적인 지식과 철학적 지식의 대립과 함께, 이 존재의 수수께끼에 무자각인 지식과 이것을 깊게 자각하고 그 올가미를 극복할 수 있는 지식과의 대립이라는 의미를 갖고 있다.

한편, 언어의 수수께끼는 특히 우리들의 주제에 관련되어 있다. 언뜻, 언어는 현실과 사태와 심경을 있는 그대로 표현하는 것 같지만, 실로 그것은 기호체계로서의 독자의 질서를 갖고 있다. 거기서 우리들은 언어의 사용 속에서 기묘한 모순을 여러 형태로 경험할 뿐만 아니라, 또 이것을 의식적으로 만들어내는 것까지 가능하다. 만약 그렇다면 마치 화가가 3차원적 공간을 2차원의 캔버스 위에 그림으로써 여러 착각의 그림(속이는 그림)을 만들어 내는 것이 가능한 것처럼, 논리가는 언어를 논리적으로 잘 구사함으로써 여러 가지 궤변과 패러독스를 만들어낼 수 있다. 언어의 논리적 사용에 늘 따라다니는 패러독스와 궤변과 아포리아는 그리스 철학뿐만 아니라 인도철학과 중국철학에도 예로부터 자각되고 있다.

제논에 의한 아킬레스와 거북이의 패러독스는 걸음이 빠른 아킬레스를 거북이의 후방에 세우고 같은 방향을 향해 동시에 출발시킨다. 상식적으로는 아킬레스는 금세 거북이를 앞지르겠지만 논리적으로 이것을 생각해보면 아킬레스는 결코 거북이를 앞지를 수 없다는 패러독스가 생겨난다. 이것은 무한과 유한이라는 추상개념을 양적인 표상으로서 실체적으로 취급하는 것에 의해 만들어지는 가상적인 모순이다.[14] 또 헤라클레이토스는 '사람은 같은 강에 두 번 들어갈 수 없다'고 말하고, 제자의 크라틸로스는 더욱 이것을 심화하여 사람은 단 한 번이라도 같은 강에 들어갈 수 없다라고

---

14) 제논의 패러독스의 자세한 해명에 관해서는 졸저 《플라톤 입문》(치크마 신서, 1999년) 제1장을 참조.

말한다. 이것은 동일성의 개념을 논리적으로 추적하면 어떤 것이라도 엄밀하게는 확정될 수 없다는 것에 관한 패러독스이다. 고대 중국에도 제자백가의 궤변론자의 일인공손용자에 지물론이라는 것이 있다. 이것이 손가락이다라고 해서 어느 손가락을 가리키면 다른 손가락은 손가락이 아닌 것이 되어버리기 때문에 그러한 언어표현은 하는 것이 아니라고 한다. 또한 장자에 말에 의한 세계분할이라는 이야기가 있다. 세계는 하나라고 하면, 이 말과 세계는 하나라는 사실에서 세계는 둘이 된다. 더욱이 원래의 말과 사실에 분화하는 이전의 미분화의 세계를 넣으면 세계는 셋이라는 것이 된다는 것이다. 이것과 거의 같은 논의가 인도철학의 중관파의 논리에도 보인다. 그 외, 삼단논법의 모순과 개별적인 것과 일반적인 것과의 모순을 이용하는 궤변과 패러독스는 얼마든지 예를 들 수 있다. 요컨대 언어 혹은 논리라는 것은 독자의 성격을 갖고 있고, 그 사용법에 의해 여러 가지 모순과 패러독스를 만드는 것이 가능하다. 소피스트와 궤변론자는 언어와 논리의 이러한 성격을 재빨리 자각하고 자신들의 레토릭에 이용한 것이다.

하지만 철학의 사고에 늘 따라다니는 이 언어의 수수께끼는 데리다적 탈구축의 문제에 깊게 관련되어있다. 데리다의 탈구축의 벙법은 비트겐슈타인의 사상과 함께 현대사상이 언어의 수수께끼를 둘러싼 사고라는 것을 잘 상징하는 것이다. 데리다의 탈구축, 비트겐슈타인의 언어게임, 그리고 형이상학 비판은 현대사상에 있어 가장 상징적인 주제라고 말해도 좋다.

예를 들어, 현대철학에서 잘 알려진 언어의 수수께끼의 예를 들어보자.

모든 크레타인은 거짓말쟁이라고 한 사람의 크레타인은 말했다. 이 언어 자체는 파르메니데스에 의한 것이지만, 이것은 조금 앞서 포스트모더니즘이 들어왔을 때 큰 화제가 된 패러독스로 로지컬 타입(논리계형성)의 혼동에 의해 자기언급적인 패러독스라고 불리었다. 이 언명은 진실일까 거짓일까 결정할 수 없다. 폴(Paul de Man)의 What's the different? 라는 예문도 잘 알려져 있다. 차이는 어디에 있을까라고 묻고 있는지, 어떤 차이도 없다고 말하는 것인지, 양의적이라고 한다. 또한 베이트슨(Gregory Bateson)에 의하면 내 운명에 복종하지 말라는 명령문은 자기 결정에 관해서의 더블바이드(Double-bind, 딜레마)적 상태를 만들어낸다. 이것은 대개 결정불가능성이라고 불리는 패러독스로 여기에서 제시한 자기언급적 양의적 더블바이드적이라는 분류에 특별히 중요성은 없다. 주의해야 할 것은 이러한 언어의 결정불가능성이라는 현상은 예로부터 언어의 수수께끼와 같은 본질을 갖고 있지만 현대철학에서는 특히 중요한 복합모순(problematique)으로 되었다는 점이다.

어느 의미에서 현대 언어철학은 언어에 있어 이것들의 수수께끼를 정리하고, 공통인식을 만들 수 있는 언어의 논리적 사용에 관한 정합을 발견하려고 하는 점에서 출발했다고 말해도 좋다. 무어, 러셀, 프레게, 초기 비트겐슈타인 등이 그 대표이다. 또한 현대 언어철학의 이러한 움직임에는 앞에서 본 유럽의 전통철학, 즉 형이상학적 철학으로의 조정에 반대한다는 의미도 포함되어 있다. 형이상학자가 사용하는 전체, 영원, 일자(一者), 완전성, 본질 등의 개념은 어디까지가 객관적인 것인지 확보하기 어려운 면이 있기 때문이다. 현대 언어철학의 초기 발생의 모티브는 마치 데카르트가 수학적인 사고법의 발견에 의해 스콜라철학을 무찔렀듯이, 언어의 엄밀함으로 객관적인 사용에 의해 유럽 철학의 형이상학적 사고를 극복하려고 하는 점에 있다고 해도 좋다. 그러나 위에 들었던 언어철학자들에 의한 언어규칙의 정합화의 시도는 결국 성공하지 않았다. 그리고 거기에는 본질적인 이유가 있었다.

중요한 것은 현대 언어철학이 직면한 언어의 의미와 표현에 관한 난문은 실로 근대철학에 있어 인식문제, 즉 주관-객관의 일치의 난문과 거의 서로 같은 의미를 갖고 있다고 하는 점이다. 주관과 객관의 일치는 원리적으로 가능할까 불가능할까? 이 물음은 엄밀한 객관인식과 보편적 인식의 가능성의 근거에 관한 물음을 의미한다. 만약 '엄밀한 일치'가 가능하다면 엄밀하고 정확한 객관인식은 가능하게 된다. 이것과 같은 형태로 만약 언어가 발화자의 뜻을 항상 정확하게 표현할 수 있다는 근거가 있다면(데리다의 후설 이해에서는 의식과 말 사이의 엄밀한 대응관계), 그것은 역시 언어가 현실을 정확하게 표현할 수 있다는 것의 근거가 될 수 있다. 그러나 인식론에서 주객일치가 원리적으로 증명될 수 없는 것과 같은 형태로, 언어론에 있어서도 의식과 말, 현실과 언어, 의미와 표현이라는 항목은 결코 엄밀한 일치를 보는 것이 불가능하다. 요컨대 현대 언어철학은 근대철학이 인식문제라는 패러다임에 있어서 부딪치는 문제를 언어문제라는 패러다임으로 다시 한번 반복하고 있다고 말할 수 없지 않다. 즉 양쪽은 그 문제의 본질을 같이, 한쪽 문제에서 본질적인 해명이 초래되면, 그것은 다른 한쪽도 타당하다는 성격을 갖고 있다.

플라톤에 의하면 철학적 사고의 본질은 본래 다른 의견(억견 doxa)에서 보다 깊은 공통양해(지식episteme)를 취하기 위한 보편적 통찰의 방법이라는 점에 있다. 그러나 존재의 수수께끼와 언어의 수수께끼는 철학의 사고에 내재적이고, 그 때문에 철학 본래의 보편통찰적 사고를 소외한다. 철학의 사고는 형이상학적 문제설정의 권역에 들어올수록 패러독스와 안티노미(이율배반)를 끝없이 생각하는 사고의 미궁이 된다. 실로 이런 이유로 철학에 있어서는

72

항상 적절한 형이상학 비판이 요청된다.[15] 철학에 있어서 형이상학 비판이 쇠약하면 철학은 장대하고 공허한 논의의 콜로세움으로 변하고 철학의 본질은 고갈되는 것이다.

그럼 헤겔의 논의로 돌아오자. 그는 철학적 사고가 한편으로 고정적인 이항 대립적 세계 도식을 만들어 형이상학화는 것, 그것에 대해서 회의론이 일정의 중요한 역할을 다하는 것을 깊게 이해하고 있다. 그러나 주의해야 하는 것은 회의론의 논리적 본질이 이른바 그 언어의 수수께끼를 이용하는 것으로 철학적 사고가 갖는 정통적인 분석능력을 상대화하는 점에 있다는 것이고, 헤겔에 의하면 실로 그 곳에 회의론 자체의 내재적인 한계가 나타난다.

그리하여, 회의주의는 문자 그대로 철학적인 이념을 전개하고 그 중요성을 나타내는 것이라고 할 수 있다. 유한한 것이 갖는 모순을 나타내는 것은 이론철학의 방법의 요점이기 때문이다.…하지만 독단적인 분석적 사고에 대해서는 부정의 변증법의 힘이 발휘될 수 있어도, 사색을 본위로 하는 참된 철학에 대해서 회의주의는 무력하다. 그것도 철학적 이념이라는 것은 한정이 있는 것이 아니라, 명제에 표현되는 일면성을 갖지 않고, 유한하지도 않고, 자신이 자신을 부정하는 힘을 갖고, 내부에 대립을 낳는 힘을 갖기 때문이다.…거기서는 회의주의가 개입할 여지는 없다. 철학적 사고 가운데에는 다른 것이 이미 포함되어 있기 때문에 그곳에서의 동일성은 분석적 사고의 동일성이 아니다. 대상은 구체적인 내용을 갖고, 자기 자신과 대립하고, 동시에 또한 이 대립을 극복하는 것도 있다. 때문에 철학적 사색은 명제의 형태로 표현하는 것이

15) 소크라테스와 플라톤은 이러한 의미에서 최소의 형이상학 비판을 단행한 철학자였다고 말할 수 있다.

불가능하다.[16)]

헤겔의 주장을 보충해 보자. 회의론은 철학의 사고가 종종 빠져드는 이항 대립적 논의의 고정화와 형이상학화를 상대화한다. 그것에는 중요한 의미가 있다. 그러나 회의론은 그것을 넘어서 본질적인 철학사고 그 자체를 부정하고 해체하려고 한다. 그러나 이때 회의론은 근본적인 일탈을 행하고 있다. 본질적인 철학의 사고는 원리를 제시하는 것에 의해 현실 그 자체로 마주 본다. 왜냐하면 원리를 제시하는 것은 그 개념이 현실의 다양한 여러 국면, 여러 현상을 잘 설명할 수 있을지 어떨지 하는 시련을 맞는 것이기 때문이다. 현실은 원리적 개념의 효력을 저울질하는 힘을 자기 안에 갖고 있다. 참된 철학은 그러한 방법으로 스스로를 전개하기 때문에 외견상 개념의 운동이 나타내는 세계상의 고정적인 유한성 속에는 머무르지 않는다.

즉, 본질적인 철학의 사고는 스스로가 제기한 원리에 의해 현실의 다양한 여러 국면에서 저항을 받아, 개념이 필연적으로 내포한 일면성을 자각하여 이 원리를 더욱 전개하려고 한다. 철학의 사고가 일정한 명제(세계는 하나이다. 세계는 사인(四因)을 갖는다. 등등)로 표현할 수 없는 것은 그 때문이고, 때문에 그것은 반드시 개념의 운동이라는 형식을 취한다. 그러나 이 운동도 철학의 사고인 이상 논리형식이라는 형식으로 표현될 수밖에 없다. 그것은 문학적, 비유적, 물어적인 형식을 내실로 하지는 않는다. 때문에 본질적인 철학의 사고는 얼핏, 절대적인 동일성을 더듬어 가려는 듯이 보이고, 이것을 개념의 형식으로서만 파악하면서 거기에 모순과 아포리아를 지적하는 것이 가능하다. 그것이 회의론의 목표가 되

---

16) 헤겔,《철학과 강의》중권 제2편D, 332~333면.

74

고, 회의론은 그러한 철학의 개념적 사고 그 자체에 무효성과 불가능성을 선고하고 싶어 한다. 그러나 그것에 근본적인 착오가 있다. 철학의 사고는 형식적으로는 개념적인 논리형식, 다시 말하면 분석적 사고의 형태를 취하는 것 이외에 없다. 때문에 본질적인 철학의 사고도 형이상학화한 사고도 형식상은 같은 형태를 취하지 않을 수 없다. 회의론은 철학의 형이상학적 성격을 예민하게 감지하여 이것을 비판하지만, 이때 본질적인 사고와 형이상학적 사고를 구별할 수 없이, 오로지 분석적 사고의 한계를 제시한다는 방법에 의해 모든 것을 부정하게 되는 것이다.

철학은 개념을 논리적으로 사용한다. 이것은 일면 현실의 다양하고 풍부한 측면을 사상(捨象)하는 것을 의미한다. 그러나 철학은 원리를 제기하고 그것이 포함한 모순을 전재하는 것으로 오히려 현실의 다양한 국면을 처음으로 말 속에 포괄해가는 힘을 얻는다. 즉, 철학이 그러한 본질적인 사고일 때에는 그 자체 속에서 다른 것이 이미 포함되어 있고, 철학적 사고는 그것에 의해 구체적인 현실을 감지하고 자기 자신의 내적인 모순을 극복해간다. 그리고 철학적 사고가 이러한 운동의 본질의 힘을 발휘하는 한 거기서 회의론이 개입할 여지는 없다.

이렇게 해서 헤겔의 결론은 다음과 같이 된다. 물론 회의론은 그 본성에 의해 진리에 관한 모든 관념에 관해서 분석적 논리적 사고의 내부적 모순을 지적하고 그 한계를 나타내는 것이 가능하다. 하지만 이 회의론의 상대화의 본질의 힘은 원래 분석적인 논리사고를 극한화하는 것에서 얻은 것이고, 그 자신이 분석적 사고를 기초로 하고 있다. 따라서 회의론은 원리적으로 분석적 사고를 넘어서는 것이 불가능하고, 만약 그것이 스스로를 철저히 하면 분석적 사고의 해체와 운명을 함께 하여 필연적으로 스스로 사상의 근거를 몰락시키지 않을 수 없다.

3. 차연과 초월성: 데리다 기호론(그라마톨로지)

　그럼, 데리다의 탈구축의 사상이 헤겔이 말하는 것처럼 단순히 고정화되고 절대화된 형이상학적 사고를 상대화하며 해체하는 것에 머무르지 않고, 형이상학적 사고와 본질적인 철학사고를 구별 못하고 대강 철학의 분석적 사고 일반으로의 부인과 부정이라는 헛다리를 짚고 있을지 어떨지, 또 그 회의론적 본성에 따라 스스로 꾀한 분석적 사고의 해체와 함께 몰락해야 하는 것인지에 관해서 아직 즉시 결론지을 필요는 없다고 생각한다. 단지 우리들이 보아왔듯이 그의 후설비판이 현상학의 근본동기에 대한, 또 순수 자아와 제원리의 원리 등의 개념에 대한 기본적인 오해 위에 성립한 것은 명백하다. 또 그 형이상학 비판의 기본적 논리구성이 상대의 논의를 무한후퇴와 순환론에 빠뜨리거나 근원개념의 근원성의 불가능성을 지적하는 전형적인 귀류론적, 회의론적 유형을 취하고 있던 것도 변하지 않는다. 더욱이 앞서 서술했듯이 헤겔의 본질적인 회의론비판은 근대철학의 사고법=형이상학이라는 실증주의 이래의 형이상학 비판의 정형에 관해서 재검증하는 것을 우리에게 재촉한다. 그러나 그럼에도 불구하고 나는 데리다의 후설 비판에는 단순한 근원개념의 불가능성의 논증에 머무르지 않는 한 가지의 적극적 또한 독창적인 측면이 존재하는 것을 확인해 두고 싶다. 데리다의 형이상학 비판이 단지 회의론적 비판의 전형이라는 의미밖에 갖지 않았다면, 탈구축사상이 현대사상의 대표적인

조류의 하나가 되어 이처럼 광범위한 영향력을 갖지 않았을 것이
다. 《목소리와 현상》의 후설비판에서 특필해야 할 것은 무엇보다
주체의 죽음의 개념에 받쳐지고 있던 그의 독자적인 기호이론이
다. 그 중심이 되는 포인트는 두 가지가 있다.

첫 번째, 언어이론으로서의 주체의 죽음의 개념은 발화자와 언
어표현 간의 대행표상관계를 분명히 절단하는 것으로, 의미이론의
"텍스트론적" 쇄신을 다했다는 점이다. 현대논리학의 출발점이 되
고 있는 기본도식은 언어기호는 어떻게 발화주체의 뜻을 정확하게
듣는 사람에게 전달할까라는 것이다. 아리스토텔레스가 소피스트
적 궤변론이 만든 혼란에 대해서 모순율과 배중률 등의 논리학적
규칙을 생각하려고 했듯이 근대철학의 형이상학적 어법에 애매함
을 보고 언어를 어느 사실과 사태의 정확함 "대행표상"으로 간주
하고 그 재현성을 확보하기 위한 규칙을 정비하려고 하는 것이 현
대논리학의 처음의 발상이라고 말해도 좋다. 이 기본구도가 근대
철학에 있어 주관과 객관은 정확하게 일치하는가라는 인식문제와
정확하게 닮은꼴을 이루고 있다는 것에 관해서는 이미 서술했다.
주관(인식)은 어떻게 정확히 객관을 파악할 수 있을까라는 인식론
의 문제는 언어론적으로는 언어기호가 어떻게 정확히 현실을 대행
(=표현할 수 있을까)라는 문제와 완전히 호환적인 것이다.

데리다의 주체의 죽음의 개념은 언어문제에서 이러한 정확함의
문제를 일거에 해소하는 것이었다. 그것은 마치 니체가 근대철학
의 인식문제의 총체를 현실 그 자체 등은 없고, 해석이 있을 뿐이
다라는 관점에 의해 해체한 것과 매우 닮은 구도를 가졌던 것이
다.

데리다의 차연과 에크리튀르의 개념은 예술실현에의 텍스트 이
론으로서 《이야기의 구조분석》[17]과 《텍스트의 쾌락》[18]에 있어 롤랑

바르트의 텍스트 이론과 함께 크게 퍼졌다. 예를 들면, 데리다의 차연의 개념이 나타내는 것은 텍스트의 배후에 있는 초월론적인 의미의 "부재"라고 일컬어진다. 또 작자의 죽음이라는 에세이에서 바르트는 어느 텍스트의 통일성은 텍스트의 기원이 아니라 텍스트의 수신인에게 있다라고 쓴다.[19]

그들의 작품이론에 공통되는 것은 텍스트의 의미의 작자의 뜻으로의 환원불가능성(=의미의 기원론의 거부), 작품해석의 원리적 다양성과 다수성, 해독의 일회성(그때마다 해독의 지평이 성립하는 것) 등의 주장이다. 이러한 텍스트론이 맡은 새로운 의미의 중심은 예를 들어 고전적 문예이론과 마르크스주의적인 문예이론에서 표현에 관한 작자=신 이론과 작품의 현실반영설로의 조정에 반한다는 점에 있다. 바르트와 데리다의 세대에 있어 이것들의 고전이론은 예술에 현실과 사회인식의 기능을 짊어지게 하는 압박적 표현 이론이 되어 있었다. 텍스트 이론은 무엇보다 표현자의 자유를 해방하려는 의미를 갖고 있었던 것이다.

두 번째 포인트, 차연의 개념은 초월성의 의미의 현대적인 쇄신이라는 측면을 갖는다는 점이다.

이미 보았듯이 근원개념을 논리적 패러독스에 의해 상대화하는 방법 자체는 옛날부터 있었지만 그것은 문제를 최종적으로 해결하지 않는다. 회의론은 보편성의 사고의 논리모순을 지적하지만 사항의 보편성이 성립하는 이유 자체를 해체하지는 못하고, 따라서 보편적인 여러 사태의 존재를 논리적으로 설명할 수 없기 때문이다. 때문에 보편성과 근본원리에 대한 패러독시컬한 회의론적 귀

17) 롤랑바르트, 《이야기의 구조분석》, 하나와히카루 역, 미스즈 출판사, 1979.
18) 롤랑바르트, 《텍스트의 쾌락》, 사오자키코헤이 역, 미스즈 출판사, 1978.
19) 《이야기의 구조분석》, 89면.

류론은 철학사에 있어서도 항상 존재하지만, 그럼에도 불구하고 보편적인 사고의 노력이 완전히 소멸하는 것도 아니다. 현대철학에 있어서도 한편으로 상대론과 회의론이 생기는 것과 함께, 또 한편으로 논리실증주의처럼 엄밀인식으로의 노력도 반드시 병행하여 존재한다. 그럼에도 불구하고 데리다의 차연의 개념에는 단순한 회의론적 상대주의에는 보이지 않는 독자적인 뉘앙스가 있고, 그것이 그의 주장과 영향력을 강력한 것으로 하고 있는 것이다.

좀 더 뒤돌아보자. 데리다는 자기-촉발이라는 의미의 현장에 생기는 사태를 어느 근원적인 차이의 운동이라고 부른다. 그리고 후설이 그것을 소행불가능이고 절대적인 의미의 원장면으로서 조정하는 것을 비판한다.

후설은 차이를 능동적인 기록의 외면성 속에 떨쳐버리기는 했지만, 의미와 현전의 근원에 있어서 차이가 작용하는 것을 인정하지 않을 수는 없었다. 목소리의 작업으로서의 자기-촉발은 어느 순수한 차이가 '자기로의 현전'을 분열시키러 오는 것을 예상하고 있던 것이다. 이런 순수한 차이 속에서야말로 공간, 외면, 세계, 신체 등이라는 자기-촉발에서 배제할 수 있다고 생각되는 모든 것의 가능성이 뿌리 뻗고 있다.[20]

데리다가 말하고 싶은 것은 필히 다음과 같다. 우리들의 삶에 있어서 여러 가지 의미가 생장하는 그 원장면이라는 것을 상정해보자. 그것은 하나의 동정될 수 있는 시발의 상태라는 것보다 어느 이름 붙일 수 없는 운동이라고 생각하는 편이 좋다. 우리들이 의미의 생장의 현장을 살아가는 것은 의미에 관한 많은 시간적 시

---

20) 자크 데리다, 《목소리와 현상》, 155면.

발점을 갖는다기보다 오히려 우리들이 시간 속을 살아간다는 것이고, 즉 그것은 하나의 상태가 아니라 운동으로서밖에는 파악할 수 없는 것이다. 사람은 어느 시점에서 하나의 의식을 갖고 또 다른 의식이 이것을 계승하는 것이 아니라 의식 자체가 끊임없는 운동이고 그 의미로 그것은 순수한 차이의 지속이라는 것이다.

데리다의 운동이라는 표현 방식은 여기서 베르크송적인 지속의 뉘앙스에 가깝다. 이러한 데리다의 발상은 현상학적인 술어 혹은 전통철학적인 관념론적 술어보다도, 확실히 인간존재의 감정적 본질과 신체적 본질을 교묘하게 부르고 있다. 예를 들어 우리들은 하나의 의식(=사념)이라고 말하기보다 감정과 신체의 지속으로서 존재한다고 말하는 편이 보다 우리들의 내적인 존재감각에 잘 맞는다. 또 우리들은 신체와 감정으로서의 자기 자신을 엄밀한 동일성으로 규정하고 분석할 수 없다는 것을 암암리에 알고 있다. 신체와 감정(이것들은 무의식이라고 불러도 같을 것이다) 뿐만 아니라 대응물(counterpart)로서의 세계도 또한 같다. 세계는 생겨나는 현장으로서는 객관세계가 아니라 무한의 다양성, 다수성을 가진 여러 세계의 지평으로서 출현한다. 그것들도 또한 엄밀한 규정과 분석을 접수할 수 없다. 때문에 인간의 생의 현장은 엄밀한 규정으로서 파악할 수 있는(파악할 수 있다고 보이는) 초월론적 자아라고 말하기보다 근원적인 차이의 운동이라고 부르는 편이 우리의 실감을 잘 표현하는 것이다.

다시 말하지만, 데리다에 의한 전통적 이론으로의 비판의 논리자체는 회의론적, 귀류론적인 유형 가운데 있다. 그러나 그 사상의 동기로서는 규정하지 않고 또, 분석하지 않는 것으로서의 인간의 실재에 관한 양해감각이 있다. 비판논리로서 그것은 엄밀성, 규정성, 동일성 등의 개념에 다수성, 다양성, 규정불능성, 차이성 등의 개념을 대치하는 것에 의해 표현된다. 그러나 이 대항논리의 형식성은 또 하나의 개념적 규정성을 만드는 것이 될 것이다. 개념-비개념과 언어규정성-언어적 규정불능성이라는 대립항 자체가 또한 새로운 개념규정이 되기 때문이다. 그럼에도 불구하고 데리다의 차연의 개념에는 이른바 인간의 실재의 초월성을 모든 규정성에서 자유로운 것으로 조정하려고 하는 지향이 있다. 어쩌면 이 감도가 시대 속에서 많은 사람들의 공감을 얻은 이유이다.

그러나 다시 우리들은 데리다의 언어이론을 언어론적 본질 속에서 다시 한번 정밀하게 검증해야 할 이유를 갖고 있다. 보았듯이 차연의 개념에 상징된 데리다의 기호학에는 분명 독자적이고 현대적인 의의가 있다. 그것은 일체를 부정하는 니힐리즘(허무주의)으로서의 단순한 회의론적 정세가 아닌 하나의 세대가 시대에서 퍼 올린 절실한 사상적 동기에 의한 선행세대에 대한 본질적인 이의제기의 표현이었다. 그러나 우리들에게 있어서 더욱 중요한 것은 데리다가 그 단서에 두었던 형이상학 비판이라는 동기이고, 그 동기만은 철학과 사상의 자기부활에 관한 것으로서 이것을 본질적인 형태로 관철시키지 않을 수는 없다. 그렇게 하지 않고서 철학적 사고는 그 속에 갇히고, 철학과 그 방법원리를 공유하는 여러 과학 또한 그 위기와 혼돈의 상태로 깊이 빠져들 것이기 때문이다. 현대의 철학적 사변이 형이상학성을 벗어나는 것이 불가능하다고하면 그것은 어디에 본질적인 이유를 갖는 것일까? 이 형이상학을 실로 해체할 가능성이 있다면 그것은 어떠한 사고에 있어서일까? 데리다가 제시한 언어의 수수께끼는 이렇게 해서 철학적 사고에 관해서 보다 본질적 과제를 제기하고 있고, 우리들은 데리다의 형이상학 비판의 작업을 계승하여 이것을 더욱 근본적인 곳까지 철저히 연구해야만 한다.

제3장 현상학적 언어이론에 관하여

I. 형이상학의 해체

　문제는 데리다가 현상학의 기본원리에 대한 오해 위에서 현상학 비판을 전개하고 있다는 것에 그치지 않는다. 현상학의 근본동기에 대한 데리다의 오해는 그의 유럽 형이상학의 총체적인 비판이라는 전제적 동기 자체에도 관계되어 있다. 이미 보았듯이 철학의 방법은 본성적으로 존재의 수수께끼와 언어의 수수께끼라는 아포리아를 포함하며, 형이상학 비판은 그 문제와 깊게 관련되어 있다. 그러나 현대사상에서 근대철학비판=형이상학 비판의 흐름이 그 본래의 동기에 어울릴지 어떨지에 관해서는 큰 의의(疑義)가 있다. 이제 이것을 확인해 보겠다.

　마르크스는 그 철학비판을 독일 이데올로기 비판으로서 즉, 근대 관념론 철학의 비판으로서 행했다. 이때 그의 비판의 전제에서, 근대철학의 기본성격은 관념론이고, 관념론이란 먼저 주관-객관의 일치의 가능성이라는 문제 도식을 취하고 또 세계의 실재를 부인하는 주관주의라는 성격을 갖으며, 더욱이 세계의 궁극 원인에 관한 진리를 탐구하는 형이상학이라는 19세기 후반의 일반 통념이었다. 그것은 유럽의 시민사회 원리가 의문으로 끝난 것에 의해 등장한 초기 사회주의, 무정부주의, 사회주의, 실증주의, 사회과학이라는 유럽의 새로운 사조에 공유되었던 통념이고, 이것이 현대철학에서 형이상학 비판과 관련 있다는 것은 본 그대로이다. 그러나 이 근대철학에 관한 일반상은 크게 편중되어 있었다고 말할 수 있다.

일반적으로 영국의 경험론자들의 방법은 관념론적이라고 일컬어지고 있다(그 때문에 현대사상에서는 대륙계의 스피노자 등이 상대적으로 평가되는 경우가 많다). 이 경우 관념론이란 일반적으로는 세계의 객관 실제를 인정하지 않고 관념을 세계의 원인이라고 생각하는 사고로 간주된다. 그러나 이러한 이해는 주로 속류 유물론자로부터 유포된 통념적 유언비어로 관념론의 역사적 의의를 전혀 이해하지 않은 것이라고 말하지 않을 수 없다.

버클리처럼 극단적인 경우를 제외하면 그들의 관념론적 방법의 근본 동기는 지극히 명료하고 본질적인 것이었다. 그 최대의 모티브는 세계의 사실에 관한 판단(독사)을 일단 보류하고 그 유신조건을 철저하게 탐구하는 점에 있다. 그 이유는 분명한 것으로, 당시 자명한 것이라고 여겨진 신학적 세계상을 의심에 부치고 가톨릭과 신교도, 크리스트교와 자연과학, 유럽적 세계관과 이문화 세계관이라는 여러 세계관의 대립현상의 의미를 원리적으로 해명하는 점에 그 근본 동기가 있다. 로크와 흄은 관념이 실재에 선행한다고 생각하지는 않았다. 유럽인이 절대신을 믿고, 다른 문명에서는 다른 신이 믿어지고 있는 그 이유를 분명히 한다는 과제를 수행함에는, 절대신의 존재라는 당시 세계상의 자명성을 일단 에포케(판단중지)하지 않으면 안 된다. 그리고 이 유럽인의 확신(신념,

신앙)의 조건을 명확히 함에는 사람들의 관념 내부를 대상영역으로서 묻지 않으면 안 된다. 세계상의 자명성을 확신조건의 탐구라는 형태로 문제화하면, 객관과 현실을 전제할 수는 없고, 먼저 사람들의 관념을 대상으로 하지 않을 수 없었기 때문이다.

애당초 인식문제의 본질적 동기는 단지 객관적이고 엄밀한 인식이 가능할지 어떨지의 문제에 있는 것이 아니라, 오히려 여러 세계관의 대립을 어떻게 극복할까 하는 문제에 있다. 이미 언급했듯이 현상학은, 이 문제는 단지 확신성립의 조건을 해명하는 발상에 의해서만 본질적으로 해결할 수 있다고 생각했다. 근대 관념론은 객관존재라는 것의 취급에 관해서 불충분했기 때문에 최후의 해명까지 도달하지 않았지만, 문제를 해결하기 위한 원리적인 발상은 형상학의 방법과 본질적으로 공통성을 갖고, 또 그것을 선구하고 있는 것이다. 칸트의 선험적 관념론도 헤겔의 의식의 현상학도 완전히 똑같은 관념론적 동기를 전제로 하고 있다. 칸트에서 이 동기는 주관-객관문제를 해명하기 위한 초월론적 동기라는 형태를 취했다. 칸트의 선험적 철학이 표현하는 초월론적 동기에 관해서 "누구도 메타 레벨(Meta Level)에 서 있지 않는다는 원칙의 확인"이라는 해석도 있지만 타당하다고는 할 수 없다. 그것이 의미하는 것을 문맥에 입각하여 보다 정확하게 고쳐 말하면, 누구도 주관을 벗어나 객관을 직접 인식할 수 없다는 인식론적 원리의 확인이고, 인식문제는 이 전제에서 구상되지 않으면 안 된다는 사고원칙의 제시이다.

헤겔은 똑같은 문제의식이 변증법이라는 방법을 만들었다. 헤겔의 변증법 개념을 다음과 같이 개괄할 수 있다. 진리란 개념의 운동으로서 그 본질을 갖는다. 그것은 어떤 것일까? 진리란 무언가 즉자적이고 절대적인 실체가 아니다. 어떤 인식도 개념으로서 제

84

시되는 것으로, 먼저 현실적인 모순을 만들고, 거기서 이 시발의
개념의 일변성을 극복해야 할 과제가 생긴다. 그것이 새로운 개념
을 계속 만들어내는 동력이 되고, 개념은 그 일면성을 끊임없이
전개해서 보편성을 획득해가는 과정을 갖는다. 그리고 이 과정의
총체에 관한 완전한 알아차림(이것을 헤겔은 표상이 아니라 개념
이라고 부른다)이야말로 진리라고 부를 만하다.[1] 즉 헤겔은 진리
라는 개념의 전통적 이념을 완전히 폐기하고, 인식이 그곳에 도달
해야 할 인식의 절대치로서가 아니라 개개의 국면적 인식이 보편
적인 것이 되어가는 총체로서, 또 그 총체에 관한 이해력(통찰력)
그 자체로서 이것을 다시 파악하고 있는 것이다.

　일반적인 통념에 반해, 근대철학의 주류를 이루는 우수한 철학
자에게, 진리는 조금도 절대적인 실체 혹은 이념으로서 파악되고
있지 않다. 근대적인 진리개념의 객관주의적이고 절대적 성격은,
철학사적으로는 오히려 19세기 후반부터의 유물론 철학의 우세와
과학적, 실증주의의 조류가 강하게 연결되어 완성된 것이다. 이것
의 중요성을 누구보다 강조한 것이 도덕의 계보[2]의 니체였던 것을
잊을 수 없다[3] 실증주의의 흐름은 근대철학을 그 관념론적 성격

---

1) 헤겔의 진리개념을 '절대지'라는 말과 관련짓고, 스피노자적인 범신론적 전체
　지로 이해하는 것은 오래 이어져 내려온 개념이다. 그러나 변증법의 개념과
　정신현상학에서 헤겔의 진리개념의 사용법은 이러한 통념이 완전히 오해임을
　가르친다. 또 헤겔의 '절대지'도 유포된 것처럼 세계의 총체에 관한 완전하고
　전체적인 지라는 것을 의미하지 않는다. 그것은 인간의 이성적 정신과 종교적
　정신(혹은 계몽과 신앙)이라는 본질적인 두 계기의 통합이라는 것을 의미함에
　지나지 않는다. 이것에 관해 졸저《근대철학재고》(전술)를 참조.
2) 니체 "도덕의 계보" 니체 전집11《선악의 피안/도덕의 계보》, 시다쇼우죠 역
　치쿠마 출판사, 1993년.
3) 니체는 근대의 과학과 실증주의를 객관적 사실, 객관적 인식(=진리)이라는

때문에 형이상학이라고 불렀지만, 데리다적 포스트모더니즘은 니체의 입장을 계승하여 근대 실증주의(마르크스주의적 유물론을 포함)와 헤겔, 후설이라는 관념론 철학의 계보를 함께 형이상학으로 지탄한 것이다.

그러나, 형이상학에서 이 반형이상학의 조류는 전술한 것처럼 근대철학의 근본동기에 대한 오해 위에 세워진 것이고, 그것에 의해 형이상학 비판의 본래적인 동기가 보이기 어렵게 되었다. 근대의 본질적인 형이상학 비판의 상징적인 반례는 말할 것도 없이 칸트의 이성비판인데, 여기서 그 의미를 재확인 해보자.

잘 알려져 있듯이 칸트는 《순수이성비판》[4]에서 순수이성의 안티노미(이율배반)에 관해서 논하고 있다. 거기서 그는 (1)우주의 시간, 공간적 기원과 한계 (2)사물의 궁극단위의 존재 여부 (3)근원적 자유의 존재 여부 (4)지고존재(=신)의 존재 여부에 관해 철저한 검증을 한 뒤에 인간의 이성은 원리적으로 이들의 문제에 관해 답을 줄 수 없음을 "증명"한다. 이 칸트의 증명은 일반으로 그렇게 간주되고 있는 이상으로 본질적이고 원리적이다.

애당초 형이상학이라는 개념 자체는 아리스토텔레스의 자연존재의 궁극원인의 탐구라는 견해에서 출발한다. 철학은 제일철학(=형이상학)을 중심적 과제로 한다고 그가 말할 때, 그것은 모든 존재자의 원리를 해명하여 그 궁극 원인에 다다른다는 과제를 포

배리적인 정열에 매달린 것으로서 다음과 같이 언급하고 있다. 즉, 그 진리로의 무조건적인 의지란, 실로 금욕주의적 이상 그 자체에 대한 신앙인 것이다. …이 점을 오인해서는 안 된다.—그것은 하나의 형이상학적 가치, 진리의 가치 그 자체에 대한 신앙이고, 게다가 이 가치와 금욕주의적 이상 속에서만 보증되고 확인되는 것이다(《도덕의 계보》제3논문 24절 567~568면).

4) 칸트, 《순수이성비판》(전3권)시노다히데오 역, 이시가와 서점(이시가와 문고) 1961년.

함하고 있다.

형이상학의 개념은 중세에서는 신학과 연관되고, 여기서 지고존재의 존재본질을 탐구하는 과제를 지녔다. 하지만 칸트의 형이상학이라는 말은 반드시 적대시되고 있지는 않고 철학과 거의 같은 뜻으로 사용되고 있지만, 형이상학의 중심과제로서 지금까지의 형이상학적 사고의 근본적 비판이 수행되어야 한다고 여긴다.

칸트에 의하면, 인간의 이성은 실제 있는 여건에서 원인의 계열 완전성 전체성으로까지 거슬러 올라가지 않으면 안 되는 본성을 갖는다. 이성은 추론의 능력이기 때문이다. 그리고 그것은 세계에 대해서도 나에 대해서도, 궁극원인과 절대적 근원으로까지 도달하려고 하는 사고로서 나타난다. 이성은 그 본성에 따라 '지'의 완전성, 전체성, 완결성, 절대성을 지향하지만, 애당초 존재의 전체와 절대라는 개념 자체가 이성의 한계를 넘어서서 본질적으로 배리이다.[5] 때문에 형이상학은 원리적으로 목표에 달하는 것은 아니고, 이성의 본성에 입각한 몇 가지 추측 가능한 가설적 명제의 주위를 맴도는 것이다. 물론 이러한 사고는 무의미하고 헛된 것이다. 철학 본래의 사고의 영역은 이러한 형이상학적 장면(세계의 전체존재와 궁극원인 등)에는 존재하지 않고 오히려 인간의 존재본질이라는 영역에 있다.

형이상학에 관한 칸트의 이러한 사고원리는 실로 투철하다. 그리고 이것과 비교하면 콩트 이래의 실증주의적, 유물론적인 형이상학 이해와 그 비판은 극히 불충분하고 철저하지 못한 것이라고 말할 수 있다.

---

5) 이 세계의 궁극원인과 근원원리라는 개념의 배리성에 관해서는 칸트에게서 이미 완전한 원리가 파악된 것은 아니다. 그것은 헤겔, 니체를 경유하여 후설에 이르러 이윽고 본질적인 형태로 해명되는 것이다.

이론적인 형이상학은 또한 세계관에 관한 궁극원인, 절대기원과 근원을 확정하려고 한다. 따라서 그것은 단일의 세계관을 확보하려는 경향을 갖고, 그것이 권력과 맺어지면 절대적 지배와 권위의 정당성을 보장하는 이데올로기의 장치가 되며, 세계관의 다양성과 다수성은 강압적으로 배제된다. 이런 경우에 형이상학의 형이상학성은 가장 노골적이 형태를 취하고 현상한다. 세계관과 세계상은 원리적으로 다양성, 다수성을 지니는 것이다. 세계관의 다수성은 인간이 가치의 질서를 살고, 또 그 가치질서가 관계 환상적인 것이라는 본질적인 이유에 유래한다. 그럼에도 불구하고 세계관이 일원화되면 인간의 자유의 감각은 압도되어 인간적 가치의 질서가 위기에 빠진다. 본질적인 철학의 사고가 항상 형이상학적 사고에 대항하고, 이것을 비판의 대상으로 하는 과제를 갖는 것은 그 때문이다.

그럼, 우리들은 형이상학의 개념을 이처럼 다시 파악한 뒤에, 다시 한번 현대철학에서 언어의 수수께끼를 둘러싼 논의로 돌아와 보지 않으면 안 된다.

2. 언어게임: 비트겐슈타인의 논리주의 비판

언어의 수수께끼의 해명은 존재의 수수께끼의 해명과 함께 형이상학 비판의 중심적 과제이고, 현대 언어 철학은 한마디로 말해 이 언어의 수수께끼를 해결하려는 노력이었다고 할 수 있다. 그 커다란 윤곽을 그려보자.

예를 들어 프레게는 언어 다의성의 과제를 해결하려고, 언어의 의미를 의의(Sinn)와 의미(Bedeutung)로 분할했다.[6] 그에 의하면 저녁별과 새벽별은 의미(Bedeutung)는 같지만 의의(Sinn)가 다르다고 한다.[7] 프레게의 이 구분은 어느 의미에서 현대 언어학의 출발점이 되었다.

화이트헤드와 함께 수학원리를 써서 현대논리학의 또 하나의 기점을 이룬 버틀런드 러셀은, 프레게의 이 구분에서는 명제의 진위 문제가 해결되지 않는다고 생각하여 이것을 비판한다.[8] 러셀은 프레게의 의의(Sinn)와 의미(Bedeutung)의 구분을 언어의 내포(코노테이션)와 외연(데노테이션)의 구분으로 다시 파악한다. 태백성과 계명성은 외연(지시대상＝레퍼런스)으로서는 같음이지만, 내포(개념의 내실)로서는 다른 뉘앙스를 가진다. 그러나 이 구분에서 외연을 갖지 않는 고유 이름은 논리학적으로 취급할 수 없게 되어 버린다.

예를 들면, "현재 프랑스 왕은 대머리이다"라는 문장이 있다고 치고, 이것은 프레게의 구분에서 생각하면 현재의 프랑스 왕이라는 말 자체가 의미(Bedeutung, 레퍼런스)를 지니지 않기 때문에 무의미(넌센스)하게 되어(현재, 프랑스는 왕제가 아니다), 논리학적인 진위로서는 다룰 수 없게 된다. 논리학의 배중률의 방법에서는 현재의 프랑스 왕은 대머리인지 현재의 프랑스 왕은 대머리가 아니다인지 어느 쪽이든 진실이 아니면 안 된다. 거기서 러셀은 확

---

6) 후설 《논리학 연구》에서는 Sinn은 의미, Bedeutung이 의의라고 반대로 해석되어 있지만 그 해석이 오히려 일반적이라고 생각된다. Sinn(의미)는 말이 포함한 발화주체의 뜻과 그 표현성을 의미하고, Bedeutung(의미)는 말의 지시대상을 의미한다.

7) 프레게, "의의와 의미에 관하여", 《현대철학기본논문집 I》, 스치야순 역, 사카모토 모모히로 편찬, 1986년, 케이소 출판사.

8) 러셀, "지시에 관하여", 전술서 《현대철학기본논문집 I》, 키요미즈 요시오 역.

실히 거짓이라고 말할 수 있는 앞의 명제를 먼저 배제하고, 후의 명제 현재의 프랑스 왕은 대머리가 아니다를 지금 프랑스 왕이고 대머리가 아닌 어떤 것이 존재한다와 지금 프랑스 왕이고 대머리인 어떤 것이 존재하는 것은 아니다라는 두 가지 대립하는 명제로 변환할 수 있다고 생각한다. 그리고 전자라면 그것은 거짓이고, 후자라면 진실이라고 말할 수 있다고 주장한다.

언어의 다의성과 여러 모순에 관한 러셀의 해결은, 대체적으로 그때까지는 진위를 묻지 않는 문장과 명제를 집합론적으로 분해하고, 그 여러 요소의 귀속성을 확정하는 것에서 논리학적으로 취급하는 것을 가능하게 한다는 것이다. 그러나 금방 알 수 있듯이, 러셀의 이러한 사고법은 이른바 논리학의 베드의 수법과 아울러 일상 언어의 각을 자르려는 수법으로, 언어의 수수께끼의 본질적 해명과는 거리가 멀다고 하지 않을 수 없다.

"현재의 프랑스 왕은 대머리다"라는 말이 가리키는 것은 반드시 이 명제가 거짓일까 참일까라는 결정에 관한 요청은 아니다. 러셀의 해결은 논리적 조작에 의해 모든 명제를 진위판정이 가능한 형식성으로 만드는 것에 불과하고, 언어 다의성의 본질을 해명하는 것과는 관계가 없다. 오히려 여기서 나타내고 있는 것은, 어떤 언명에서 사실로서의 진위가 문제가 되지 않을 때에는 그 언어의 의미를 어떻게 받아들여야할지 결코 일의적으로는 결정할 수 없다는 문제이다. 즉 어떻게 진위를 판정할지가 문제가 아니라, 진위의 판정이 문제가 되지 않는 경우 언어는 어떠한 의미를 갖는다고 할 수 있을까가 해명되지 않으면 안 되는 것이다.

그러나 러셀에서 카르납으로 이어지는 논리실증주의적인 논리학에서는, 어떠한 명제도 엄밀한 진위의 형식으로 다룰 수 있기 위해서 논리학을 어떻게 체계화할까 하는 것을 중심적인 과제로

90

여긴다. 중요한 것은 진위에 관계없는 말과 명제를 어떻게 이해할까 하는 것이지만, 엄밀한 논리주의에서 이 사고의 순서는 대체로 역전된다. 원래 논리학이 애매함을 배제하고 정밀한 언어사용의 규칙을 정비하는 모티브를 갖는 이상 이 논리주의(=엄밀논리주의)으로의 접근은 피하기 어려운 경향이 되지만, 그렇게 될수록 논리학적 탐구는 본래의 의미에서의 언어본질의 해명으로부터 멀어지게 된다.

여기서는 현대논리학이 직면되어야만 했던 필연적 난관이 모습을 보이고 있다. 이 현대철학의 곤란을 상징적으로 나타내는 것이, 《논리철학논고》[9]에서 출발하여 스스로의 논리 실증주의적 발상의 실수를 깨닫고 《철학탐구》[10]에서 처음의 발상을 철저하게 부정한 비트겐슈타인의 사상이다. 그가 완수한 사상의 중심부를 정리해 보자.

비트겐슈타인은 러셀이 직접 다룬 논리실증주의적인 시도를 《논리철학논고》에서 더욱 철저히 행했다. 그는 먼저, 세계는 사물의 총체가 아니라 사실의 총체라는 전제를 세운다. 그리고 가장 단순한 사실을 상정하고 이것을 요소명제[11]라는 개념으로 표시한다.

그의 구상에서는 사실의 세계와 말의 세계는 완전히 대응적이다. 복잡한 사실은 복수의 단순한 사실에서 구성되어 있고, 요소명

---

9) 비트겐슈타인, 《논리철학논고》, 후지모토 타카시/사카이 히데토시 역, 호세이 대학출판국(대학총서 1968년).
10) 비트겐슈타인, 《철학탐구》(본서의 인용은 《철학적 탐구 독해》 쿠로자키 히로시 역(해설 산업도서 1997년).
11) 요소명제를 기초단위로 하는 비트겐슈타인의 언어이론은 언어의 세계와 현실의 세계가 대응관계로 존재하는 사상(寫像)이론으로 불린다. 간단한 도식으로 나타내면 다음과 같다.

제 조합에서의 복합명제에 의해 나타난다. 요컨대 비트겐슈타인은, 마치 자연과학이 가장 단순한 단위를 상정하고, 세계의 다양성을 그 복합적 구성으로 설명하는 것과 같은 생각을 언어의 영역에 가져왔다고 할 수 있다.

그러나 비트겐슈타인의 사고는 철저했기 때문에, 이 시도는 극히 흥미 깊은 논리학적 여러 귀결을 초래했다. 중요한 점을 몇 가지 들어보자. 먼저, 어떤 명제가 참인 것을 그 명제자체는 표시할 수 없다는 것이다. 그리고 논리학은 단지 명제의 진리조건을 표시 가능할 뿐이라는 것이다. 이 명제의 진리조건은 진리관수[12]라는 도표로 나타나지만, 여기에서 논리학적 의미의 진리 조건은 동의반복적 명제만이라고 결론된다. 그리고 이것은 지극히 역설적인 결론이다.

언어는 먼저 사실을 표시하는 것이라는 전제를 세워 이것을 논리적으로 끝까지 추적해보자. 그러면 사실의 표현으로서의 진리의 개념은 사라지고, 진리란 단지 어떤 것과 어떤 것이 같다는 개념형식으로 환원된다. 이것이 비트겐슈타인이 수행한 사고실험의 요

---

*비트겐슈타인 사상이론

세계 → 제대상 ⋯▶ 사태(가능 · 불가능) ⋯▶ 사실 ◀------┐ 사
      ↑⋮   ↑⋮   ↑⋮   │ 상
      ⋮↓   ⋮↓   ⋮↓   │ 관

언소 → 명사 ⋯▶ 요소명제 · 명제 ⋯▶ 진리(진위)◀--┘ 계
                                 (진위의 명제)

12) 진리관수는 두 가지 가장 단순한 명제 즉 요소명제 P와 Q를 기본요소로 그 논리적 결합이 가능한 조합의 표로 나타내면, 항상 올바른 명제(항진명제)와 항상 모순되는 명제(모순명제)와 항상 잘못된 명제(항위명제) 등의 형태가 명백해진다. 이 생각으로는 항상 올바른 명제(항진명제)는 p⊃p · q⊃q(p이면 p, 그리고 q이면 q)일 뿐, 즉 동의반복적 명제(tautology)일 뿐이다(《논리철학논고》4 · 2이후를 참조).

체인데, 적어도 이 사고는 개념과 논리의 실체화를 무효화하고, 그것으로 형이상학 비판의 하나의 거점이 되는 것이다. 여기에서 사고하지 못하는 것을 사고할 수는 없다. 그렇다고 한다면, '사고하지 못하는 것을 말할 수도 없다', '논리학은 확실히 말로는 꺼낼 수 없는 것이다', '말할 수 없는 것에 대해서는 침묵하지 않으면 안 된다' 등의 주지의 비트겐슈타인 언어철학의 반형이상학적 테제가 유도된다.

《논리철학논고》에서 비트겐슈타인의 입장은 어디까지나 말과 현실 사태의 엄밀한 대응관계를 전제로 하는 논리주의이다. 그러나 그럼에도 불구하고 그의 사고의 철저성은 논리주의가 종종 빠지는 도식성을 넘어서 현대적인 형이상학 비판의 하나의 입장을 제기하고 있다. 현상학적인 입장에서 말하면, 《논리철학논고》의 전제인 엄밀논리주의, 즉 현실영역과 언어영역과의 엄밀대응주의는 역사적으로 니체와 후설이 이룬 "진리개념의 욕망상관주의적인 회전"을 통과하지 않고, 암흑 속에서 객관존재를 상정하는 자연주의적인 관점에 아직 머무르고 있다. 그럼에도 불구하고 비트겐슈타인의 사고는 오히려 논리주의의 전제를 철저히 하는 것에서, 논리상의 올바름의 개념은 결국 동의반복이라는 것에 귀착하지 않을 수 없다는 것을 명확히 하고 있는 것이다. 이 사고의 사정거리는 분명 상상 이상으로 크다. 또 진리조건이라는 생각은 현상학의 확신성립의 조건 발상과 통하는 점도 있다. 《논리철학논고》에서는 언어를 엄밀한 사실대응의 영역에 한정하는 것으로 논리학의 역역 밖에 다루지 않지만, 그래도 진리를 "조건"의 문제로서 생각하는 발상에는 중요한 의미가 있다. 언어가 그 올바름에 관해서 말할 수 있기 위해서는 조건이 있다. 이 조건을 의식하지 못하면, 세계에 관한 사고는 진리에 관한 끝없는 잡담(＝형이상학)이 된다. 여기에 《논리철학논고》의 형이상학 비판의 직관적 핵심이 있다.

그러나 후기의 《철학탐구》에서 비트겐슈타인은 《논리철학논고》에서 논리주의적 전제의 실수를 확실히 인정하고, 이것을 한번 더 철저하게 재검증한다. 이 과정에서 그는 이른바 칸트에서 니체로 이르는 길을 혼자 끝까지 걸었다고 말할 수 있다. 현실세계와 언어세계가 엄밀하게 대응한다는 전제를 세우면, 그곳에 무수한 패러독스와 아포리아가 생긴다. 《철학탐구》에서 그는 그러한 패러독스와 아포리아를 철저하게 그려내어 검증한다. 그것을 통해 비트겐슈타인은 어떠한 엄밀논리주의의 시도도 원리적으로 성립불가능이라는 것을 강한 설득력으로 "논증"한다.

예를 들면, 이런 경우이다.

그러나, 실재를 구성하는 단순한 구성요소는 무엇일까?—예를 들면, 의자를 구성하는 단순한 구성요소는 무엇일까? …이와 같이 말할 때 단순이란, 구성되어 있지 않다라는 것이다. 그곳에서 문제는, 구성되어 있지 않다란 어떤 의미에서 구성되어 있지 않다일까 하는 것이다. 따라서 문제는 단순이란, 어떤 의미에서 단순일까 하는 것이다. 그 때문에, 의자를 구성하는 단순한 구성요소에 관해서 그것이 어떤 의미에서 단순일까를 규정하지 않고, 단지 절대적인 의미에서 이야기하는 것은 전혀 의미가 없는 것이다.…

하지만 예를 들어 체스 판은 분명히 절대적인 의미로 구성되어 있는 것 아닐까?—당신은 분명, 체스 판은 32개의 하얀 정방형과 32개의 검은 정방형에 의해 구성되어 있다고 생각할 것이다. 그러나 우리들은 예를 들어, 체스 판은 흰색과 검은색 및 정방형의 그물모양에 의해 구성되어 있다고 말할 수 없을까? 그리고 만약 여기에 여러 가지 전혀 다른 견해가 존재한다고 하면, 그래도 당신은 여전히 체스 판은 분명 절대적인 의미로 구성되어 있다고 말할 것인가?[13]

　칸트는 안티노미를 통해 물체가 가장 단순한 실체에서 구성(＝합성)되어있을까 그렇지 않을까라는 질문이 불가능한 질문, 즉 형이상학적 질문을 명확히 했다. 칸트는 이것을 존재문제로 다루었지만, 비트겐슈타인은 같은 것을 언어문제로 행하고 있다고 할 수 있다. 형이상학은 세계와 사태를 궁극원인과 근본원리로 묻는다. 모든 종류의 논리주의는 이 사고에 대응하고 있고, 대상, 사태, 세계에 관한 절대적 규정이 가능하다고 생각하지만 그것은 이치에 맞지 않는다.

　비트겐슈타인에 의한 논리주의 비판은 몇 개의 악센트를 갖는다.

　첫째로, 말이라는 것이 어느 특정한 대상을 가리킨다는 생각으로의 비판이다. 이것은 요소명제라는 자기 자신의 생각으로의 비판이기도 하다. 예를 들면 그는, 철학탐구의 첫머리에서 대석·주석·판석·양석이라는 네 가지 말에서 언어게임을 상정한다. 어떤 사람이 다른 한 사람에게 '판석'이라고 외친다. 이때 판석이라는 말은 어느 건축자재로서 특정의 대상을 지시할 뿐 아니라, 어떤 경우 그것을 가져오라는 명령이거나, 또 다른 때는 그것이 판석이라는 것의 교시이기도 하다. 언어는 단지 정해진 일의적 의미를 표현하지는 않는다. 그것은 그 구체적 상황에 따라 상정된 대상을 지시할 뿐 아니라, 항상 그 이상의 무언가를 지시하고, 고지하고, 시사하고, 표현한다. 그러나 언어에 늘 따라다니는 그러한 작용은 결코 언어 자체에는 나타나지 않는다. 즉, 언어를 그 구체적인 작용(언어게임)에서 파악할 때, 먼저 언어의 다의성의 문제로서 언

---

13) 자크 데리다, 《철학탐구》 47절, 36~37면.

어의 수수께끼가 모습을 보인다.

두 번째, 언어의 내적 의미에 관한 비판이다. 비트겐슈타인은 언어가 가장 원초적인 장면인 인간 내면(관념, 정동, 혹은 고통 등)의 직접적 표현이라는 생각을 부정한다. 그것은 주로 사적 언어의 비판이라는 형태를 취한다.

그럼, 어떤 의미에서 나의 감각은 사적일까?—이것에 대해서는 이처럼 나만이, 내가 실제로 고통을 갖고 있을까 그렇지 않을까를 알 수 있고, 다른 사람은 단지 그것을 추측할 수 있을 뿐이라고 말할지도 모른다.—그러나 이 대답은 어떤 의미에서는 거짓이고, 어떤 다른 의미에서는 무의미하다.[14)]

비트겐슈타인의 사적 언어 비판은 데리다의 음성중심주의 비판과 공통성을 갖고 있다. 즉 그것은, 역시 언어에서 이데아적인 요소의 절대적 근원의 불가능성을 시사한다.

세 번째, 이것이 가장 중요한데, 언어규칙을 절대적으로 상정하는 것의 불가능성이다. 언어규칙을 절대적으로 상정할 수 없다는 원리는 언어의 규정불가능성에서 시작하고, 큰 언어규칙 그 자체의 규정불가능성까지 도달한다. 따라서 이것은 결국, 첫 번째 비판과 두 번째 비판을 종합하는 것이다. 예를 들면 다음과 같은 경우이다.

그렇다면, 규칙은 어떻게 나에게, 나는 여기서 무엇을 해야 할지를 가르칠 수 있을까? 비록 내가 무엇을 하려면, 그래도 그것은 무언가의 해석에 의해 그 규칙에 일치될 수 있는 것이다.—아니다. 그렇게 말하면 안 된다.…어떤 해석도 그것이 해석하는 것과 함께 공중에 떠 있는 것이다. 어떤 해석도 그것이 해석하는 것의 받침

---

14) 같은 책, 246절 176면.

역할은 완수할 수 없는 것이다; 해석만으로는 그것들을 아무리 줄지어 놓아도, 그것이 해석하는 것의 의미는 결정되지 않는 것이다.[15]

여기서 말하고 있는 것은 모든 규칙 근거의 무한소행성이다. 어떤 룰의 적용을 결정하는 것이 하나의 해석이라고 하면, 더욱 이 해석의 필연성을 말하기 위해서는 그 해석을 규정하는 또 하나의 해석이 상정된다. 그리고 이 순환은 계속 이어지지만, 결국 그것은 최종항으로는 도달하지 않는다. 이 사정은 일반적으로 룰의 룰의 룰의…이라는 형태로 표현할 수 있다.

이러한 무한소행성의 지적도 엠페이리코스의 무한후퇴에 빠뜨리는 방식이라는 유형에 들어맞지만, 어찌되었든 상술한 방법에서 비트겐슈타인은 전통적인 모든 언어적 논리주의의 근거를 무효화하려고 한다. 이것도 정리해서 나타내보자.

(1) 언어명칭관…이른바 명명법(nomenclature). 언어를 하나하나의 대상에 상표처럼 이름 붙여져 있는 것이라고 생각하는 견해.

(2) 환원주의…《논리철학논고》에서 스스로의 현실=언어대응의 사상이론.

(3) 언어심리주의…언어주관주의. 흄과 초기 후설의 입장에서 개념과 말의 근거를 심리적 경험에 요구한다.

(4) 언어이념주의…이데아주의적 입장.

그럼, 모든 언어적 논리주의를 부정하는 것으로 비트겐슈타인 자신은 어떠한 입장에 섰을까? 한마디로 말하면 언어게임과 가족

---

15) 자크 데리다, 《철학탐구》 198절 156면.

적 유사성이라는 개념이 그 입장을 가장 잘 상징한다.

　여기서 우리들은 이러한 모든 고찰의 배후에 기다리고 있는 큰 문제에 봉착한다.—왜냐하면 사람은 이제 나에게 다음과 같이 반론할지도 모르기 때문이다: 당신은 안이한 길을 가고 있다! 당신은 모든 가능한 언어게임에 관해서 말하고 있지만, 당신은 도대체 무엇이 언어게임의—또 언어의—본질일까를 어디서도 말하고 있지 않다. 당신은 무엇이, 이들 모두의 언어게임이라고 불리는 대상에 공통하고, 그들의 사상을 언어게임 혹은 언어게임의 부분으로 이루는지를 어디에서도 말하고 있지 않다.…

　바로 그것이다.—우리가 언어게임이라고 부르는 것 전체에 공통하는 무언가를 서술하는 대신에 나는 이렇게 말하고 있는 것이다: 어느 하나의 요소—그것이 있기 때문에 우리들이 언어게임이라고 불리는 이들 사상 전체에 언어게임이라는 똑같은 하나의 말을 사용하는 바, 어느 하나의 요소—그러한 것이, 그들의 사상전체에 공유되고 있는 것은 결코 아니고,—그들 사상은 서로 다양한 방법에서 혈연관계에 있는 것이다. 그리고 이 혈연관계 혹은 여러 혈연관계 때문에 우리들은 그들 대상 전체를 언어게임이라고 부르는 것이다.[16]

　나는 이 유사성을 가족적 유사성(Familienänlichkeit)이라는 말 이외에 보다 좋게 특징지을 수 있는 방법을 모른다; 왜냐하면, 가족 구성원 사이에 성립하는—체격, 표정, 눈의 색, 걷는 법, 기질 등에서—다양한 유사성은 당연히 그렇게 서로 겹겹이 교차하고 있기 때문이다.—그리고, 나는 이렇게 말할 것이다: 게임은 하나의 가족을 구성하고 있는 것이다.[17]

---

16) 같은 책, 65절 55면.

98

언어게임이라는 개념의 내실을 한마디로 말하면, 언어란 엄밀한 규칙의 체계라 아니라, 플레이가 행해지면서 그때마다 규칙이 암암리에 제시되고 승인되는, 어떤 느슨한 룰 게임인 것이다. 또한 가족적 유사성이란, 모든 게임은 그런 엄밀한 규정불가능성이라는 점에서만 닮아있다는 것, 즉 룰 그 자체는 결코 엄밀하게 규정될 수 없다는 것을 의미한다.

우리들은 비트겐슈타인의 이 사상 의식에 관해서도 앞으로 자세하게 음미하겠지만, 미리 말하면 철학탐구는, 현대의 논리주의철학의 전제 근원에서는 언어의 수수께끼의 본질적 해명이 원리적으로 불가능임을 나타내는 점에서 획기적인 의미를 갖고 있다. 언어게임이라는 비상한 시사에 풍부한 개념은 그의 철학적 모티브가 언어의 형이상학의 근저적인 비판에 있었던 것을 잘 나타내고 있다. 그러나 나의 생각으로 비트겐슈타인은 이른바 현대논리학의 전제의 근원으로 언어의 수수께끼가 불가피한 것을 명확히 했지, 언어의 수수께끼를 해명한 것은 아니다. 그 점에서도 데리다와 비트겐슈타인은 서로 통하는 부분이 있다. 데리다와 비트겐슈타인이라는 두 사상가는 현대사상의 언어론적 성격을 잘 상징함과 함께, 철학의 사고에서 형이상학 비판의 문제를 가장 앞서서 이어받은 사상가들이 었다. 때문에 우리들은 다시 한번 형이상학 비판의 본질적 동기를 확인해 보지 않으면 안 된다.

문제의 핵심은 두 가지이다. 하나는, 형이상학은 세계와 여러 사태에 관한 근본원리와 궁극원인의 탐구에서 출발하지만, 이 발상은 종종 세계관에 관한 절대적 독사를 만들어내는 요인이 된다는 것이다. 또 하나는, 세계 절대인식의 욕망으로서 형이상학은 절대

17) 자크 데리다, 《철학탐구》 67절 57면.

논리주의의 카운터파트로서 절대적인 절대회의주의를 만들어 낸다는 것이다. 절대인식의 요청과 절대회의주의의 이론적 대항은 이항대립적인 대립형식을 만들어내는 것으로 해결 불가능한 것이 되고, 거기에서 논리적인 존재의 수수께끼와 언어의 수수께끼(＝인식의 수수께끼)가 생겨난다. 이렇게 해서 형이상학은 절대인식주의와 절대회의론, 또 중간 항으로서의 논리상대주의라는 원을 돌아 끝없는 논의를 연명시키게 된다. 따라서 본질적인 의미에서의 형이상학 비판은 이 내폐한 논리사고 영역의 무의미함을 분명히 하고, 그것을 통하여 철학의 사고를 인간생활의 실질적 문제로 돌려놓는 과제로 향하지 않으면 안 된다. 언어의 수수께끼의 해명은 실로 이 과제의 현대적 핵심점이다.

3. 언어의 현상학 : 두 가지 신빙구조

현대 언어철학이 직면해 있는 언어의 수수께끼를 끝까지 따져보면 두 가지 문제로 환원된다. 언어 다의성의 문제와 언어규칙의 규정불가능성이라는 문제이다. 그러나 이 두 가지 문제는 본질적으로 뗄 수 없다. 이들 문제의 핵을 이루고 있는 것은 언어 의미의 본질 문제이다. 물론, 언어의 수수께끼의 문제는 언어이론 전체를 덮고 있는 것은 아니다. 그러나 언어의 의미란 무엇인가라는 물음에 본질적인 형태로 대답할 수 있으면 현대철학에서 큰 난관이 되어 온 여러 언어의 아포리아는 해결될 것이다. 그리고 그것은 언어이론이 어떤 과제를 지녀야 할까에 관해서 다음의 새로운 전망을 부여하게 될 것이다.

현대 언어이론의 과제는 몇 번인가 언급했듯이 근대철학에서 인식문제의 현대적인 변주형식이라 할 수 있다. 그것들은 엄밀한 인식에 근거를 두는 시발의 동기를 갖고 있고, 논의는 그 가능성을 둘러싸고 있다. 근대철학의 주객의 일치 문제는 현상학의 확신성립의 조건이라는 발상에 의해 가장 본질적인 형태로 해결될 수 있게 되었지만, 나의 생각에 타당성이 있다면 언어의 수수께끼가 인식문제와 그 본질을 같이 하는 한 이것 또한 현상학의 근본적인 발상에 의해 해명될 것이다.

현상학에 의한 인식문제 해명의 핵심을 한번 더 정리하면 다음과 같다.

현상학의 관점에서는 주객의 일치의 가능성이라는 구도는 부정된다. 객관적 실재라는 개념 자체가 부정되는 것이다. 따라서 엄밀하고 엄밀한 객관적 인식이라는 견해 자체가 배리로 간주된다. 어떠한 인식도 인식론적으로는 원리적으로 인식 상관적인 확신(=신빙)이며, 따라서 대상 자체에 관한 절대적인 진리성을 문제로 할 수는 없다. 오히려 단지 대상의 확신(혹은 판단)에 관한 타당성, 불가피성을 문제로 하는 것이 가능할 뿐이다. 그리고 이 확신의 타당성, 불가피성의 정도를 검증하는 일반원칙은 경험적 일반성으로서 반드시 끄집어낼 수 있다.[18] 이것을 통해 모든 인식은 "간주

---

18) 예를 들어, 의료행위, 사고학적 탐구, 투자, 기업전략, 스포츠 경기, 게임 등에서 우리들은 종종 결과로 나타난 것에서 진리가 무엇이었는가를 "알고", 여기서 역산하여 처음의 예상과 비판의 정오를 정하고 있다. 그러나 이 생각은 실로 진리주의적이다. 현상학적인 생각에서는 사전에 절대적인 진리를 알 수 없고, 단지 그 후의 장면에서 부여받은 상황, 조건, 알 수 있는 것에서 하나의 비판과 확신의 타당성, 불가피성을 검증할 수 있을 뿐이다. 이것은 오히려 사전에 진리가 존재한다는 암혹의 양해가 그릇된 것이다. 이 현상학적 사고의 의료행위로의 적용가능성을 논한 것에, 유키오카 테츠오, "의학적인 기초지식이

관적인 제요소에 의해 변경의 가능성을 지닌 일정한 타당성과 보편성을 가진 공유된 신념"으로 다시 이해된다. 그리고 또한 이 공유된 신념(상호승인적 공통양해)은 항상 새로운 간주관적 제요소를 향해 열려있지 않으면 안 된다. 지금까지 전통적으로 진리와 객관이라 불리던 개념의 본질은 그러한 형태로 다시 파악되는 것이다.[19] 그럼, 현상학이 철학적 사고의 원리적 방법인 이상, 인식문제에 관한 이러한 현상학적 발상은 언어이론에 관해서도 적용되지 않으면 안 된다. 이제 논의를 진행시키기 위해 우선 언어행위에 관한 일반적인 모델을 제시해 보자.

아래 언어의 일반적 도식 모델①에서 언어이론상의 문제는 크게 두 가지가 있다.

모델①

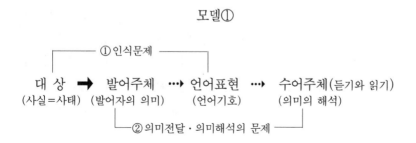

(1) 대상→ 발어주체→ 언어표현이라는 계열의 문제. 즉 발어주체가 사실을 정확하게 언어화 할 수 있을까 하는 문제.

구급의료 현장에서 왜 필요할까"(《구급의학》 2001년 9월 임시증간호)가 있다.
19) 현상학적 환원의 방법원리가, 일반적으로 일컬어지는 세계상의 구성을 확인하는 것에 의한 엄밀한 인식에 기초를 두는 것이 아니라 의식 경험의 확신성립의 조건과 구조의 해명이라는 점에 있는 것에 관해서는 졸저 《현상학 입문》, 《의미와 에로스》 등을 참조할 것.

(2) 발어주체→ 언어표현→ 수어주체라는 계열의 문제. 즉 수어주체가 발어주체의 뜻을 정확하게 이해할 수 있을까 하는 문제.

(1)은 주관이 현실객관을 정확히 인식하고 이것을 적절히 표현할 수 있을까 하는 인식=표현의 문제영역이며 모든 전통적인 인식문제에 해당한다. 이것에 반해 (2)는 발어자의 말이 그 뜻을 정확하게 전달할 수 있을까 혹은 수어주체가 그 뜻을 정확하게 받아들일 수 있을까 하는 문제, 즉 의미전달 혹은 의미이해의 문제영역이다. 현대 언어철학에서 말의 다의성과 애매성의 난문은 특히 (2)의 영역에 크게 관계하며, 우선 이 의미전달 혹은 의미이해의 문제에서 출발하는 것으로 하자.

예를 들어, '하늘은 파랗다'라는 표현이 있다고 하자. 인식론적인 문제로서 이 언어표현의 의미는 일반적으로 자명한 것으로 아무런 문제가 없는 듯이 보인다. 그러나 의미의 전달=이해의 문제에서 곧 아포리아가 생긴다. 즉 하늘은 파랗다는 이 말은 그 자체로 단순히 사실의 서술인지, 감동을 표현하는 것인지, 오늘은 맑아서 좋았다고 말하는 것인지, 또 하늘의 색은 파랗고 다른 색이 아니라는 것을 지시하고 있는 것인지 "결정불가능"이다. 언어의 패러독스는 이러한 의미의 전달=이해 문제에 중요한 초점을 맞추고 있다. 이 장면에서 언어는 의미의 다양성을 드러내고, 여기서 진위의 결정불가능성의 아포리아가 나타나며, 그것은 한걸음 더 나아가 규칙의 무한후퇴성의 아포리아로 전개된다.

예를 들어, 언어행위론을 구상한 오스틴은 프레게와 러셀 등에서 노출되는 진위의 결정불가능성의 아포리아를 피하기 위해, 의미 진위의 문제를 폐기하고 적절 내지는 부적절의 개념을 두는 것으로 이 혼란을 돌파하려고 한다.[20] 그에 따르면 '존의 아이는 모두 대머리다' 라는 표현에서, 존에게 아이가 없는 경우 이 표현은 거짓이 아니라 무효(무효는 부적절의 하나)라고 불러야 한다고 한다. 후에 자세히 보겠지만 언어행위론이라는 발상은 언어학주의의 본질적인 한계를 지적하고 문제를 한층 심화한 것이라 할 수 있다. 그러나 오스틴의 시도는, 엄밀히 따져보면 기본적으로 언어장면의 분류작업을 정밀화함으로써 다양한 의미 표현을 정리하는 발상이 며, 이 방법으로는 언어 의미의 본질적 해명이라는 과제에 접근할 수 없다. 하지만 의미 다의성의 문제를, 말하자면 의미의 의미를 상세히 분류하는 것으로 귀결시키려는 경향은 언어를 형식론적 체계로 합리화하려고 하는 현대 언어이론의 추세이다.[21]

규칙의 무한후퇴성의 아포리아도 잘 알려져 있기 때문에 비트겐슈타인이 인상적으로 나타낸 것처럼 룰의 룰의 룰…이라는 형태를 취한다. 예를 들어, 하늘은 파랗다라는 말이 일반서술을 의미할지, 감동을 의미할지 등은 전후의 콘텍스트를 통한다고 밖에는 말할 수 없지만, 그것이 어떠한 콘텍스트에 속할지는 습관적 룰에 존재한다고밖에 말할 수 없다. 즉 어떤 규칙(룰)을 적용할 때에는 상위의 규칙(메타 룰)이 필요하고, 이하 그것은 무한 후퇴한다(괴델의 불완전성 정리는 이 원리를 수학적인 영역의 아포리아로서 표현한 것이다). 오스틴과 같은 시도, 의미의 실천적인 구분을 통한 다의성 극복의 시도는 어디까지나 편의적이고 실제적인 것에

---

20) 오스틴, 《언어와 행위》, 사카모도 모모히모 역, 타이슈칸 서점, 1978년, 제2강 "부적절성의 이론" 이후.

21) 예를 들어, 가장 잘 알려진 오그덴, 리차즈의 의미분류가 있다. 그들은 《의미의 의미》에서 의미의 본질을 정의하는데, '의미' 라는 말의 일반적인 사용법을 16개의 항목으로 분류하며, 이것을 다시 3개의 군으로 구별하고 있다(《의미의 의미(신판)》, 이시하시 코타로 역, 신센 출판사, 2001년 262면 이후).

불과하고 논리적으로는 본질적 근거를 나타낼 수 없다. 때문에 비트겐슈타인의 논리상대주의의 철저한 언어규칙 무근거성의 발견을 이것으로써 대치하면 전자의 시도는 후자에 의해 상대화된다. 실제로 오스틴의 언어행위론은 데리다적 텍스트론에서 비판을 받게 된다.[22] 그러나 한편, 언어의 다의성과 규칙의 상대성을 강조하는 논자들은, 마치 존재의 수수께끼에서 세계가 존재하는 것 자체로의 형이상학적 "놀라움"이 종종 보이는 것처럼, 언어가 통하는 것의 놀라움이 그 분석의 종착점이 되는 경우가 많다. 요컨대 콘텍스트의 분류에 의한 의미의 형태론적 정리도, 룰의 무근거성의 발견도, 언어이론으로서는 똑같이 본질적인 것이라고는 말할 수 없다.

이 문제를 본질적으로 논하기 위한 전제는 무엇일까? 미리 말하면, 언어표현에 있어서는 동일한 하늘은 파랗다가 다양한 의미를 표시할 수 있는 것의 불가피성을 지적할 뿐 아니라, 이 표현의 단일성에 대한 의미의 다수성이라는 현상의 본질적인 의미를 해명하지 않으면 안 된다. 예를 들면, 후설도 논리학 연구에서 이 문제에 몰두했다. 이미 보았듯이 그는 의미의 다양성과 애매성의 원인을 발화주체와 듣는 사람의 사이에 생기는 의미작용에서 찾으면서, 한편으로 말 그 자체의 이념적 의미를 이데아적 동일성으로 확보하려 한다. 그러나 《논리학연구》의 후설언어론에서는 현상학적 환원의 개념이 아직 확보되어 있지 않고 이데아론적 편중에서 충분히 벗어나 있지 않다.[23] 그래서 나는 오히려 논리학 연구에 구

---

22) 데리다는 논문 "서명 사건 콘텍스트"(다카하시 노부아키 역 《현대사상》 1988년 5월 임시증간호 아오츠치 출판사)에서 오스틴의 언어행위론을 비판한다.

23) 《논리학 연구》에서는 환원의 개념이 확립되어 있지 않고, 따라서 언어현상을

애되지 않고 현상학적 환원의 방법을 기준으로 구상된 현상학적
언어이론을 여기서 제시해 보겠다.

 현상학 방법의 핵심은 현상학적 환원의 수행에 있다. 이것을 인
식론의 문제에 적용하면 의식 내부에서 존재타당에 관한 확신성립
의 조건을 묻는 초월론적 환원이 되고, 철학적 여러 본질의 문제
를 취급하는 경우에는 개념과 사태 본질의 의식내적 존재양태를
묻는 형상적 환원이 된다. 초월론적 환원의 기본방법에 관해서는
순수자아의 개념을 설명할 때 언급했지만, 대상존재의 객관적인
실재성을 일단 에포케하고(대상의 실재를 전제로 하지 않는 것),
의식내 사상과 대상의 관계에 관한 원인과 결과를 뒤집는 시선변
경을 행하는 것이 그 요체이다. 이제 이 방법으로 언어현상의 본
질 고찰을 행하여 보겠다.
 이 경우, 순수자아(＝순수의식)의 영역에 해당하는 것은 두 가
지로 상정된다. 발어주체와 수어주체(받는 사람＝듣는 사람, 읽는
사람)이다. 이 의미는 즉, 우리들은 일상적으로 발어주체이거나 수
어주체이거나 하는데, 반드시 누구나가 각각의 경험의 바람직한
모습을 내성적으로 상상변용하고, 발어 및 수어라는 경험의 본질
을 끄집어낼 수 있다는 것이다. 언어에 있어서 의미는, 현상학적
환원의 원칙에서는 이들 자아＝주체에 대한 어떤 종류의 확신으로
서 "구성"된 것이라고 간주된다. 따라서 이 의미확신의 성립조건
을 내성적으로 확인해가는 작업이 필요한 것이다. 미리 말해, 현상
학적 언어의 본질 고찰의 핵심은 다음에 있다. 즉 여기에는 두 가

 확신성립의 구조로 해명하는 시선이 자작적이지 않다. 그러나 언어에서도 환
 원의 방법은 완전히 적용가능하고 이제 이 방법으로 언어현상의 본질적 고찰
 을 행하여 본다.

지 관계, 첫째로 발어주체와 언어표현의 관계, 둘째로 언어표현과 수어주체의 관계가 있는데, 이 두 가지 관계의 구조적 본질을 확신성립의 조건으로 고찰하는 것이 그것이다. 그러나 언어구조의 본질적인 현상학적 분석으로 파고들기 전에, 우리들은 그 예비 작업으로 언어의 의미란 무엇인가라는 물음에 관해 일정한 윤곽을 파악하지 않으면 안 된다.

4. 하이데거의 언어의미론: 의의연관

언어현상에서는 의미를 기호 그 자체 또는 기호의 시스템 속에서 "실재"하는 것이라고 생각할 수 없고, 또 관념 속에 존재하는 것이라고 간주할 수도 없다. 의미는 어딘가에 존재하거나 실재하거나 하는 것이 아니다. 의미는 심적 사상이고 단지 인간의 환상 관계의 본질적 계기로서 "존재"하는 것이다. 우리들은 누구나 의미라는 현상 그 자체에 관해서는 잘 알고 있다. 그것은 완전히 일상적인 현상이며, 그뿐인가 우리의 삶 그 자체의 본질적인 계기를 이루고 있지만, 그 내실을 적확하게 알아맞히려고 하면 쉽지 않다. 실재 언어에서 의미의 정의만을 보더라도 현대 언어학은 지금까지 더듬어 온 것처럼 큰 혼란이 존재한다.

의미의 본질은 무엇일까? 이것은 실로 현상학적인 테마이다. 현상학은 본질파악이라는 방법으로 어떤 개념과 사항의 본질에 가까운 방법을 확립하고 있기 때문이다. 그러나 여기서 나는 의미의 본질에 관해 이미 수행된 하나의 본질파악을 범례적으로 나타내고 싶다. 이 실례는 현상학적인 본질파악에 있어 본질의 파악이라는 것이 어떠한 방법으로 행해지고, 또 어떠한 근거와 이유를 지닐까를 분명히 나타내는 것이기 때문이다.

마틴 하이데거는 현상학을 스스로의 존재론 철학의 기본 방법으로 하고 있지만, 《존재와 시간》의 내존재의 분석에서 실로 의미란 무엇인가라는 문제를 세워 그 본질파악을 행하고 있다. 의미라는 것은 심적인 모양과 표상에 환원할 수 없다든지, 기호에 내속하는 실체가 아니라든지, 대상(=레퍼런스)에 붙여진 표시가 아니라는 실재론에 대한 반대논증은 비트겐슈타인도 후설도 똑같이 행하고 있다. 그러나 의미의 본질론으로 말하면, 지금으로서는 하이데거의 본질 고찰이 가장 핵심을 찌르는 것이다. 예를 들면, 그는 다음과 같이 쓰고 있다.[24]

의미는 현존재의 하나의 실재범주라서, 존재자에게 부착되어 있다든지, 존재자의 배후에 있다든지, 혹은 중간영역으로 어딘가에 떠다니고 있다든지 하는 하나의 고유성은 아니다. 의미를 갖는 것은 현존재뿐이고, 그것도 세계내 존재의 개시성이 이 개시성에서 폭로될 수 있는 존재자에 의해 충실될 수 있는 한 현존재뿐이다.[25]

하이데거가 말하는 것을 다시 말해보자. 의미는, 물론 사물존재가 아니며, 또한 단순히 수나 개념 등의 이념적 존재라고도 말할 수 없다. 그것은 오히려 인간관계 속에서 생겨나는 관계적 존재이고, 또한 사물존재와 이념존재를 인간에게 있어서 그러한 것을 충

---

24) 하이데거 자신은 이 분석을 현존재분석, 혹은 존재론적 해석학이라고 부르고 있지만, 이것의 현상학의 본질파악 방법의 원칙에 준거한다는 것은 이하의 전개에서 보는 것처럼 명백하다.

25) 하이데거, 《존재와 시간》 세계의 명저 74 《하이데거》, 하라유우/와타나베 지로 역, 중앙공론사(중앙백스), 1980년, 32절 276면.

108

족시키는 바로 그 근본적 계기이다. 우리들은 여러 가지 것이 의미를 "지닌다"고 말한다. 그러나 실은 이때 의미를 "지니는 것"은 "인간존재의 올바른 자세" 그 자체이다. 의미는 어디까지나 인간적 관계의 현실에서만 나타나는 독자적인 현상임에 틀림없다.

그럼 의미의 이 관계적 존재성은 어떻게 규정할 수 있을까? 하이데거의 논의는 다음과 같이 이어진다. 인간 실재의 본질계기는 정상성(情狀性) 양해는 이야기 세 가지이다.[26] 정상성은 기분(=정동, 감정 등 기분의 색깔)을 갖는 것, 양해는 자신의 기분을 그것이라고 알아차리는 것인데, 이 알아차림(양해)은 잠재적으로 어떤 새로운 존재가능성으로의 지향을 포함하고 있다. 정상성은 감정의 움직임에 의한 자기의 존재있음의 규정이고, 알아차림은 그것이 재촉하는 새로운 존재가능성으로의 지향이다. 이렇게 정상성과 알아차림은 인간존재를 과거-현재-미래라는 시간성 속에서 존재하게 하는 근본계기이다.

이와 같은 하이데거의 생각을, 예를 들어 두통의 경험에서 번안해 보자.―나는 문득 나의 두통을 알아차린다, 즉 언제부턴가 그 불쾌함에 사로잡힌 나 자신을 알아차린다. 그래서 나는 창문을 열고, 새로운 공기를 마시고 싶다고 생각한다. 나는 창문을 연다. 하지만 약간의 두통은 사라지지 않고 오히려 점차 그 존재를 주장하고 있는 것처럼 느껴진다. 그래서 나는 두통약을 떠올린다.

예를 들면, 이런 상황에서 나에게 발생하고 있는 것은 어떤 상태일까? 그것은 즉, 어떤 기분(불쾌, 권태, 불안, 욕망, 희망 등)에

---

26) 하이데거에게서 인간의 실재는 '내존재'라고 불린다.《존재와 시간》의 제1부 제1편 제5장 "내존재 그 자체"에서 그는, 내존재의 현존재분석을 행한다. 즉 인간적 실재의 '본질'을 꺼냄으로, 여기서는 본질파악의 방법의 뛰어난 존재론적 적용의 모델이 되고 있다.

사로잡혀, 그것으로 자신의 상태를 양해하고, 이 양해가 자신의 새로운 있을 수 있는(~하고 싶은) 기점이 되어 자신의 태도와 행위를 재촉하는 사태임에 틀림없다. 그리고 여기에 실재라는 현상의 기본적인 원형이 있다고 하이데거는 설명한다.

하이데거가 말하는 것을 더욱더 서술해 보겠다. 인간적 실재의 중심에는 기분이 있고, 이것이 현존재라는 존재방법의 근저를 이루고 있다. 이것을 현사실이라고 불러두겠다. 그러면 의미란 인간의 세계 및 다른 사람과 관계 전반의 실질적인 원리인데, 그것은 기분과 그 양해라는 실재의 현사실성에 그 존재근거를 두고 있다고 할 수 있다. 기분의 양해는 염려(Sorge)라는 존재가능의 중심점을 만들어 낸다. 예를 들면, 두통에 있어서 불쾌함은 우리들 안에서 불쾌함을 어떤 형태로 처리(대처)하려고 하는 염려(=관심, 욕망)를 낳는다. 염려는 또한 우리들 주위세계(Umwelt)의 여러 대상을 도구적 존재(Zuhandensein)[27]로서 개시한다. 있을 수 있음(~하고 싶음)은 이루어야 함에 연속하고, 이루어야 함은 또한 ~을 위해서라는 목적성, 목표성의 창출을 사이에 두며, 사물을 ~을 위해, ~려고라는 형태로 규정된 존재(=도구)로 개시한다. 그리고 의미는 이 염려-목적, 관심성-수단성-도구성이라는 실재적 연관의 분절성으로서 생기는 것이다.

상쾌한 공기를 마시고 싶다고 생각할 때, 밖이 맑은지 비가 내리는지 등은 나에게 있어서 의미를 갖는다. 창 밖이 혼잡하진 않은지 어떤지, 혹은 창문이 녹슬어 열기 어려운지 어떤지는 의미를 갖는다. 또한 두통약이 떠올랐을 때 그 약이 오래되지 않았을지 어떨지는 의미가 있다. 약 상자가 있는 방이 열쇠로 잠겨있을지

---

27) Zuhandensein은 용구적 존재 혹은 도구적 존재 번역이 일반적이다. 여기서는 도구적 존재를 적용한다.

110

어떨지는 의미가 있다.…이렇게 의미란 사물이 도구존재로서 존재하는 한, 나의 염려라는 중심에서 출발하는 의미의 연관(=유의의 연관)으로서 생기거나 사멸하거나 하는 것이다.

하이데거는 또한 이렇게 서술한다.

의미란 어떤 것의 양해가능성이 그 속에 유지되고 있는 바로 그 것이다. 양해하면서 개시하는 것에서 분절 가능성을 우리들은 의미라고 이름 붙인다. 의미라는 개념은 양해하고 있는 해석이 분절하는 것에 필연적으로 속하는 그것의 형식적인 구조를 포괄하고 있다. 의미는 예지, 예시 및 예약을 통해 구조짓는 기투(企投)의 기반이며, 그러한 기반에서 어떤 것으로서의 어떤 것이 양해가능성이 된다.[28]

그것이 무엇일까에 관해서 우리들이 알아차리거나, 생각하거나, 이해하거나 할 수 있는 사태에, 어떤 대상의 의미라는 것이 있다. 의미란 욕망=관심상관으로서 나타난 세계의 분절화의 연관뿐만 아니라, 동시에 그 "양해가능성의 연관구조"이며, 항상 그 중심에 개개인의 실재 핵심인 염려가 있다. 때문에 의미는 여러 사상의 ~을 위해서와 ~려고라는 질서에 있어 분절화된 "세계의 질서와 색 무늬"로 생기는 것이지만, 항상 그 기점으로 이렇게 있을 수 있는 실재자의 버림을 갖고 있다.[29] 그렇게 하이데거는 말한다.

---

28) 하이데거, 《존재와 시간》 32절 275~276면.

29) 염려를 중심으로, 또한 염려에 상관하여 사물의 존재의미(무엇일까)가 개시된다는 하이데거의 사물존재의 존재성규정을, 염려의 개념을 확장하여 나는 욕망상관성이라는 개념으로 부르고 있다. 하이데거의 염려상관성은 실재의 기투성에 상관한 존재의미의 표현이지만, 존재사물은 그 이전에 인간고유의 욕

　그럼 이제 명백해 졌듯이, 하이데거가 행하고 있는 의미론의 방법상의 특질은 의미의 본질을 실재론적 관점에서 파악하려고 하는 점에 있지만, 의미의 본질을 그러한 방법으로 끄집어내는 것은 관념론이며 주관주의임에 틀림없다는 비판도 강하게 존재한다. 그러나 인식방법이라는 것은 인식해야 할 대상의 본질에 규정되어야 하기 때문에, 탐구해야 할 대상의 존재본질의 적절한 이해 없이는, 우리들은 방법이라는 개념조차 확정할 수 없을 것이다. 의미는 자연존재, 사물존재가 아니고, 인간의 관계의식으로서 생기는 독자의 관계적 존재이며, 이것을 주관과 의식을 초월한 객관적 대상으로서는 조정할 수 없다는 것을 인정하면, 이러한 비판은 무효라는 것을 알 수 있다. 심적인 영역으로서 존재본질을 지닌 여러 대상을 실재적 영역의 여러 대상과 혼동하는 것은, 사실적 대상과 본질적 대상을 혼동하여 그 사이에 있는 차이를 전혀 보지 않는 것이다. 이러한 혼동과 혼란은 실로 소박한 실재론과 유물론에 고유한 것이며, 그것은 극단적인 관념론과 독아론이 일체를 심적 사실로 환원하는 정반대의 것이다. 의미는 어떤 관계성의 의식으로서 생기고, 따라서 실로 우리들의 의식에 생겨나는 사항의 공통의 보편성으로 파악되지 않으면 안 된다. 이러한 상황에서 의미를 어떤 객관존재로서 상정하는 것은 실로 "나쁜 의미"에서의 실념론이라는 것이다.

　망=신체의 상관성으로 그 존재성(존재양상과 존재의미)의 밑그림을 갖고 있고 그것을 토대로 그 후의 실재적 기투에 상관하여 그 존재의미를 변형시킨다. 이 주체와 대상의 실재론적 본질관계의 총체를 '욕망상관성'이라 부르고, 사태에 대응하여 욕망=신체상관, 욕망=관심상관, 목적=관심상관 등으로 변주된다. 졸저 《하이데거 입문》(고단샤 센쇼메체, 1995년), 《에로스의 세계상》(삼성당 1993년→고단샤 학술문고, 1997년), 《욕망의 현상학》(《시험받는 말》 JICC출판국, 1991년) 외 참조.

우리들의 언어적 상식은 의미의 존재를 무언가 언어기호에 내속하는 존재로서, 혹은 언어기호 차이의 시스템에서 생기는 존재로서 떠올리려는 경향이 있다. 그러나 이 표상이야말로 의미의 객관주의적, 실념론적 전도의 결과이다. 또한 이 의미의 존재표상적 전도가 의미의 주관주의대 객관주의라는 소박한 대립구도의 원인이다. 중요한 것은 의미의 본질이 기호론적, 형식론적 정의에 있어서는 반드시 패러독스를 필연적인 것으로 한다는 것, 또한 그것의 해명은 실재론적인 의미론을 토대로 한다는 것을 통해서밖에는 완수되지 않는다는 것이다. 즉, 의미론에 있어서는 그 대상존재의 본성을 통해 현상학적, 실재론적인 방법상의 우위가 존재하는 것이다.

의미의 본질은 실재론적 혹은 그 전개로서의 욕망론적 카테고리를 통해 시작가능한 대상영역이며, 논리형식론적 술어에서는 그것을 기술할 수 없다. 우리들은 하이데거의 의미의 본질파악을 처음의 단서로 했지만, 더욱더 현상학적 방법을 통한 언어의 본질론을 전개하면서 이것을 확인해보자.

제4장 글쓰기와 작자의 죽음

1. 언어의 신빙구조 : 언어 콘텍스트와 양해

  현상학적 방법을 철저히 하면, 언어의 의미이론은 주체에 대한 의미의 확신성립의 조건으로서 파악해야 한다는 것을 나는 이미 나타내 보였다. 모델①을 좀더 나아가면 모델②와 같이 된다.

모델②

```
           (인식=표현관계)    (전달=요해관계)

X대상  ➡  A발어주체  ┅➤ L언어표현  ┅➤  B수어주체(듣기와 읽기)
(사실=사태) (발어자의 의미)    (언어기호)       (의미의 이해)
                    ┊              ↑
                    └┅ 언어표현 ┅┅┘

          신빙관계 ┅➤ 언어표현 … 신빙관계
                      (확신성립의 구조)
```

  환원 방법의 기본은 대상의 객관존재를 전제하지 않고, 그것을

114

철저하게 존재확신으로 취급하는 것이다. 이것을 일반적인 언어전
달도식으로 적용해보자. 전통적인 언어이론에서는 발어주체와 수
어주체의 관계는 L언어표현(이하 특별히 필요 없는 경우 언어라
고 줄인다)을 매개로 A발어주체의 뜻이 정확하게 B수어주체에게
전달될까 어떨까 하는 것이 기본적 문제이다. 하지만 이미 보았듯
이, 여기서는 두 가지의 주체-대상관계가 존재한다.

먼저 A발어주체와 L언어의 사이에는 인식=표현관계가 있다.
전통적인 관점에서는 X대상(사실=사태)이 A발어주체를 통해서
적절하게 L언어로 가져다주는 원리가 보이기 시작하면, 그것은 엄
밀한 인식 원리에 기초를 두는 것을 의미한다. 예를 들어 카르납
은, 프로토콜 언어라는 개념을 통해, 모든 종류의 언어를 객관적인
물리학적 언어로 번역할 수 있다는 것을 논증하려고 했다.[1] 물론
이 시도는 성공하지 못했고, 논리적인 파탄도 분명하여 경험주의
적 상대주의의 입장을 취한 콰인 등으로부터 날카로운 비판을 받
게 되었다.[2]

다음으로 L언어와 B수어주체 사이에는 전달=양해관계가 있다.

<hr>

1) 카르납, "과학의 보편언어로서의 물리적 언어", 《현대철학 기본논문집》, 다케오
하루이치로 역, 사카모도 모모히로 편, 게이소 출판사(총서 problemata 6권)
1986년.
2) 콰인은 논문 "경험주의의 두 가지 도그마", (《논리적 관점에서》, 이이다 타카
시 역 게이소 출판사 총서 problemata 7권 1992년)에서 카르납의 물리학적
언어주의를 들어 이것을 비판적으로 검토하고, 카르납이 주장하는 분석적이라
는 개념은 엄밀하게는 자명하지 않고, 규정불가능성이라는 것을 논증한다. 분
석성의 문제라는 관점에서 의미론적 규칙을 수반하는 인공언어 개념은 유난
히 하나를 헷갈리게 하는 것이다. 어떤 인공언어에서 분석적 언명을 규정하는
것으로서의 의미론적 규칙이 관심을 끌 만한 것은 분석성의 개념이 이미 이해
된 때에 한정된다. 그것은 분석성의 이해를 얻는 데는 어떤 도움도 되지 않는
다(55면).

여기서도 또한 발어주체의 말하려고 하는 것(meaning)이 항상 정확하게 듣는 사람에게 전달되고 양해되는 원리가 보이기 시작하면, 그것은 올바른 의미전달의 원리적 기초를 둔다는 것을 의미할 것이다. 그러나 보아왔듯이, '하늘은 파랗다'라는 지극히 평범한 언어에서조차 언어의 엄밀한 일의적 이해가 성립하지 않는다는 아포리아가 기다리고 있다.

여하튼 다음과 같이 말할 수 있다. 하나는 만약 언어에서 인식(=표현관계)과 전달(=양해관계)에 관한 각각의 항 A와 L, L과 B를 잇는 등호(=)의 타당성이 기초가 된다면, 그것은 객관인식 혹은 엄밀한 인식의 기초를 의미한다는 것이다. 또 하나는 러셀, 전기 비트겐슈타인 카르납으로 이어지는 논리실증주의의 시도는 실로 그러한 기초를 확고히 하는 시도이며, 이 가능성은 주객의 일치라는 근대철학의 진리도식, 혹은 근대 실증주의의 객관인식의 견해를 쌓는 것이다.

그러나 이미 데카르트는 근대철학의 출발점에서 객관과 주체 사이의 일치라는 원리적 불가능성을, 우리들은 자신의 꿈이 꿈이라는 것을 절대적으로는 증명할 수 없다는 형태로 논증하고 있는데, 이 원리는 또한 언어론에 있어서도 말할 수 있다. 예를 들면 L언어가 A발어주체를 사이에 두고 X대상(=사실)을 "정확하게" 표현할지 어떤지는, 최종적으로는 L과 X를 참조(=대응)하지 못하면 판정할 수 없다. 그러나 인간은 실로 대상의 인식을 언어를 통해 행하기 때문에 이것은 동의반복이 되어버린다. L언어와 B수어주체(받는 사람)의 관계도 같다. B수어주체의 이해가 L언어를 통해서 A발어주체의 뜻으로 정확하게 적중할지 어떨지는, 언뜻 어렵지 않게 확인되는 듯한 느낌이 들지만 잠깐만 생각해보면, 여기서도 B와 A의 직접적인 참조(=조합)는 절대적으로는 결코 부여되지 않는다는 것을 알 수 있다.

비트겐슈타인의 《철학탐구》에서는 이러한 인식(=표현관계)과 전달(=양해관계)에 대해 일치한다는 상정에 늘 따라다니는 여러 아포리아가 논해지고 있다. 예를 들면, 그는 이렇게 쓰고 있다. 빨간 꽃을 가져와라는 말을 할 때, 이 '빨갛다'라는 의미를 어떻게 엄밀하게 참조할 수 있을까? 즉, 그가 말하는 빨강과 내가 염두에 둔 빨강과 엄밀한 동일성을 갖는다는 것을 어떻게 증명할 수 있을까라고 말이다.[3]

요컨대 인식(=표현관계)에 있어서는 경험(사실=사태)과 경험에 관한 언어적 재표상과의 사이에 엄밀한 동일성이 성립할지 어떨지가 문제이며, 전달(=양해관계)에서는 언어에 의해 표현되는 사항과 수어주체이해 간의 일치(=동일성)가 문제이다. 그러나 어느 쪽이라도, 논리적으로는 거기서 엄밀한 동일성을 근거로 두기는 어렵다. 현대 언어학은 먼저 언어관계에 있어 동일성의 기초 확보의 시도로 출발하지만, 결국 좌절을 확인하는 방향으로 진행되어왔다고 할 수 있다. 즉 이런 엄밀 인식의 기초 확보의 불가능성이 오로지 언어의 패러독스와 아포리아로 나타나게 되어 왔기 때문에, 그 불가능성의 의미와 본질은 아직 해명되지 않았다.

그럼 앞서 나가보자. 위에 든 언어의 일반 모델을 현상학의 방법에서 재고찰해보겠다. 이때 가장 중요한 것은, 인식=표현관계

---

3) 그가 "빨강"이라는 말을 들었을 때, 그는 어떤 색을 선택해야 할지를 어떻게 알 수 있을까? —의외로 간단하다: 그는 그 말을 들었을 때 그가 염두에 둔 것이 그 색의 모습이 된 색을 골라야 한다.—그러나 그는 어떤 색이 그가 염두에 둔 것이 그 색의 모양이 되는 색일지를 어떻게 알까? 그것을 위해서는 좀 더 규준이 필요한 것은 아닐까? … 빨강은 빨강이라는 말을 들었을 때 내가 염두에 둔 색을 의미한다.—이것은 하나의 정의이든지 말에 의한 기호의 본질에 관한 설명은 아닐까(《철학탐구》, 239면, 171~172면).

(발어주체→언어)와 전달＝양해관계(언어→수어주체)의 두 가지를 신빙관계(＝확신성립의 구조)로서 파악하는 것이다. 예를 들어 전통적인 언어이론에서는, 일반적인 파롤에 있어 하늘은 파랗다는 발화자의 뜻의 언어표현[4]으로 간주된다. 즉 여기서는 발화자의 뜻이 인식(＝이해)되어야 할 객관이다. 그러나 현상학에서 하늘은 파랗다는 듣는 사람의 현상학적 의식에 부여된 하나의 의식여건, 일전한 조건에 있어서 일정한 확신을 성립시키는 의식여건으로서 취급되지 않으면 안 된다.

상대가 '하늘은 파랗다'라고 말하는 것을 들었을 때, 우리들에게 어떠한 것이 생길까에 관해서 현상학적으로 내성해보자.

일반적으로 말하면, 이 말은 단순한 서경으로 이해되는 경우도 있고, 발화자의 감동의 표현으로 이해되는 경우도 있다. 또한 오늘은 맑아서 좋았다는 감회로서 이해되는 경우도 있을 수 있다. 그런 의미에서 '하늘은 파랗다'라는 표현의 의미는 문자 그대로 다수성을 갖으며, 이른바 "결정불가능"이라 할 수 있다. 그러나 우리들은 실제회화의 상황에서 대부분의 경우, 이들 가능성 중에 무언가 하나를 확실히 상대방의 말의 의미로서 받아들인다. 즉 의미가 결정불가능으로 나타나는 경우는 거의 없고, 결정은 자연스런 형태로 "생겨난다." 즉 상대방의 뜻의 이해에 관해서 무언가의 확신이 성립하고 있다는 것이다. 비트겐슈타인이라면, 우리에게 어떤

---

4) 표현이라는 언어에 관해서 최소한 두 가지의 의미구별을 해둘 필요가 있다. 하나는, 예를 들어 말은 말하는 사람의 의도를 잘 표현하고 있다는 경우의 표현, 즉 언어기호의 말 그대로인 의미를 넘어서 발화주체의 뜻의 내실을 표현한다는 의미이며, 또 하나는 발어자의 뜻이 언어기호로서 정착된 그 형태, 즉 언어표현이라는 의미이다. 다시 말하면, 첫번째가 주체의 내면 혹은 뜻의 내적인 표현성, 두 번째가 이른바 흔적으로서의 언어표현. 여기서는 두 번째의 의미가 명확하듯이 언어표현을 사용한다.

일정한 이해를 가능하게 하는 그 용법과 규칙은 엄밀하게는 규정할 수 없는 것이라고 말할 것이다. 그러나 그러한 말의 표현은 철저하지 못하다. 현상학에서는 이러한 경우, 뜻의 정확한 전달(=알아차림)이 성립했다고는 생각하지 않고, 듣는 사람에게 상대방의 말의 의미에 관해서 어떤 확신이 성립했다고 생각하여, 이 확신성립의 조건을 고찰하는 것이다. 그러면, 다음을 알 수 있다. 파롤의 경우, 개개인의 발어의 의미이해를 "결정"하는 것은, 즉 개개인의 의미확신(=타당)을 성립시키는 것은 꽤 광범위한 언어의 상황 콘텍스트이다. 상대방, 장소, 때, 그와 나의 관계적인 내역, 발어 전후의 구체적인 상황 등등이다. 물론 상황 콘텍스트를 통해서도 명확한 확신이 성립할 수 없고, 상대의 뜻이 잘 이해되지 않은 채로 회화가 진행되는 경우도 있지만, 대부분은 상대의 발어를 그러한 상황 콘텍스트로 받아들이고, 우리들은 그 후 상대의 뜻에 관해서 자연스런 확신을 성립시키고 있다는 것을 알 수 있다. 반대로 말해면, 만약 이 언어의 상황 콘텍스트가 제거되면, 대부분의 경우 다의성(=애매성)과 결정불가능성이 드러나는 것은 명백할 것이다.

다음의 글쓰기의 경우에는 확신성립의 조건이 파롤과 비교해서 상당히 한정되는 것이라고 이해된다. 거기서는 상황 콘텍스트가 아니라, 텍스트 내의 콘텍스트가 확신성립의 주된 조건이 되었다는 것을 알 수 있다. 그러나 여기서도 상황 콘텍스트가 없어지는 것은 아니다. 예를 들어 팻말·설명서·편지 등에서 상황 콘텍스트의 역할은 꽤 중요성을 갖는다. 언어의 확신성립의 주요조건을 이루는 이 두 가지의 콘텍스트를 언어 콘텍스트라고 불러두기로 하자.

포스트모더니즘에서 이 텍스트 내의 콘텍스트는 인터텍스츄얼리테(상호텍스트성)[5] 등으로 불리며 꽤 대단한(=프로이트주의적)

취급을 받고 있다. 그러나 요컨대 그것은 전후의 문맥 혹은 텍스트 간(철학과 문학적 도서의 사이)의 문맥이라는 것에 불과하다. 글쓰기에 있어 텍스트 내의 콘텍스트, 즉 인터텍스츄얼리테가 언어 콘텍스트의 주요계기라는 것은 현재 누구나 이해하고 있는 것으로 특별히 중요한 인식이라고는 할 수 없다. 오히려 여기서 중요한 것은, 두 가지의 언어 콘텍스트는 수어주체가 그 후 양해의 확신을 성립시키는 근거이지만, 그 확신은 본질적으로 신빙하고, 따라서 절대적인 확정에 이르는 것은 결코 없다는 원리를 갖고 있다.

　더욱 주의해야 할 점이 있다. 포스트모던적인 인터텍스츄얼리테의 개념은 이 양해의 비확정성을 해석이 무한정 있을 수 있는 것(해석의 절대적인 다수성), 또한 올바른 해답이 어디에도 있을 수 없는 것(초월론적 의미의 부재)으로 이해한다. 이것에 대해 현상학에서는 같은 것을 신빙관계의 구조적인 보편성으로 파악한다. 현상학에서 사물존재의 확신은 노에시스-노에마[6] 구조의 노에마,

---

5) 인터텍스츄얼리테(intertextualité)는 줄리아 크리스테바(Julia Kristeva)에 의한 기호학 개념이지만, 포스트모던 기호론의 중요한 키워드의 하나가 되었다. 텍스트의 상호연관성이라는 해석이 일반적이다. 그것은, 말(텍스트)은 몇 가지나 되는 말(텍스트)의 교착이며, 여기는 적어도 또 하나의 말(텍스트)이 읽히는 것이다. … 이 엄밀함의 결여는 오히려 미하일 바흐친에 의해 문학이론에 처음으로 도입된 발견을 나타내고 있다. 즉 어떠한 텍스트도 여러 인용의 모자이크로 형성되며, 텍스트는 모든 또 하나의 다른 텍스트의 호흡과 변형임에 틀림없다는 발견이다. 상호주체성이라는 견해 대신에 상호텍스트성이라는 견해가 정착한다(크리스테바, 《세미오타케: 기호분석을 위한 연구 I》 하라다 쿠니오 역, 세리카 출판사, 1983년, 60~61면.

6) 노에시스-노에마는 순수의식에 있어 확신성립(＝타당)의 본질구조로서 파악되는 것이다. 일반적으로 노에시스는 의식의 작용적 측면으로, 노에마는 대상적 측면 등으로 불린다. 그러나 이러한 표현으로는 그것이 확신성립의 구조를

혹은 내재-초월 구조의 초월에 해당한다. '이것은 사과다' 라는 아무리 굳은 확신도 잘 검증하면 사과 비슷한 것이었다는 가능성을 원리적으로는 배제할 수 없다는 것이 존재확신에 있어 초월개념의 내실이다.

포스트모던적인 인터텍스츄얼리테의 개념과 비교해서 현상학적인 초월=확신성립 개념의 특징을 말하면, 하늘은 파랗다라는 표현은 무한한 해석가능성을 갖는다는 것이 아니다. 그러한 언어표현은 실상에 들어맞지 않는다. 실제 듣거나 읽거나 하는 경우, 우리들은 하늘은 파랗다는 상대방의 표현에서 무한의 해석가능성을 느낄 수는 없고, 오히려 그 후 상황 콘텍스트를 단서로 어떤 자연스런 양해확신을 만드는 것이라고 말할 수 있다. 그리고 그 확신이 노에마 혹은 초월에 해당한다는 것은, 그것은 절대적인 것으로 확정될 수 없고, 어디까지나 양해의 구조로서 원리적으로 확신에 머물러, 다른 조건의 변경에 의한 확신상의 변경가능성을 필연적으로 갖고 있다는 것을 의미한다. 다시 말하면 이렇다. 우리들은 아무리 자명하다고 생각하는 상대방의 말도 그 뜻을 절대적으로 확인하는 것은 불가능하다. 그러나 항상 그때마다 내적인 자연스런 확신으로서 이것을 받아들이면서도, 또한 이 확신은 그렇지 않았다는 정정가능성을 원리적으로 갖고 있다는 것이다. 이것은 종종, 인간이 거짓말을 하는 존재이기 때문이라는 근거로 생각되고 있지만 그렇지 않다. 만약, 상대방이 절대로 거짓말을 하지 않는

나타낸다는 것이 판명되지 않는다. 중요한 것은 이것이 확신성립, 타당성립, 정립성립의 본질구조로서 파악된다는 것이다. 후설의 표현을 조술하면, 노에시스는 의식주체의 암흑 속에 움직이고 있는 대상이 무엇일지를 확정하려고 하는 지향성적 태도이다. 한결같이 않고, 자각적인 경우도, 무자각적인 경우도 있고, 또한 시간적인 혹은 주제상의 다수성, 복층성을 갖고 있다. 노에마는 이것을 통해 나타나는 대상 존재에 관한 암흑의 확신이다.

존재라고 해도, 언어행위에 있어 이 신빙관계의 구조는 원리적인 것이다. 왜냐하면, 상대방의 말이 거짓일지 어떨지도 원리적으로 확신성립의 구조 속에 있기 때문이다.

2. 언어의 의미란 무엇인가?

지금 우리들은 현상학적 언어이론의 기본적 구도를 나타내 왔다. 여기서 의미이해의 문제는, 뜻과 이해의 일치라는 구도로는 나타내지 않는다. 어디까지나 양해확신이 자연스러운 것으로서 성립하기 위한 조건의 해명이 문제가 된다. 이 지점에서 우리는 언어에 대한 의미의 본질에 관해서 앞서 보았던 하이데거의 고찰을 더욱 추진해 보도록 하자.

여러 번 서술했듯이, 후설의 《논리학 연구》에서 현상학적 방법이 철저하게 되어있다고는 할 수 없는 면이 있지만, 그것이 진리주의적 동기를 갖는다는 것은 데리다의 오해에 불과하다. 언어가 다의성을 갖는 것, 정의와 사용에 관한 규칙을 철저히 규정할 수 없다는 것, 이런 것들에 관해서 후설은 충분히 이해하고 있다(실제 후설은 제2권 《표현과 의미》 제26절 이후에서 이 문제를 논하고 있다). 그러나 절대적인 객관과 진리가 존재할 수 없다는 것을 깊게 이해하는 것과, 그럼에도 불구하고 수학과 논리학의 영역에서 일정한 엄밀성이 성립한다는 사실을 어떻게 이해할까 하는 것은 또한 별개의 문제이다. 비트겐슈타인과 데리다는 언어 룰의 규정불가능성을 말하는 것에 관해서 독창적인 연구를 했지만, 그럼에써서 수학과 자연과학의 영역에서 높은 수준의 공통양해성이 성립할까 하는 필연적인 물음에 충분히 대답하고 있다고는 할 수 없다. 크게 말하면 논리상대주의에서는 여기에 본질적인 형태로 대답할 수 없는 것이다. 후설의 노력 또한 이 난문으로 향해 있고, 그의 사고는 카르납 등의 논리실증주의와는 전혀 다른 형태를 보이고 있다.

예를 들어 후설은, 한편으로 의미의 내실을 말에 내속하는 이데아적 동일성으로 확보하려고 했지만, 또 한편으로 의미의 본질에 관해서 다음과 같이 서술하고 있다.

'의미'란 무엇인가라는 것은, 색과 소리란 무엇인가라는 것이 우리에게 주어지는 것과 같으며, 직접적으로 우리에게 주어지는 것일 것이다. 그것은 이제 그 이상 정의되지 않고, 기술적으로 최후이다. 우리가 어떤 표현을 하거나, 그것을 이해하거나 할 때, 그 표현은 우리에게 무언가를 의미하고, 우리는 그 표현의 의미를 현재적으로 의식하는 것이다.[7]

후설의 의미 추적 작업의 원칙은 분명하다. 그는 한편, 언어의 의미가 다의성과 애매성을 만들어낸다는 여러 요소를 하나씩 버려가며, 최후에 남는 엄밀한 요소의 핵을 이데아적 동일성으로 파악하려 한다(그는 이 방법을 데카르트의 방법적 회의에서 자각적으로 파악하고 있다). 그리고 이것이 수학과 논리학적인 영역에서 엄밀성의 근거로 간주된다. 단지 후설은 이 이데아적 동일성의 개념에 적절한 현상학적 규정을 부여하지 못하고, 그 때문에 앞서 보았듯이 이 개념은 "실념론적"인 것이라고 오해받는 여지를 많이 담고 있다. 그럼에도 불구하고, 후설이 언어의 엄밀한 요소의 계기

---

7) 《논리학 연구》 제2권, 201면.

를 추적하려고 하는 동기자체는 수학적 · 논리적 영역에서 엄밀성
이 존재하는 이유를 명확히 하려한다는 의미에서 정당하며, 이 작
업을 진리의 기초를 둠이라는 것은 잘못 읽은 것임에 틀림없다.
여러 번 말했듯이, 후설 현상학에서 각각의 진리주의 사고는 존재
하지 않기 때문이다.

위에서 인용한 후설이 말하려고 하는 것은 다음과 같은 것이다.
우리들이 어떤 표현을 그것을 이해하면서 행할 때, 그 때마다 그
행위는 우리들에게 있어서 의미를 생기게 하는 기점을 이루고 있
다. 그리고 중요한 것은, 왜 그러할까에 관해서 우리들은 결코 애
기할 수 없는 것, 즉 그것이 의미라는 것의 분석가능성의 밑바닥
을 이루고 있다는 것이다. '의미란 직접적으로 부여되고 기술적으
로 최후이다'라는 것은 그러한 것이다. 프로이드가 심층심리의 분
석은 이것을 더듬어 가면 반드시 더 이상 나아갈 수 없는 분석가
능성의 기점에 부딪힌다고 말한 것이 인식원리론으로서 정확하듯
이, 후설의 이러한 언어표현 또한 정확하다. 왜냐하면, 대개 인식문
제에 관해서 이것을 추적하려면 반드시 분석의 한계가 되는 지점
이 나타난다는 것은 원리적이기 때문이다. 그리고 무엇보다 중요
한 것은, 이른바 인식의 임계점을 적절히 취급하는 것, 다시 말하
면 그 본질성격을 명백히 하는 것이다.[8]

---

8) 나중의 문장에서 보겠지만, 포스트모더니즘에서 분석의 극한화에 의해 나타나
는 인식의 임계점은, 언제나 '말을 통해 말할 수 없는 것'이라는 형태로 생각
되어 처리되었다. 그러나 이 태도를 취하는 방법은 원리적으로 초월자의 설정
을 의미하고, '존재'와 '무한한 것'과 '초월론적 시니피앙'이라는 개념을 낳게
된다. 현상학에서는 이것을 단지 '분석가능성의 한계'로 확정하며, 그것을 통
해 이 임계점을 실체화(신비화)하는 것이 아니라 오히려 그러한 분석의 임계
점이 존재하고 있다는 의미(=본질)를 명확히 한다. 후설에게 그것은 의식이
며, 메를로 퐁티에게 그것은 신체로 개념화된다. 다케다에게 그것은 욕망(=신

　이제 후설의 고찰에 관해서 이야기 하면, 그는 여기서 의미라는 것의 수행가능성을 지적하고 있지만, 한층 중요한 것은 그것이 분석가능성의 임계점인 이상 오히려 인간의 다양한 분석행위 일반을 가능하게 하는 단 하나이기도 하다는 그의 직관이 여기서 움직이고 있는 것이다. 후설의 이 기술을 단서로, 더욱 구체적으로 발어행위의 본질파악을 행해보자. 단지 여기서 문제가 되는 것은 어디까지나 언어의미의 본질이지 의미 그 자체의 본질이 아니라는 것을 미리 말해두지 않으면 안 된다.

　예를 들면 내가 아침에 직장에서 동료에게 '어제 그거, 문제없어'라고 묻는다고 하자. 이때, 나는 어제 동료에게 얘기한 서류를 염두에 두고 있다. 후설에 의하면 이때 이미 의미가 생겨났다는 것이지만, 이 경우 의미란 어떤 것일까?

　나는 발어주체와 언어와의 관계는 신빙구조라고 서술했다. 지금 내가 '어제 그거, 문제없어'라고 말하면서 자연스럽게 어제의 서류를 염두에 두고 있는 경우, 의미는 이른바 아직 현재화되어 있지 않다. 그러나 그렇게 말하면서, 어제 동료와 여러 가지 일을 해서 그거라고 불리는 것이 반드시 서류뿐이라고 할 수 없다는 것을 알아차린다고 하자. 나는 '어제 서류는 문제없어'라고 고쳐 말하든가, 바로 뒤에 '그 서류는'이라고 덧붙일 것이다. 이때 나는 내 말의 의미가 적절하게 통할까 오해를 불러일으키지 않을까 등에 관해서 암암리에 배려하고 있다. 즉, 언어가 자신(주체)의 뜻을 절절하게 표현하고 있다는 확신이 자기 안에 성립하고 있지 않은 경우는 고쳐서 말하거나 말을 덧붙이거나 하는 것이다. 실로 이러한

체이다. 그리고 그 의미(본질)는 실로 그것이 '우리들 세계의 대상화, 세계로의 기투를 가능하게 하는 당연한 것'이 된다. 여기서는 신비화도 실체화도 있을 수 없다.

상황에서 발어주체는 의미가 전해지거나 전해지지 않거나, 의미가 있거나 없거나 하는 것이 문제가 된다고 할 수 있다. 즉 의미란 언어기호에 내속하는 대상지시성도 아니고, 개개인의 내적 사념, 기원으로서의 사념도 아니다. 오히려 자신의 사념(감각, 감정 등)이 표현으로 나타날 때, 그 때마다 표현(=말, 언어표현, 문장)과의 관계에서 우리들에게 있어 문제가 되는 것이라고 우선 말할 수 있을 것이다.

형식론적 논리학에서 의미는 기호와 대상과의 지시관계로서, 또한 기호로 환기되는 표현으로서, 혹은 이데아적 동일성으로서 또한 그 밖의 여러 가지 것으로서 상정된다. 그리고 이러한 의미의 복의성은 필연적으로 의미의 분류학을 낳는다. 그러나 의미의 본질론을 수행하기 위해서는 형식논리는 원리적으로 무효이다.

언어에 관한 형식 논리적 사고에서 언어의 의미는 일반적으로 말의 지표적 기능이라고 생각할지(실재론적), 발화자의 오리지널 사념이라고 생각할지(관념론적)의 두 가지로 크게 구분된다. 그러나 실로 이런 구분에서 여러 가지 아포리아가 생기는 것이다. 현상학적에서는 의미란, 우리들의 표현행위에서 생기는 하나의 관계의식 그 자체이다. 우리가 무언가를 생각하거나 느끼거나 할 때, 기원적 사념으로서 의미가 뇌리에 생긴다는 것은 아니다. 거기는 단지 무언가의 직관, 혹은 그 표상 같은 것이라고 말할 수 있을 뿐이다. 단지 우리들이 그 생각과 느낌을 어떤 형태로 표현(내언, 독어, 발어 등)하거나 이해하거나 하는 그 때마다 의미라는 현상이 나타난다. 그렇게 후설은 말한다. 즉 언어의 의미는 처음의 직감과 사념(으로 상정되는 것)과 표현과의 어떤 관계의 의식으로서 생긴다. 그리고 이 관계의식의 핵을 이루는 것은 직관적인 사념과 표현과의 사이에 있는 타당=일치가 있는, 혹은 없는 신빙의 의식인

126

것이다.[9] 후설이 우리가 어떤 표현을 하거나, 그것을 이해하거나
할 때에…우리는 그 표현의 의미를 현재적으로 의식한다고 말하
는 것은 그러한 직관에 의한다.

앞서 보았듯이 언어의 의미는 어떤 관계의 의식이라는 견해는
심리주의적, 관념론적이라는 비판이 있다. 그러나 하이데거의 고찰
에서 보았듯이 의미 그 자체의 본질은 무언가의 염려를 기점으로
하는 '~위해서'와 '~려고'의 의의연관의 의식으로서 존재한다.
혹은 이 의식에 연계하는 양해가능성 연관의 전체이다. 언어의 의
미도 또한 의미의 하나인 이상, 그러한 의미본질의 한 형태로서
고찰하지 않으면 안 된다. 일반적으로 말하면, 의미는 체계적으로
분절화된 알아차림의 여러 연관이라고 생각되기 쉽지만, 이 체계
적인 분절 자체가 관계의 의식의 여러 변용에 의해 근거되고 있는
것이다.

관점을 바꿔보자. 말의 의미는 말이 실재의 도구적 존재로서 존
재하는 것에 의해 완성된다. 이것은 사물의 의미(와 가치)가 우리
들의 욕망(=관심)과, 그 사물을 위해서와 '~려고'라는 의의 가능
적 연관성으로 생기는 것과 본질적으로 상동적 구조를 갖는다. 그
리고 언어의 의미에 있어 이런 의의 연관은 사념과 언어표현과의
타당(=일치)에 관한 신빙의 의식으로 상정된다.

예를 들면, 지금 나의 뇌리에 어제의 서류의 일이 스쳐 지나갔
을 뿐이라면, 거기서 의미 그 자체는 움직이고 있다고 할 수 있지

---

9) 타당의 개념은, 현상학적으로는 대상과 인식의 일치 혹은 합치라는 개념으로
바꿔, 의식영역에서의 대상지향(에노시스)과 그 상관자(노에마)의 대상성을
표현한다. 여기서는 이것과 구별하여 의식 내의 신빙구조로서, 자기의 사념과
언어표현이 같은 것으로서 대응한다는 확신성을 표현하는 것으로 타당=일치
를 사용하게 된다.

만, 언어적인 의미는 아직 문제가 되지 않는다. 그러나 서류를 생
각하면서 그것은 우선 문제없어라고 내언한다고 한다. 이러한 내
언에서 뜻은 말과 타당=일치하고 있다는 것이 명백하고, 아직 문
제는 일어나지 않는다. 그러나 예를 들어, 혼자 완전히 개발의 편
자다라고 혼잣말하는 경우에, 근접적 연합에 의해 문득 완전히 돼
지발의 편자다라고 혼잣말하고, 스스로 이상해서 웃어버린 등의
경우가 있다. 말하려고 하는 것과 표현의 사이에 있는 어긋남을
느꼈기 때문이다. 혼잣말도 또한 표현이고, 거기에 타당=일치의
자연스런 확신이 생기지 않는 경우 우리는 곧 그것을 의식한다.
이때 표현의 의미가 문제가 되었기 때문이다.

　어제의 서류를 염두에 두면서 그것은 문제없어라고 동료에게
말하는 경우, 언어표현의 의미는 어떤 의미에서 현재적이 된다. 그
러나 이 경우, 이 말이 자명한 것으로 통할 때에 언어표현의 의미
는 문제가 되지 않는다. 하지만 앞에서처럼 그것이 다의성을 갖는
경우, 우리들은 언어표현이 자신의 뜻을 "정확하게" 전달할지 어
떨지 신경이 쓰인다. 여기서 말의 의미가 우리들에게 있어 문제가
되고, 의미가 통하지 않는다고 생각하면 이것을 고쳐 말하거나 하
는 것이다.

　요컨대 다음과 같이 말할 수 있다. 자신의 말이 자신의 뜻을 타
당한 형태로 표현하고 있다는 확신을 가질 때, 우리들은 의미의
존재에 관해서 특별히 의식하지 않는다. 그러나 이 사태를 반성해
서 대상화하면, 거기에 어떤 의미가 존재하고, 살아 움직이고 있다
는 것을 언제라도 확인할 수 있다. 또한 이 타당=일치의 확신이
잘 생기지 않거나, 금이 가거나 할 때에 그 어긋남은 바로 의식되
어, 우리들은 자연스럽게 고쳐 말하거나 덧붙이거나 한다. 그것이
누구나가 하고 있는 것이다. 즉, 언어에 있어 우리들이 의미라고

부르는 것은 기본적으로 뜻과 표현의 타당＝일치에 관한 확신의 의식에 관계하는 것이다.

예를 들어, 다음과 같은 경험도 누구나가 잘 알고 있는 것이다. 문장을 쓸 경우, 우리들은 한 줄을 쓰고 그것이 자신의 뜻에 맞지 않다고 느끼면 고쳐 쓴다. 쓸 때에는 두 항의 변증법적 관계가 보다 명료하게 나타난다. 여기에서 표현행위는 단지 먼저 사념이 있고, 그것을 적절하게 표현으로 가져오는 것이 아니고, 자신의 사념 (＝직관)을 적절한 표현으로 가져오려고 하는 노력이, 또한 자신의 사념을 보다 명확하게 하거나 혹은 쇄신하거나 한다. 처음의 아직 명확한 형태를 취하지 않은 사념과 직관은, 그 표현으로의 노력이라는 관계를 반복함에 의해 한층 명료한 형태를 부여받고 풍부하게 되는 것이다.

이렇게 실재론적으로 의미는 우리들이 뿜어낼 때마다 욕망＝관심을 기점으로 하고, 이 욕망＝관심이 완성되는 여러 사태의 ‘～위해서’와 ‘～려고’의 관련성 의식으로 일어선다. 그리고 이 원적인 의미는 이 연관의 유의의성과 양해가능성의 전체성으로 의식되지만, 중심에 있는 것은 항상 인간 각자적인(＝그 때마다의) 실재가능성이다. 다시 말하면, 말은 그 때마다의 뜻의 표현의 도구적 존재이고, 따라서 그 때마다 뜻의 전달과 표현이 기점적인 욕망＝관심이 되어, 여기서 이 도구적 존재의 유의의성과 양해가능성 등이, 즉 ‘～위해서’와 ‘～려고’의 유효성과 적합성 등이 항상 문제가 된다. 이 유의의성, 양해가능성의 전체적인 연관을 우리들은 말의 의미로 부르고 있는 것이다.

다시 말해, 의미의 본질은 실재론적 범주에 속하는 것이고, 단지 실재론적 본질로서만 파악될 수 있다. 언어의 의미는 사념과 말에 내속하는 것이 아니라 뜻이라는 욕망＝관심을 기점으로 하는 언어의 유의의성, 양해가능성의 전체적 관련으로서 이해되지 않으면 안 된다. 이리하여 언어의 의미는 언어주체에서 뜻과 표현의 유의의성 연관에 관한, 적합성, 유의미성에 관계하는 "확신성립"의 올바른 자세로서 정의된다.

형식론적 분석의 뛰어난 예인 소쉬르는, 말의 의의는 '능기(시니피앙)/소기(시니피에)'라는 두 항의 관련으로 정의했지만, 현상학적 의미본질론 에서 언어의 의미는 '뜻/표현'이라는 두 항의 관련으로 나타낼 것이다(밑의 도식을 참조).

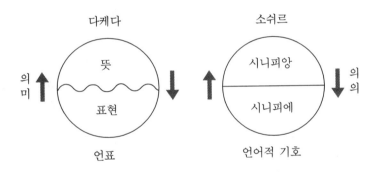

확인을 위해 말해보면, 의미는 뇌리에 생기는 처음의 사념과 직관에 내속하고 있는 것이 아니고, 또한 개개의 내적 관념 그 자체도 아니다. 그럼에도 불구하고 의미는 반드시 뜻의 핵이 되는 어떤 사념과 직관을 실재론적인 기점으로 하고 있다고 말하지 않을 수 없다. 형식논리적인 사고에서 이러한 생각은 관념론적인 의미본질론이라고 간주되어 왔다. 예를 들어 데리다는 후설의 의미론을 실로 그러한 것으로 파악한다. 그것은 나름의 이유도 있다. 후설은 《논리학 연구》에서, 의미작용의 순수한 모델을 고독한 심적 생활의 표현이라는 형태로 논한다[10] 후설이 말하는 것은, 고독한 내언에서 언어는 언어기호를 매개할 필요가 없고, 따라서 다른 사람을 상정한 일반적인 언어표현에서 반드시 따라다니는 표현과 의도의 단절이 존재하지 않는다는 것이다. 고독한 내언에서 전달이라는 계기는 존재하지 않는다. 때문에 뜻과 표현 사이의 타당=일치는 문제가 되지 않는다. 예를 들어, 내 손가락이 무언가에 부딪혀 아픔을 느끼자마자 아프다고 내언한 경우, 이 '아프다'는 지금 내 손가락이 느낀 그 고유의 아픔과 어떤 어긋남도 없이 딱 맞는다고 할 수 있다. 거기서 표현된 언어에 붙어 다니는 다의성과 해석의 다수성의 가능성은 모두 배제되고 있다. 후설은 이른바 여기서 의미라는 것의 순수형태를 상정한다. 그리고 데리다는 이것을 후설이 현전=살아있는 현재과 언어의 절대적인 결부를 보증하려고 하는 홍계로서, 즉 음성중심주의로서 비판한 것이다.

비트겐슈타인 또한, 사적 언어라는 개념에서 의미의 본질을 주관의 내적 관념으로 파악하는 사고에 철저했던 의문을 버렸다. 그에 따르면, 인간은 아프다라는 말을 통해 자신의 고유의 아픔을 표현할 수 없다. 왜냐하면, 언어는 기호이고, 그러한 이상 본질적으로 일반적인 것이기 때문이다. 데리다에게도 비트겐슈타인에게도 주관의 내적인 사념이 정확하게 언어에 의해 표현된다는 이른바 "실념론"적 언어론으로의 강한 비판이 있다. 그러나 이 비판도 현상학적인 의미의 본질론에 대해서는 무효하다.

현상학적 의미론은, 의미의 본질을 사념과 언어의 타당(유의의성)에 관한 주체 확신의 올바른 모습이라고 생각하고 그 일치에 두지 않기 때문이다. 사념과 언어의 일치가 의미를 성립시킨다고 생각하면, 우리들은 기원으로서의 사념의 동일성을 확정하지 못하

---

10) 《논리학 연구》 제2권, 45∼47면.

면 안될 것이다. 그러나 비트겐슈타인에 의하면, 누군가 타인은 여기 존재하는 남다른 이 아픔을 느낄 수는 없다고 말할 때,[11] 본인조차 이 아픔의 동일성을 확정할 수는 없다. 그것은 마치 주관과 객관의 일치를 확정하기 위해서는 먼저 객관의 동일성을 확정하지 않으면 안 되지만, 이미 그것 자체가 배리라는 사정과 구조를 같게 한다.

후설이 고독한 내언이라는 말에서 말하려고 한 것은, 언어의 의미란 우리들의 뇌리에 발생하는 초발적 사념 그 자체라고 말하는 것이 아니다. 오히려 언어의 의미라는 것은 어떤 사념이 언어표현의 형태를 취하자마자 그 때마다 문제가 되는 것이다. 언어의 의미는 사념과 표현의 관계의식에서 움직이기 시작하는 것이다. 그러한 이상, 초발적 사념이 의미이고 그것이 언어에 의해 표현되는 것이라고는 할 수 없지만, 어떤 사념 혹은 직감적 표상이라는 기점 없이는 애당초 표현이라는 것 자체가 문제가 되지 않고, 또한 의미가 있는지 없는지, 타당한지, 틀린지 하는 것 자체가 언어주체에 있어 문제가 되지 않는다고 말할 수 있다. 이 의미에서, 후설이 고독한 내언을 의미발생의 상징적인 순수상태라고 생각한 것에는 일리가 있다. 의미는 심적 작용의 발동 그 자체에는 결코 없지만, 그러나 심적 작용의 발동이 전혀 없는 경우에 의미의 존재를 생각하는 것은 배리이다. 이때는 실재론적으로 욕망상관성을 깨뜨린 형태로 의미와 가치의 존재는 생각할 수 없다는 사태에 근거를 두고 있다.

---

11) '타인은 나의 아픔을 느낄 수 없다' —에서 어떠한 규준을 만족시키는 아픔이 나의 아픔일까? 그리고 이 경우, 무엇이 나의 아픔의 동일성의 규준일까? (《철학탐구》, 253절 180면).

3. 글쓰기의 구조

앞서 우리는 언어의 의미의 본질을 A발어주체와 L언어와의 관계(인식=표현관계)를 중심으로 고찰해 왔다. 그리고 여기서 의미가 있다든지 없다든지 하는 문제가 되는 것은, 즉 의미의 의미성이 생기는 것은 어디까지나 발어주체의 의식 속에 언어표현[12]과 그 동기가 되는 사념 간의 관계의식이 생기는 경우라는 것을 보아왔다. 다음의 문제를, 수어주체를 중심으로 하는 관계, 즉 표현된 L언어와 B수어주체의 관계(전달=양해관계)에 입각해 고찰할 필요가 있다.

A–L관계처럼 L–B의 관계에서도 역시 언어구조상의 신빙관계가 구성되지만, 이 두 가지의 신빙관계는 대칭적이지 않다. 즉 여기에 있는 것은 단순히 언어표현과 수어주체 사이의 양해확신의 성립이 아니다. 그래서 여기에 언어의 아포리아가 본격적으로 나타나는 큰 이유가 있다. 전달=양해관계 관해서도 본질 고찰을 시도해 보자.

예를 들어 지금 내가, 어떤 사람의 오늘 하늘은 파랗다라는 말을 듣고, 어떤 위화감도 없이 그것을 받아들였다고 하자. 이 파롤에 있어 신빙관계는 L언어표현과 B청취주체의 양해관계로 성립하고 있는 것처럼 보인다. 하지만 그렇지 않다. 그것은 다음과 같은 예를 생각하면 확실하다.

동료가 '어제 그거는 문제없어'라고 나에게 말한다고 한다. 그

---

12) 여기서 언어표현이란 최저한의 표현성이 존재하는 것, 즉 내언, 혼잣말, 진술 등을 말한다. 단순한 느낌과 직관, 즉 전언어적 관념·표상만으로는 언어적 의미의 문제를 구성하지 않기 때문이다.

러나 그 의미가 잘 "이해되지 않는" 경우가 있을 수 있다. 예를 들면, 지시대명사 그것이 가리킬 수 있는 대상이 몇 개일까 생각하거나, 혹은 애매하거나 불명확한 경우이다. 이때 나는 상대방이 말하는 것의 의미가 이해가 가지 않거나 불분명하다고 느껴, 필요하다면 상대방에게 말할 것이다. 이런 경우 어떤 사태가 발생할까?

우선, 그건 문제없어? 라는 표현의 의미가 잘 "이해 안 가는" 이유, 표현의 다의성, 애매성의 이유 자체는 이것을 형식적으로 분류하면 얼마든지 예를 들 수 있을 것이다. 그리하여 언어학자는 종종 그러한 분류를 하고 있다. 예를 들면, 후설도 《논리학 연구》에서 언어 다의성의 이해에 관해 논하고 있다. 후설에 따르면, 언어에는 본질적으로 우인적(偶因的) 표현이라는 것이 있고, 이것이 언어 의미의 애매성과 다양성을 초래하는 큰 요인이다. 그것이나 여기라고 하는 지시대명사 혹은 '나'라고 하는 인칭대명사가 그렇고, 언어표현은 이런 말의 경우, 그 발화상황의 구체적인 콘텍스트 없이는 의미가 확정되지 않는다. 예를 들어 저것을 갖고 싶다고 말할 때의 저것은 콘텍스트 없이는 그 지표대상을 확정할 수 없고, '나는 기쁘다'라는 명제는 같은 의미를 갖는 문장으로서 그 때마다 자기 자신을 표시하는 화자는 기쁘다라는 명제로 바꿔 놓을 수는 없다. 이 경우 나라는 말은 그 때마다 발화의 상황에 따라 다른 의미를 갖기 때문이다. 따라서 이들의 말을 포함하는 모든 표현은 그 자체로서 이미 객관적 의미를 잃고 있다.[13]

여기서도 후설은 예의 데카르트적 방법, 의심스러운 것을 하나씩 제거하여 최후에 확실한 것을 취하려는 발상으로, 언어의 다의성을 초래하는 우인적 표현 등의 요인을 하나씩 배제하는 것에서,

---

13) 《논리학연구》 제2권 92면.

134

언어의 엄밀성과 보편성을 확보하는 본질적인 요소를 골라낸다고 생각하는 것이다. 때문에 후설은 언어에 다의적 해석을 허가하는 다른 몇 가지의 요소도 언급하고 있다. 하지만 그 방법이 타당하다고는 말할 수 없다.

예를 들면, '그건 문제없어'라는 표현을 '서류는 문제없어'라는 말로 바꿔보자. 즉 지시 대명사를 없애보자. 언뜻 의미는 분명해진 것처럼 보이지만, 만약 어제 여러 개의 서류를 취급했다면, 사태는 똑같다는 것을 알 수 있다. 표현에서 어느 정도 우인적 요소를 배제해도 양해의 불분명성의 가능성은 결코 사라질 수 없다. 언어의 다의성은 우인적인 말에 의한 것이 아니라, 오히려 본질적으로 전달=양해관계의 구조 자체에 내재하기 때문이다.

즉, 여기서 상대방의 뜻이 "이해가 안 간다"는 현상의 본질적 이유는 단 하나로, 내가 L언어표현을 통해서 A발어주체의 뜻까지 이르는 것이 불가능하다고 느끼는 것이다. 언어를 통해 상대방의 뜻에 관해서 자연스런 확신이 성립하지 않는 경우, 그것을 우리들은 의미를 "모르겠다"든지 의미가 "애매하다"라는 현상으로 경험하는 것이다. 즉, 여기서 의미를 이해하든지 불분명하다든지 하는 것, 의미의 의미성은 L언어표현과 B청취주체 사이의 신빙이라는 것이 아니라, 오히려 A발어주체의 뜻과 B청취주체의 신빙관계로서 존재한다. 그리하여 L언어표현은 이 신빙관계를 매개하는 것이다. 그 이유는, 표현된 언어와 청취주체 관계의 본질은 발어자의 뜻과 듣는 사람(청취주체) 사이의 신빙관계에서 존재하고, 언어 자체에 어떤 엄밀한 사용규칙을 부여하면 그것은 확신성립의 충분조건이 되지 않는다는 점에 있다.

---

13) 전술서 《논리학연구》 제2권, 92면.

  인생은 2×2＝4(두 명이 넷)로는 결론지을 수 없다든지, 이 경
우는 1+1＝3이 된다 등의 표현에서, 2×2＝4와 1+1＝3이라는 언
뜻 이데아적인 동일성밖에 표현되지 않는다고 생각되는 기호에서
조차, 말 그대로인 의미를 넘어선 의미를 표현한다. 일상적인 언어
에서 이러한 언어 콘텍스트에 의한 의미의 다의화는 오히려 정상
적인 상태이다. 이 때문에 언어학자들은 종종, 모든 콘텍스트성을
미리 제거하면 언어 의미의 기초적 규정이 가능하게 된다고 생각
한다. 하지만 오히려, 이 콘텍스트라는 요소야말로 언어 의미의 본
질적인 구조를 받치는 것이며, 이것을 제거하면 언어행위의 핵이
사라져 버린다. 비트겐슈타인이 말한 것처럼, 중요한 것은 우리가
언어를 일상생활에서 사용하는 형태 그대로 고찰하는 것이지만,
언어학자들의 형식적 분석은 실로 이 곳에서부터 일탈하고 있는
것이다.[14] 스피노자는 《에티카》에서, 최근 나는 누군가가 '우리 집
큰 방이 옆집 닭 속으로 뛰어든다'고 외치고 있는 것을 들었지만,
…나는 그가 틀렸다고는 생각하지 않았다. 그렇다는 것은, 나는 그
가 하는 말을 충분히 이해할 수 있었기 때문이다(정리 47 주석)라
고 써 있다. 형식적인 언어분석에서 이 말은 "넌센스"이지만, 일상
적으로는 이 의미를 이해 못하는 사람은 없다. 이유는 하나로, 듣
는 사람에게 발화자의 뜻을 받아들였다는 자연스런 신빙(확신)이
생기기 때문이다. 문법적으로 아무리 지리멸렬한 언어표현도 언어
콘텍스트 속에서 발화자의 뜻으로까지 도달한다는 자연스런 확신
이 성립하기만 한다면, 우리들은 그 말을 이해했다고 생각하여 의
미를 현실적인 것으로 받아들인다. 신빙관계가 자연스러운 것으로
성립하면, 우리들은 의미를 이해했다고 말하며, 이것이 모호하거나

---

14) 스피노자, '에티카' 세계의 명저 30 《스피노자/라이프니츠》 쿠도키사쿠/사이
　　토히로시 역, 중앙공론사(중앙백스), 1980년, 174면.

꼬여있거나 하다면, 의미를 모르겠다든지 애매하다든지 모순이라고 말할 것이다.

하지만 이것에 대해서 다음과 같은 반박이 있을 것이다. 발화자의 뜻과 듣는 사람의 신빙관계에 의미의 본질이 있다고 한다면, 그럼 언어기호란 무엇인가? 그것은 전혀 의미를 담당하고 있지 않다고 말할 것인가라고 말이다.

이 반론을 그냥 지나칠 수는 없다. 우리들이 보통 의미라고 말할 때, 그것은 언어기호(와 그 체계) 속에 갇혀 있고, 그렇기 때문에 사람은 언어를 사용하여 의미를 통하고 있다는 감각이 일반적으로 존재하기 때문이다. 예를 들면, 의미는 차이의 체계로서의 언어기호에 의해서 가능해진다는 것이 소쉬르 이래 현대 언어학의 일반적 견해이며, 이것은 의미가 무엇인가에 관한 일반적인 감각을 대표하는 이론이다.

언어의 의미는 분명 발화자와 듣는 사람의 관계 속에서 그 콘텍스트의 복수성의 이유로 다의성의 문제를 만들지도 모른다. 그러나 한편, 언어기호 자체가 이미 의미를 내포하고 있기 때문에, 혹은 그 체계가 의미의 전체적 질서를 만들어내기 때문에 발화자와 듣는 사람의 관계도 가능하게 된 것이 아닐까? 그렇다고 한다면 오히려 의미의 본질은 먼저 기호가 갖는 대상지시의 기능에서부터 생각해야 하지 않을까? 이러한 반론에는 그 나름대로의 논거가 있다. 그러나 언어학자들은 이 전제를 자명한 출발점으로 생각하는 것에서 결국, 언어의 수수께끼라는 막다른 골목에 부딪히게 되는 것이다. 언어기호의 대상지시성이 의미를 가능하게 하는 것일까, 기호를 사용하는 인간의 관념과 의식의 내실에 의미의 실체가 있는 것일까? 이른바 의미 근거의 선(先)구성의 물음(어느 쪽이 다른 쪽을 가능하게 할까라는 근거관계의 물음)에 언어의 가장 핵심

적인 문제가 있다. 그리고 이 문제를 상징하는 것이 작자의 죽음
이라는 말에서 나타낸 데리다적인 글쓰기(쓰는 말)의 문제임에 틀
림없다. 데리다는 유럽 형이상학을 지탱하는 음성중심주의와 현전
의 형이상학을 모두 비판하려고 했는데, 그 중심 장면에 이 글쓰
기의 언어론=기호론이 놓여져 있었다. 글쓰기의 기호론이란 무엇
이었는지를 한번 더 확인해 보자.

　파롤에서는 의식과 언어의 직접적인 부합이 존재하는 것처럼
보인다. 생생한 생의 현전은 목소리를 사이로 언어에 연결하고, 그
것에서 의미의 이데아적 동일성이 확보된다. 즉 사태와 뜻의 "엄
밀한 및 정확한" 전달이라는 가능성의 원리가 담보된다. 목소리
(포네)라는 현상을 언어의 근원사상으로 상정하는 것, 언어이론의
암흑의 전제로서 목소리의 특권성을 확립해 두는 것, 여기에 유럽
형이상학의 가장 중요한 비밀이 있다. 현상학은 실로 그러한 형이
상학적 야망의 현대판이다. 이것이 데리다의 후설비판의 요지인데,
그는 이 음성중심주의적 언어론에 다음과 같은 글쓰기론을 대치했
다.
　확실히 파롤에 있어서, B듣는 사람은 L언어를 통해 암암리에 A
발어자의 뜻을 지향하고 있다고 보인다. 여기서 언어는 음성(파
롤)이고, 그 목소리는 발화자의 뜻을 그대로 구현하고 있기 때문
이다. 그러나 글쓰기에 있어서는 그렇지 않다. 여기서는 A－L－B
라는 언어전달의 경로에서, A발화자의 뜻은 작자의 죽음에 의해
말소되었기 때문이다. 글쓰기를 기초로 생각하면, 언어행위에 있어
오히려 A의 부재라는 것이야말로 본질적 조건이 아니면 안 된다.
언어행위는 L언어표현과 B읽는 사람만의 내적인 관계로 생각되어
야 하는 것이며, 따라서 실은 차이의 장난으로서의 L텍스트가 만

들어낸 의미생성의 구조 그 자체가 문제가 된다. 이것이 데리다의 텍스트 이론의 개요이다.

하지만, 데리다의 빈틈없는 이론에도 불구하고, 언어행위의 본질 구조는 두 가지의 근본적인 신빙관계로부터 이루어진다는 현상학적 언어이론의 원리는, 파롤에 있어서 뿐만 아니라, A발화자의 부재라는 사태가 드러나는 글쓰기의 관계에 있어서도 결코 변하지 않는다고 말하지 않을 수 없다. 이것을 검증하기 위해, 글쓰기에 대한 의미이해의 경험에 대해서도 본질 고찰을 해보자.

예를 들어 지금 내가 비교적 큰 건축시설의 벽을 따라서 걷다가 벽에 있는 작은 문을 발견하고, 그곳에 약간 오래된 글씨로 서북 병원 통용 출입구라고 쓰여 있는 것을 읽었다고 하자. 그 경우, 나는 이것을 서북병원이라는 시설의 뒷문이라고 생각하지 않고(어쩌면 '학' 자에서 글씨의 일부가 벗겨져 떨어졌을 것이라고 추측하여), 서북대학병원 통용 출입구라고 이해할 것이다. 이것은 특이한 예지만, 좀더 일상적으로, 연락사항으로 돌아온 서류에 다음 위원회는 4월에 개최된다고 써 있는 경우, 나는 그것을(인쇄 미스나 무언가에 의해서라고 추측하여) 4월로 이해할 것이다. 즉, 이런 상황에서 나는 이것을 언어의 다의성과 모순 등으로 생각하지 않고, 글자의 누락과 불완전이라고 판단하여 그 의미를 아무 문제없이 이해한다. 말할 것도 없이, 여기서 의미양해에 관한 일정한 확신성 립을 지탱하는 것은 단지 상황 콘텍스트뿐이다. 이 경우 대악을 대학으로, 15월을 15일로 바꿔 읽어야 한다는 규칙은, 글쓰기 자체에는 기록되어 있지 않고, 언어의 일반규칙으로서도 존재하지 않는다. 글쓰기는 언뜻 그 자체로 완결한 글자의 흔적처럼 보인다. 하지만 글쓰기에 있어서도 언어 콘텍스트의 뒷받침 없이는 의미는 결코 충분한 형태로 작용하지 않는 것이다.

데리다가 말하는 것처럼 글쓰기의 경우, 분명 A 발어자는 조건으로 부여되지 않고, 존재하는 것은 L언어=텍스트와 B읽는 사람 뿐이다. 때문에 읽는 사람은 언어기호의 체계로 완결한 이 텍스트로서의 글쓰기에서만 일정한 의미를 받아들이는 것처럼 보인다. 하지만 실은 그렇지 않다. 현상학적인 내성은, 언어 의미의 본질구조는 글쓰기에서도 또한 B읽는 사람→ L언어(매개 항)→ A발어자의 뜻이라는 벡터를 지닌 신빙구조의 형태를 취하고 있다는 것을 확실히 우리에게 가리킨다. 즉, 어떠한 종류의 글쓰기로 향하는 경우라도, 우리들은 그것을 먼저 어떤 발어주체의 뜻의 흔적으로서 파악하려고 하는 것이다.

다음과 같은 예를 보자. 예를 들어 벽에 무슨 흔적이 있고, 그것이 어떤 임의의 문자, 예를 들면, '바보'라는 문자로 읽힌다고 하자. 우리들은 이 문자를 누군가의 낙서로 이해할 것이다(그것은 낙서로 일반적인 말이기 때문이다). 그리고 이때 우리들은, 이 흔적은 문자이고 말이며, 따라서 의미를 갖고 있다고 말할 것이다. 하지만 또한, 이 벽에 남겨진 흔적은 바보라는 문자라고 읽힐 수도 있지만, 단순한 벽의 흔적이라고 보이는 경우도 있다. 이런 상황에서 우리는 판단을 보류하거나, 또한 이것은 낙서로 읽힐 수 있지만 이런 곳에 낙서를 할 사람은 없을 것이라고 생각하여, 단순한 흔적에 불과하다고 판단하는 경우도 있다. 이때, 이 흔적은 문자도 말도 아니고, 따라서 (언어적) 의미를 갖지 않는다고 간주될 것이다.

또한 예를 들면, 원숭이 등으로 인해서 엉터리로 친 키보드 모니터에 일정하게 판독가능한 말이 나타난 경우도, 우리는 거기서 말하자면 모의의 언어를 보고 소위 언어표현을 보지 않는다. 그런 언어(와 같은 것)는 의미를 갖지 않는다고 우리들은 말할 것이다.

물론 우연히 구성된 모의적인 언어가 우연적인 의미를 일반적으로 구성한다는 것은 있을 수 있다. 원숭이가 우연히 친 dog라는 글쓰기는 개라는 일반적 의미를 갖는다고 말할 수 있기 때문이다. 그러나 우리는 이 경우도, 그것을 우연히 구성된 일반적 의미의 표상이라고 파악할 뿐, 그것이 어떤 의미를 표현한다고는 생각하지 않는다. 이것이 우리가 언어라는 것에 대해 취하고 있는 기본 태도이다.

이러한 모의적 언어 상황을 더욱 더 생각할 수 있다. 컴퓨터에 의해 제어된 로봇이 인간에 대응하여 인사하거나 이야기하거나 하는 장면을 상상해보자. 그 때 우리들은 이러한 말이 로봇의 기획자나 제작자에 의해, 여러 가지 상황에 따라 반응하도록 의도된 일반적인 언어표현이라는 것을 알고 있다. 이 경우, 컴퓨터가 나타내는 언어에 의미가 전혀 없다고는 말하기 어렵다. 하지만 그래도 역시, 우리들은 그것들이 살아있는 주체에서 표현된 언어가 아니라, 단지 일정한 방법으로 대응하도록 설정된 모의 언어에 불과하다는 것을 알고 있다. 때문에 거기서 기계의 반응으로 표현된 의미에 대해서 그 뜻을 확인하거나, 그것에 대해 항변하거나, 또한 자신의 주장을 정당화하거나 하는 것은 의미가 없다는 것을 무의식중에 알아차리고 있다(원숭이가 친 말도 같다). 즉 컴퓨터의 언어에서 우리들이 받아들이는 의미는, 살아있는 언어에서 우리들이 받아들인 표현으로서의 의미와는 본질적으로 다른, 말하자면 의미의 일반적 표상인 것이다.[15)]

도루 니시가키(西垣通)에 따르면, 수학자 알란 튜링은 인간과 옆

---

15) 여기서 의미의 일반적 표상은 어의에 일반적으로 부착해 있을 뿐인 의미로, 구체적인 언어에서처럼 뜻의 신빙을 만들어내지 않는다. 이것에 관해서는 후에 더욱 자세하게 논하겠다.

방에 숨겨진 기계와의 사이에서 대화를 하고, 상대를 기계라고 알 아차리지 않으면, 그 기계는 마음을 갖고, 사고를 한다고 간주해야 한다고 제안했다고 한다.[16] 그러나 이 제안은 자못 기능주의적으로 전도된 발상임에 틀림없다. 우리들이 대화의 상대를 인간적인 사 고를 지닌 주체로 생각할지 어떨지도, 이러한 인위적·형식적 기 준에 의해서는 규칙화될 수 없다. 그것을 결정하는 것도 역시 우 리들의 내적인 확신조건이기 때문이다. 우리들은 이 확신조건을 언어경험에 관한 내성적인 본질 고찰에 의해서만 끄집어낼 수 있 을 뿐이다.

예를 들면, 고도로 프로그램된 컴퓨터가 돌연, 인간적인 반응으 로 "이야기"하기 시작한 것을 목격했을 때, 우리들이 그 기계를 마 음과 사고를 가진 자립적 존재로 간주할 조건은 있을까? 그것은 먼저 첫째로, 컴퓨터의 여러 능력에 관한 우리들의 예비지식에 의 한다고 말할 수 있다. 우리들은 누구나 컴퓨터라는 것이 대단한 고도의 테크놀로지의 결정이라는 것을 알고 있다. 돌연 말하기 시 작한 컴퓨터의 반응이 인류의 테크놀로지에 관한 예비지식을 훨씬 뛰어넘은 복잡하고 고도의 것인 경우에는, 기계가 돌연 어떤 원인 으로 마음을 가졌을지도 모른다고, 또는 그렇게밖에 생각할 수 없 다는 자연스런 확신이 성립할 수 있다. 반대로 컴퓨터의 반응이 상당히 고도의 것이라도, 인류의 테크놀로지의 준비에 있어 전혀 불가능이 아니라는 예비적 인식이 있으면, 우리들은 그것이 돌연 발생한 자립적인 마음 혹은 사고라고는 생각하지 않고, 고도로 프 로그램 된 컴퓨터에 의한 회화의 시뮬레이션에 불과하다고 추측할 것이다. 그러한 것은 이미 확신성립의 조건으로 정해진 것이고, 인

---

16) 도루 니시가키, 《마음의 정보학》, 치쿠마 출판사, 1999년, 45면.

위적 규준의 설정은 무의미하다.

여하튼 현상학적인 내성은 이러한 상황에서 존재자의 존재의미에 관한 구조적 본질이라는 것을 잘 가르쳐 준다. 즉, 어떤 존재자가 언어라는 존재자일지 어떨지는 그 자체로 기정사실이 아니다. 그것은 욕망=관심에 대응하는 존재자의 의미연관 속에서 우리들의 내적 확신(=신빙)으로 성립하는 것이다. 즉, 어떤 흔적이 언어라고 말할 수 있을지 없을지, 혹은 그것이 언어의 일반표상에 지나지 않는 것인지, 또한 단순한 흔적밖에 없는지는, 그 흔적이 무언가 주체의 뜻을 담당하는 존재자인지 아닌지에 관한 수어주체의 확신성립의 조건으로 정해진다. 그리고 이것은 단지 현상학적인 경험의 내성만이 그것을 알려주는 것이다. 즉, 어떤 흔적은 그것이 언어이기 때문에 우리들에게 의미를 환기하는 것이 아니다. 오히려 우리들은 우리들 속에 의미를 환기하는 흔적을 언어로 간주한다고 말하는 것이 좋다. 혹은 어쩌면 그것도 아직 불충분하다. 우리들 안에 어떤 주체의 뜻을 담당하고 있는 확신을 부여하는 의미를 환기하는 흔적, 그러한 존재자를 우리들은 언어라고 불러야 하는 것이다.

또 다른 예를 생각해보자.

시간 속에서 성행위의 그러한 모습은 공간 속에서 호랑이의 그러한 모습과 흡사하다라는 텍스트가 있다. 이 말은 우선, 대부분의 사람에게 있어서 의미가 불분명할 것이다. 그러나 읽는 사람에게 이 글쓰기의 작자가 조르주 바타이유라는 지식이 있고(이 지식이 사실일 필요는 없다), 또한 바타이유라는 사상가의 일반적인 주장에 관한 지식이 있다면, 이 문장이 생의 에로스의 탕진(=에로티시즘은 시간을 탕진하고, 호랑이는 공간적 사물을 먹어버린다.)이라는 의미내실을 갖는다는 것은 쉽게 이해할 수 있게 된다.[17]

또 다른 예를 들어보자. 요구능력의 대상(실질)을 의지의 규정 근거로 전제하는 모든 실천적 원리는 모두 경험적이고, 결코 실천적 법칙을 부여할 수 없다.[18] 이러한 문장에서는 만약 읽는 사람이 이 문장에서 사용되고 있는 모든 말, 개념(욕구, 규정, 근거, 실천, 법칙 등)의 의미를 잘 알고 있다고 해도, 그것은 이 문장의 의미를 완전히 이해하기 위한 충분조건이 아니다. 또한 이 문장은 칸트의 책 속에 써 있기 때문에, 그 전후의 문맥을 참조하면, 즉 텍스트 속의 콘텍스트를 세밀하게 더듬어보면 의미가 분명해지는 것도 아니다.

이 문장의 의미는 아마 다음과 같다. '인간에 있어서 어떤 대상이 쾌·불쾌를 가져올지는 모든 경험이 가르쳐주는 것으로, 이것을 먼저 선험적으로 확인할 수는 없다. 인간의 행동을 재촉하는 쾌·불쾌라는 기준은 사람에 의해서도 아니고, 한 사람의 인간이라도 일정하지 않다. 따라서 쾌·불쾌는 이러한 쾌·불쾌가 생기는 경우에 사람은 반드시 이렇게 행동한다는 인간행동의 확실한 기준을 세울 수는 없다.' 만약 그다지 철학적인 지식을 갖지 않은 독자가 《실천적 이성비판》을 처음부터 읽고 이 부분에 접어들었다고 해도, 그것만으로는 이 문장의 그러한 의미를 판명하는 것은 이해할 수 없을 것이다. 이 경우, 칸트의 사상에 관한 일반적인 예비지식을 갖고 있는 정도에 따라서, 독자는 이 문장의 의미를 이해할 수 있다고 말하는 것이 타당하다.

하지만 더욱 이야기해 보면, 지금 내가 칸트의 텍스트의 의미로

---

17) G. 바타이유, 《저주받은 부분》, 이쿠타 코사쿠 역, 후타미 출판사, 1973년, 15면.

18) 칸트, 《실천적 이성비판》, 하타노 세이이치/미와모토 와키치(시노다 히데오 개 역), 이시가와 문고, 1959년, 36면.

서술한 것도 나의 해석에 불과하고, 다른 의미로 받아들이는 것이 가능하다는 것도 명백할 것이다. 앞서 나타낸 바타이유 문장의 의미는 비교적 간주간적인 객관성을 갖는다고 할 수 있지만, 칸트의 문장에서는 보다 복의적, 복층적 콘텍스트를 내포하고 있고, 그것에 대응하여 일의적인 의미 이해가 한층 곤란하게 되어있다. 이러한 사태는 우리들 누구나가 독서경험 속에서 지극히 일반적으로 경험하는 것이지만, 이것이 시사하고 있는 것은 어떤 사태일까?

그것은 즉 텍스트란, 그 자체기호적인 차이의 시스템으로 자립하고, 그것에서 기호의 그물망으로서 우리들의 다양한 해석을 촉발해 가는 존재자라는 것이 아니라, 오히려 순수한 글쓰기로서도 텍스트는 발어주체의 뜻과 그것을 양해하려고 하는 읽는 사람의 신빙관계를 매개하는 도구적 존재임에 틀림없다는 것이다. 시간 속에서 성행위의 그러한 모습은 공간 속에서 호랑이의 그러한 모습과 흡사하다. 이 텍스트는 "누군가가 무언가를 말하려고 한 것의 결과=흔적"으로서 우리들에게 신빙되는 한에서 언어적 텍스트이며, 그것이 성행위에서 바타이유적 탕진의 개념을 말하려고 했다는 양해의 확신이 성립하는 한, 우리들은 이 텍스트에 의미가 있다고 말할 것이다. 물론, 이 확신은 사람에 따라 다른 것일 수 있다. 즉 각각의 사람은 이 텍스트에서 각자 나름의 다양한 의미 양해를 받아들일 수 있다. 그러나 그 경우에도 사람이 이 의미의 양해를 암흑 속에서 바타이유(라는 이름의 작자)의 어떤 뜻으로, 즉 그 신빙으로 받아들이는 것으로 바뀌지는 않는다. 그리고 그 본질적인 이유는 이 '누구인지 무엇인지의 뜻의 양해'라는 것은 자의적인 해석으로 생기는 것이 아니라 자연스런 확신으로, 말하자면 "저쪽에서부터" 타당해져서 오기 때문이다.

의미의 이해 혹은 양해라는 것이 읽는 사람에 따른 주체의 자유로운 해석이라는 실감에서 나타나는 것이라면, 우리들은 문자 그대로 텍스트라는 기호적 차이의 그물망의 중심을 "장난하고 있다"는 감각밖에 갖지 않고, 우리들에게 양해된 의미가 누군가의 뜻을 담당하는 것으로 해온 감각은 생기지 않는다. 그 경우 우리들은 J. P. 사르트르가 《상상력의 문제》[19]에서 나타낸 것처럼, 마치 천정과 벽의 얼룩모양에서 자유롭게 형상적 이미지를 구성하듯이 언어의 의미를 자유롭게 구성하게 되는 것이며, 텍스트가 지니는 움직이기 어려운 힘에 밀려 잡혀 있다고는 말할 수 없는 것이다. 의미의 양해가 저쪽에서부터 해석의 자의성을 넘는 형태로 나타나는 경우에, 우리들은 텍스트에 움직이고, 그것으로 표현자의 표현적 의지력을 "신빙"하지 않을 수 없다. 독서의 경험이 우리에게 가르쳐주는 것은 실로 그러한 텍스트의 힘이고, 또한 여기에서야말로 텍스트의 본질이 있다. 즉, 데리다의 생각에 반해, 파롤뿐 아니라 글쓰기에서도, 발어주체와 듣는 사람 간의 신빙구조야말로 언어와 언어의 의미라는 존재대상의 본질이라고 말하지 않을 수 없다.

분명 글쓰기에서 눈앞의 주체는 사라지고 없다. 목소리에 있어서 직접적으로 따라다녀 그 곳에 뜻을 포함시키는 자명성은, 글쓰기에서 배후로 후퇴한다. 글쓰기에서 발어주체의 현전성과 구체성은 소멸하고, 그것은 읽는 사람에게 있어서 전혀 알지 못하는 사람으로 있을 수 있을 뿐만 아니라, 공통적인 타인과 익명의 타인, 더욱이 타인이라고도 말할 수 없는 무엇인가가 되는 가능성도 있다. 달력에 쓰인 격언과 벽에 금연이라고 붙인 종이의 발어주체는 누구라고 특정지을 수 없다. 길에 떨어진 휘장에 쓰인 JACK이나 JAPAN이라는 고유명사의 발어주체는 극히 애매하게 확정될 수밖

---

19) 사르트르, 《상상력의 문제》(사르트르 전집 12), 히라이 히로유키 역, 인문서원, 1955년.

146

에 없다. 하지만 어떠한 경우라도 원칙은 하나가 있는데, 어떤 흔적이 언어일까 아닐까, 즉 그것이 단지 일반적 의미표상밖에 갖지 않을까, 아니면 완전한 언어적 표상으로 의미를 갖을까 갖지 않을까는, 단지 발어주체(와 상정된 것)와 수어주체 간의 신빙구조에서만 규정된다. 완전히 자유롭게 그곳에서 의미를 구성할 수 있는 흔적을 우리들은 발어된 언어라고는 보지 않는다. 오히려 우리들 속에 우리들의 자의성을 넘어서 어떤 발화주체의 뜻을 부여한다는 신빙을 만들어내는 흔적을 우리들은 실질적인 의미에서 언어라고 부르고, 언어적 의미를 갖는다고 말한다.

따라서 글쓰기에서 발화주체의 죽음=부재야말로 언어 의미작용의 일반조건이라는 것은 그 자체로 확인할 수 있지만, 의미작용의 본질이 아닌 그 한 속성에 불과하다. 글쓰기에서도 읽는 사람은 반드시 현실적 조건으로서의 언어를 통해서 주체의 뜻을 가상적으로 그린다. 그리고 자신의 의미 양해가 가상된 주체의 뜻과 타당하다는 확신이 성립할 때, 그 의미를 이해했다고 느낀다. 반복하지만, 이 확신의 성립은 자의적인 해석이라는 것이 아니라, 오히려 자의성을 넘어 우리들에게 가져다주는 것이다. 시간 속에서 성행위의 그러한 모습은 공간 속에서 호랑이의 그러한 모습과 흡사하다. 이것을 우리들은 성행위는 호랑이처럼 맹렬하다든지, 부드럽다와 같이 해석하는 것도 가능하다. 그러나 그런 해석을 떠올렸다고 해서 우리들은 금방 그것이 몇 개의 해석가능성 중 하나에 불과하고, 게다가 다른 해석을 배제할 만한 결정적인 권한을 갖고 있지 않다는 것을 직관적으로 이해할 것이다. 하지만 우리들이 바타이유의 사상에 관해서 예비적 식견을 갖고 있는 경우, 이 텍스트는 성의 탕진이라는 작가의 뜻의 표현이라는 자연스럽고 강한 확신을 우리들에게 성립시킨다. 이 의미의 도래의 변하기 어려움,

불가피성이 우리들에 의미양해의 확신을 성립시킨다. 욕망 일반과 같은 확신 또한 대개 도래적인 본성(＝저쪽에서 오는)을 갖는다.

4. 문학 텍스트의 본질

하지만 이러한 생각에도 여전히 텍스트는 작가를 갖는 작품이 아니라, 발화자의 뜻과는 독립한 기호가 만든 의미의 장난으로 독립한 작품이라는 반론이 있을 것이다. 텍스트가 문학작품처럼 표현체일 때, 이 반론은 그 리얼리티를 강하게 한다. 앞서 언급했지만, 원래 블랑쇼, 데리다, 발트 등의 프랑스 텍스트론의 계보는, 작품을 작가의 세계인식의 "정확한" 표현 혹은 작가의 텍스트를 사이에 둔 객관현실의 표현이라고 하는 인식론＝반영론적인 문학관으로의 대항이라는 동기를 강하게 갖고 있었다. 문학 텍스트의 본질은 작가가 무언가 말하려고 하는 것＝뜻의 표현(대행＝표상)이 아니고, 말하고자 함과 그것은 작가라는 주체의 객관적인 현실인식의 "표현"도 아니다. 이것은 이것으로 그 뜻을 잘 이해할 수 있다는 주장이다. 그러나 이러한 텍스트론의 동기의 정당화에도 불구하고, 신빙구조로서의 언어 의미의 본질론은 뒤집히지 않는다.

문학적인 표현에 관해서, 소묘적인 본질고찰을 해보자.

문학적인 언어표현이 갖는 특징은 그 표현이 이야기 비유 우의 등의 방법에 의해 허구화되었다는 전제가 존재하는 것이다. 그것이 말하는 것이든 글 쓰는 것이든, 문학적인 표현에서는 그 전체가 말하자면 사실 그 자체가 아니라는 의미에서의 괄호로 묶여있다고 생각할 수 있다.

148

후설은 《고안 Ⅰ-Ⅱ》의 109절 이후에서, 중립변양이라는 개념을 전개하고 있다. 어떤 명제도 그 명제 전체를 모든 현실적 비판 정립에서 중립화하는 형태로 진술할 수 있다. 혹은 어떤 표현도 그 성격의 전체를 현실 판단에서 갈라놓고, 그 신념정립성을 뽑아낼 수 있다. 즉 그 명제가 나타내는 판단성을 단지 '~인 것처럼'이라는 태도로 중립화할 수 있다. 더 쉬운 예는, 명제를 주체의 뜻과 판단에서 갈라놓고 그러한 말 자체로서 인용하는 것 또한 표현전체를 하나의 가상으로 구성된 이야기로 두는 것이다. 예를 들어 '나는 너와 결혼하고 싶다'라는 표현은 화자의 명확한 의지와 판단을 나타내지만, '나는 너와 결혼하고 싶다'고 어떤 남자가 말했다고 한다는 표현에서는, 이 표현 속에서 '나는 너와 결혼하고 싶다'라는 말의 의지와 판단의 현실성은 이미 공중에 매달려 '~인 것처럼'이라는 성격으로 중립화된다. 이것이 중립변양의 개념이다.[20]

후에 다른 문맥에서 논하겠지만, 모든 표현에서 괄호에 넣는 가능성을 갖는, 혹은 인용가능성을 갖는다는 것은, 언어학적으로 극히 중요한 의미를 갖고 있다. 이 사태는 데리다에 있어서 언어의 다의성이 필연적인 것이라는 하나의 단서이다. 데리다의 텍스트론에 리얼리티가 있다고 하면, 거기서 텍스트라는 말로 생각되는 것이 주로 문학작품, 즉 중립화된 이야기이기 때문이다. 그리고 여기서는 A발어주체 - L언어 - B읽는 사람이라는 관계에서 뜻의 신빙

20) 그 변양은 어떠한 '실행성과를 만들어 내지' 않는다. 그 변양은 의식의 위에 모든 실행성과를 만들어내는 작용과는 정반대의 것, 즉 실행성과를 만들어내는 작용을 중립화하는 것이다. (《고안 Ⅰ-Ⅱ》 109절 177면). 후설은 다음과 같은 작용에는 이미 중립변용이 포함되어 있다고 말한다. 괄호에 넣다, 미결정인 채로 공중에 매달아 방치해 둔다, 단지 떠오른다 등등.

구조라는 구조성이 변양되는 것처럼 보인다.

　문학적 언어표현에서는 표현의 전체가 이야기화되고 중립화된다. 이렇게 중립화된 표현에서 언어표현은 뜻의 적접적인 전달이라는 일의적인 연관으로는 나타나지 않게 된다. 언어표현 전체의 존재의미가 마치 '〜인 것처럼'으로 변양되었기 때문이다. 일상의 회화에서 어떤 이야기가 전해지는 경우에 이 이야기 부분은 말하자면 인용부가 붙은 것으로 양해된다. 인용부가 붙은 이야기의 부분과 그렇지 않은 부분과를 구분할 수 없으면, 언어의 정상적인 양해는 성립하지 않는다. 그러나 화자가 전문적인 소리꾼으로서 이야기를 할 때, 이 이야기는 독자적인 성격을 띤다. 거기서 이야기는 말하는 사람이 자신의 뜻을 직접 전달함으로 해서 나타내지 않고, 또한 어떤 사건을 전문으로 해서 인용하면서 전달하는 것도 아니다. 그것은 이른바 이야기를 말하는 것이라는 독자적인 수준을 형성한다.

　이야기와 문학표현의 본격적인 본질론에 관해서는 그 자체로 독립한 저작을 필요로 할 것이다. 그러나 여기서는 필요한 최소의 것을 말해두겠다. 읽는 사람이 표현으로 이야기에서 받아들이는 것은 아무리 가상으로 구성되어 변용된 형태라도, 그 이야기가 포함한 무언가의 "인간관"과 "세계의 의미"이다(이것은 이야기의 초원형태인 종교적 신화를 보면 여실히 드러난다). 이야기는 사실 그 자체를 전하는 것이 아니다. 이야기는 세계를 가상으로 구성하고, 허구화한 형태를 보인다. 이 가상의 구성, 날조, 허구 그 밖의 것이 이야기의 본질이지만, 그 가상된 구성이 아무리 교묘하다고 해도 그것이 "표현"할 수 있는 것은 인간과 세계의 의미뿐이며, 또한 그것에 대한 말하는 사람(개인적・집합적)의 태도(심미적・윤리적 혹은 이론적 태도)이다. 그러나 이야기는 이것을 명시적, 직

150

접적으로 표현하지 않는다. 어떤 종류의 가상 구성, 날조, 허구라는 독자적인 궁리를 통해 그것을 "표현"한다. 그리고 이 표현은 넌지시 알림, 감응, 감각적 제시, 암시, 시사, 상징 등의 형식으로 행해지는 것이어서, 모든 뜻의 전달이라는 형식을 갖지 않는다.

이런 문학 텍스트에서, 독자의 신빙구조는 이중화된다. 첫째로 그것은, 누군가(어떤 개인, 공통적 주체, 또한 익명적 전승이라는 경우도 있다)에 의해 이야기로 전해진 표현체라는 신빙이 있다. 두 번째는, 첫 번째 신빙에 둘러싸인 형태로, 이야기 자체가 작품으로서 갖는 힘을 통해 표현되고 있는 것(인간과 세계의 의미)에 관한 신빙이다. 때문에 문학 텍스트에서 언뜻, 발화자의 뜻은 그 중심적 의미로서는 사라지고, 마치 여러 가지 해석가능성을 가진 이야기가 존재하고 있다는 것 자체가 그 본질일까 하는 가상을 나타낸다.

즉 데리다는 이러한 작품의 텍스트에서 언어의 모습을 전형적인 범례로서 언어작용의 본질을 끄집어내고 있다고 말할지도 모른다. 그러나 이 사고에서는 첫째, 작품으로서 텍스트의 본질은 다양한 해석가능성의 대상이라는 것이 되지만, 이것은 작품론의 본질을 잘못 파악한 것이다. 앞서 서술했듯이, 우리들은 작품에서 인간과 세계의 의미에 관한 표현자의 가상으로 구성된 윤리적, 심미적 태도를 받아들인다는 신빙을 형성하는 것이기 때문에, 세계와 인간에 관한 어떤 의미를 그곳에서 자의적으로 해석하지 않는다. 모든 작품해석이란 우리들이 작품에서 받아들이는 신빙이 개인적인 다양성을 갖는다는 사실을 의미하기 때문에, 작품해석의 절대적인 다수성이라는 것, 즉 우리들이 작품을 자유롭게 자의적으로 이러저러한 형태로 해석하는 것을 의미하지는 않는다. 해석의 절대적 다수성이라는 생각에 의하면, 우리들은 어떤 작품을 대단한 것으로도 지루한 것으로도 읽을 수 있게 되고, 거기에서 임의의 세계관과 인간관을 끄집어 낼 수 있게 된다. 하지만 이런 표현론은 배리다.

또한 이 생각은 작품으로서의 텍스트에서는 일종의 설득력을 갖는 것처럼 보이지만, 이것을 파롤에 적용하면, 그 모순은 숨기기 어렵다. 상대방의 말에서 해석의 절대적 다수성이 있다면, 우리들이 언어 콘텍스트에서 상대방의 뜻에 관한 신빙을 성립시키고, 그것에서 의미를 양해했다는 감각을 갖는 것 자체가 불가능할 것이다. 즉 우리들은 상대방의 어떤 표현에 관해서도 상대방을 이해했다는 자연스런 감각을 가질 수 있지 않다.

이렇게 문학작품이 시사하는 텍스트의 독립성이라는 개념도, 현상학적인 본질고찰을 시도해보면, 앞에서 본 신빙관계로서 언어의 본질구조를 변화시키는 것이 아니라는 게 명백해진다. 텍스트를 일반적인 의미를 갖는 기호의 집합으로 이해하는 한, 우리들은 어느 정도 순수한 텍스트에서도 대등한 권리를 가진 다수의 해석가능성을 보이는 것이 가능할 뿐이고, 결코 하나의 의미를 받아들여 이해했다고 "확신"할 수 없다. 후에 자세히 살펴보겠지만, 텍스트에서 발어주체를 "말소"하면, 언어의 의미는 금세 결정불가능성과 패러독스의 문제에 둘러싸이게 되는데, 그 이유도 실로 여기에 있다.

이렇게 우리들의 관점에서는 파롤과 글쓰기의 본질적 차이를 다음과 같이 정리할 수 있다.

글쓰기에서는 발어주체를 현실존재로서 확정할 수 없다. 따라서 발어주체는 눈앞에 존재하는 이 사람이 아니라, 가상의 주체가 된다. 즉 데리다가 작자의 죽음이라는 개념에서 말하려고 한 것의 본질은 글쓰기에서 언어표현의 기호적 의미로서의 자립성이 아니고, 우선은 발어주체의 존재성격의 확정불가능성이라는 것임에 틀림없다. 더욱이 작품으로서 텍스트가 초월론적 의미의 부재라는 본질을 갖는다는 것도, 특별히 글쓰기의 특성이라고는 말할 수 없다. 이것이 파롤로서의 언어에서도 원래 이야기 자체가 뜻을 직시적으로 전달하는 본성을 갖고 있지 않고, 따라서 그 의미는 일의적이 아닌 다양한 해석가능성을 포함하고 있다. 그러나 이 해석의 비일의성은, 보았듯이 개인의 자의적이고 다양한 해석가능성이라는 것을 의미하지 않는다. 그것은 어디까지나 작품의 힘으로 부여받는 것이고, 그 자체 하나의 신빙구조로서 존재한다. 이야기에서 해석의 비일의성 당의성은 보고, 서술, 명령, 원망, 의문 호소라는 일상적인 언어의 대인관계적 성격과는 다른 이야기의 특성을 표현하는 것이라서, 결코 텍스트와 글쓰기의 고유의 특성이 아니다.

글쓰기는 발어주체의 뜻의 바로 "흔적"이다. 그리고 여기서도 데리다가 말하는 주체의 죽음이란 언어 기호로서의 자립이라기보다, 의미양해에서 재확인 방도의 부재라는 것을 의미한다. 다시 말하면, 글쓰기에서는 확신성립의 조건이 B 읽는 사람과 L 언어라는 관계의 내부만으로 닫혀져 완결되고 있다. 이것에 대해서 대화에 의한 파롤의 경우에서 의미(혹은 뜻)의 양해는 직접 상대에게 확인할 수 있고, 그것을 몇 번이고 반복할 수 있으며, 또한 이 과정에서 양해의 확신은 강조되거나 변경되거나 하는 가능성을 갖고 있다.

데리다의 생각과 다른 파롤과 글쓰기의 본질적인 차이는, 글쓰기에서는 발화주체의 현실존재가 항상 가상적인 것으로 유보되고, 단지 상정될 뿐이라고 하는 것, 그 때문에 의미양해의 확신성립조건의 확인이 받는 사람의 주체내부에 갇혀 완결되고 있다는 점이다. 그리고 중요한 것은, 그렇다고 한다면 파롤에 대한 글쓰기의 우위를 증명하는 것에 의해 음성중심주의를 극복할 수는 없다는 것이다. 이것에 의해 언어의 본질구조의 이해는 조금도 쇄신되지 않고, 따라서 현대철학에서 언어의 수수께끼도 해명할 수 없다. 즉, 이 방법에서 언어의 형이상학은 전도될 수 없다고 말할 수 있다.

제5장 일반언어표상

I. 일반언어표상과 언어의 다의성

우리들은 데리가다 글쓰기에서 절단한 주체의 뜻과 읽는 사람의 관계를 언어행위에서 본질적인 "신빙구조"로서 다시 한번 세워보았다. 즉 파롤이든 글쓰기이든, 언어의 본질관계가 발어주체의 뜻과 수어주체 사이의 신빙구조로서 존재하는 것을 확인해 왔다. 하지만 이런 견해는 언어의 수수께끼를 해명할 수 있을까?

다시 한번 확인하면, 언어의 수수께끼는 두 가지의 현상으로 환원할 수 있다. 하나는 언어 의미의 다의성이라는 것, 또 하나는 언어규칙의 규정불가능성이다. 한편, 《존재론적, 우편적》[1]에서 독자적인 데리다 이해를 나타낸 아즈마 히로키는 현대 언어철학의 여러 문제에 관해서 적확한 정리를 행하여, 데리다 언어이론의 전체상에 관해 극히 명석한 해설도 하고 있다. 그가 말하는 부분을 더듬어보자.

---

1) 아즈마 히로키, 《존재론적, 우편적—자크 데리다에 관하여》, 신쇼 출판사, 1998년.

데리다의 탈구축이라는 개념을 어떻게 이해하면 좋을까? 먼저 그것은 언어의 논리적 정합성, 객관성, 전달가능성, 엄밀성 등 개념 의 "불가능성"을 폭로하는 하나의 전략이라고 아즈마는 말한다. 예를 들어 데리다는, 제임스 조이스의 he war이라는 텍스트를 예로 들어, 이 글쓰기의 번역가능성이 갖는 패러독스를 나타낸다. he war이 만약 파롤(소리)이라면, 영어로 번역할지 독일어로 번역할지 결정이 가능하고 의미도 자명하지만, 글쓰기 자체에서 그 의미는 결정불가능에 머문다. 이러한 말에서 단순한 다의성을 넘은 의미의 환원 불가능한 다의성을 데리다는 후에 산종이라고 명명했지만, 여기서 패러독스는 파롤은 발어주체의 동일성을 유지하지만, 글쓰기에서는 그것을 바로 잘라서 이중화시켜 버린다라는 주체의 죽음의 문제로 나타난다. 또한 데리다는 오스틴의 언어행위론을 비판한다. 오스틴은 언어를 콘스테이티브(constative : 사실 확인적) 와 퍼포머티브(performative : 행위 수행적)로 구분하는 것으로 의미의 다의성 문제를 정리하려고 하지만, 데리다에 따르면, 이 두 가지를 엄밀하게 구분하는 것은 불가능이다.

오스틴은 콘스테이티브와 퍼포머티브의 구별을 언어의 형태적 특징에 의해 구별할 수 있다고 생각하지만, 실로 모든 언어는 인용가능성을 갖는다. 이것에 관해서는 앞서 후설의 중립변양의 개념과 관계하는 형태로 서술했는데, 예를 들어 '나는 누구와 결혼합니다'라는 언명은 보통 퍼포머티브한 언명이지만, 무대 위에서 일컬어지거나, "나는 아무개와…"라고 그는 말했다라는 인용으로 사용되면, 퍼포머티브는 효과를 잃는다. 그리고 모든 언명이 이러한 인용적 사용일지 어떨지는 콘텍스트에 의존하고, 언명의 형식성 자체에서 이것을 결정할 수는 없다. 예를 들면, '이 소는 위험하다'라는 벽보가 있다고 치고, 이 언명은 이 소가 위험하다는 사실을 서술함과 함께, 위험하기 때문에 접근하지 말라는 퍼포머티브한 의미도 갖는다. 이것을 언어의 형식만으로는 엄밀하게 구분할 수 없다. 폴 드 만의 예, What's the difference?에서도 이 언명의 의미가 무언가의 차이를 알고싶다(＝퍼포머티브)일지, 차이는 아무것도 없다(＝콘스테이티브)인지를 결정할 수는 없는 일이다.

데리다는 이러한 예를 통해, 언어의 다의성과 애매성은 언어학적인 분류와 구별, 정리에 의해 극복하는 것이 불가능함을 나타낸다. 이런 결정불가능성과 의미의 다수성이야말로 오히려 언어에 있어서 본질적인 것을 명백히 하는 것, 또한 그것을 통해서 유럽철학의 음성중심주의와 그것에 의해 뒷받침된 유럽형이상학의 근본 전제를 폭로, 해체하는 것, 여기에 전략의 기본 동기가 있다. 그렇게 아즈마는 말한다.

아즈마의 정리는 간단명료하여 요점이 분명하기 때문에, 데리다가 언어의 결정불가능의 개념이 어떻게 형이상학 비판에서 기능하고 있는지 잘 이해할 수 있다. 《목소리와 현상》에서 데리다적인 글쓰기의 본질은 작자의 죽음으로 불렸지만, 이것과 연결되는 여러 텍스트에서 그것은 인용가능성 산종이라는 개념으로 파악된다. 여기서 그는 언어를 분류하고 정리하는 것에서 의미의 정합성과 논리성을 확보하려고 하는 모든 시도에 반항하고, 이 정리와 구분의 "불가능성"을 논증한다. 이렇게 데리다가 영위하는 것은, 언어론으로서는 비트겐슈타인의 그것과 닮았지만, 전적으로 같은 것을 반복하고 있지는 않다. 비트겐슈타인이 논구하는 것은 언어의 수수께끼의 가장 바닥에 룰의 규정불가능성이 나타난다는 점에 도착한다. 말하자면 데리다는 이 통찰을 토대로 글쓰기의 본질론을 전개하고, 이것을 탈구축이라는 사상전략으로 전개하는 것이다.

언어의 다의성과 결정불가능성을 추적하는 것에 의해 형이상학을 해체하려고 하는 시도가 데리다 초기 연구의 기본 전략이었다.
그러나 아즈마 히로키는 여기서 다음과 같은 중요한 주장을 한다.
즉, 여기서의 탈구축적 논리는 필연적으로 모든 것을 단지 해체하
는 것에 시종하는 부정신학 요소[2]를 내포하고 있는 것이다. 부정
신학이란 긍정적=실증적인 언어표현에서는 결코 파악할 수 없는,
뒤집으면 부정적인 표현을 사이에 두고서만 파악할 수 있는 어떤
존재가 있고, 적어도 그 존재를 상정하는 것이 세계인식에 불가결
하다고 하는 신비적 사고 일반[3]을 의미하지만, 실로 탈구축의 사
상은 모든 것을 상대화하는 부정의 힘에 의해 성립하며, 그 때문
에 자기 자신의 사상원리를 전개해가기보다 비판을 위한 비판사상
이라는 성격을 띠게 된다. 그러나 데리다는 이윽고 이것을 자각하
여, 어떤 시점에서부터 탈구축적 논리의 그런 성격을 극복하려는
텍스트를 생산하기 시작했다. 그렇게 아즈마는 주장한다.

다의성과 결정불가능성의 논의에 의한 형이상학 해체라는 동기
속에 부정신학적 성격이 내포되어 있다고 하는 아즈마의 지적은
주목할 만한 것이지만, 이러한 데리다의 옹호가 타당할지 어떨지
에 대해서는 후에 다시 검토하고 싶다.

여하튼 우리들은 여기서 나타났듯이 데리다적인 언어론의 결정
불가능성의 문제를 현상학적인 언어의 본질고찰에 의해 다시 한번
음미해 보자.

---

2) '부정신학' 자체는, 모든 기정을 넘어 말에 의해 파악할 수 없고, 단지 부정적
   표현을 통해서만 파악할 수 있다는 신비신학의 전통적 입장을 말한다. 아즈마
   는, 탈구축의 방법을 비판논리로서 사용하는 소위 "데리다파"의 사상가들은
   이 입장에 근접하다고 지적한다. 아즈마가 제창한 현대사상에서 '부정신학' 성
   이라는 생각에 관해서는 제7장에서 상세히 논하겠다.
3) 아즈마 하로키, 《존재론적, 우편적》, 94~95면.

첫째, 언어의 수수께끼는 예를 들어, 이 소는 위험하다라는 벽보와, What's the difference? 에 상징되는 것처럼, 언어의 다의성(＝의미의 결정불가능성)에 관한 것이었다. 먼저, 가장 간단한 예를 들어보자.

하늘에는 별이 있다.

이 표현의 의미는 언뜻 보면 자명하여 어떠한 문제도 존재하지 않는 것처럼 보인다. 그러나 이 단순한 명제 속에서 이미 다의성이, 즉 많은 의미양해의 가능성이 숨어있는 것을 알 수 있다. 예를 들어보자.

(1) 일반적 사실—산에는 나무가 있다. 바다에는 섬이 있다. 이처럼, 하늘에는 별이 있다.

(2) 일반적 사실의 강조—하늘에는 별이 있다. 바다에는 섬이 있고, 산에는 나무가 있는 것처럼.

(3) 상징—하늘에는 아무것도 없는 것이 아니다. 별이 있다.

(4) 주의의 환기—요지를 하늘로 향해보자. 하늘에는 별이 있다. 이것에 관해서 생각해 보자.

(5) 언외의 메시지—기운이 없으면 하늘을 올려다보자. 언제라도 그곳에 별이 반짝이고 있다.

(6) 그 외

What's the difference? 와 같은 예는 언어의 다의성을 강조하기 위한 상징적인 사례에 불과하기 때문에, 실로 어떤 단순한 표현과 명제도 엄밀하게 말하면 의미의 일의적 확정이라는 것을 가질 수 없다. 이 것은 사전을 보면 일목요연하며, 어떠한 말도 반드시 복수의 어의를 갖고 있다. 이미 보았듯이 '2×2＝4와 같은 형식도 인생은 2×2＝4(두 명이 넷)로는 결론지을 수 없다'라는 표현에서 사용될 수 있고, 일과 같은 정수조차 일은 세계의 근본원리라고 하는 경우에 사용될 수 있다. 즉, 가장 단순한 말조차 다의성을 가질 수 있다. 그런데 이것의 의미는 무엇일까?

데리다는 이러한 언어의 본질적인 다의성을 산종이라고 부르지만, 이것에 관해 아즈마 히로키는 다음과 같이 언급하고 있다. 산종은 어디에서 왔을까? 그것은 말 자체에 이미 다의성을 숨기고 있는 것이 아니다. 산종의 효과는 하나의 똑같은 글쓰기가 복수의 다른 콘텍스트 사이를 이동하는 것에 의해, 항상 사후적으로 보이기 시작한다.…글쓰기의 단수성이야말로, 기호에 머무르는 산종적인 복수성에 대해 논리적으로 선행하고 있기 때문이다.[4]

여기서 일컬어지고 있는 것은 즉, 말 자체에 다의성이 포함되어 있다는 것이 아니라, 말에 관한 다용한 해석의 가능성을 콘텍스트에서 사후적으로 가져온다는 것이다. 단지 아즈마의 문맥에서 데리다의 이 콘텍스트의 다양성 즉 해석의 다양성은 형이상학에서 역사의 날조와 공동체의 생성의 원리에 관련되고, 그렇기 때문에 글쓰기 다의성의 엄밀함을 폭로하는 것이 중요하다는 뉘앙스를 품고 있다. 하지만 나의 생각을 말하면, 파롤 중심주의 글쓰기의 수수께끼도 유럽 형이상학과 공동체 생성의 엄밀함이라는 것과는 본질적으로 관계없다. 이것은 지극히 풍자적인 이야기에 불과하다. 공동체의 엄밀함은 룰 형성의 원리이고, 글쓰기의 엄밀함을 파헤치면 공동체의 원리가 조금이라도 상대화된다고 생각하는 것은 현실의 모순의식을 순화된 논리적인 세계표상의 내부에서 수정하려고 하는 관념적 낭만주의에 불과하다.

그러나 이것을 달리 하면, 데리다가 여기서 나타내고 있는 생각,

---

4) 아즈마 하로키, 《존재론적, 우편적》, 23~24면.

언어의 다의성은 글쓰기(＝말, 문장) 자체에 "숨어있는" 것이 아니라 콘텍스트에서 사후적으로 생긴다는 말은 이치가 있고, 거기에는 간과할 수 없는 의미가 숨어있다. 이제 이 문제를 현상학적으로 고찰해보자.

'하늘은 파랗다'라는 문장은 분명 그 자체를 보면 다의적인 의미를 갖고, 유일한 의미로 한정될 수 없음을 금세 알 수 있다. 그러나 현실에 발화된 말은 사정이 달라진다. 현실적인 상황 속에서 우리들이 말을 듣는다고 할 때, 그 다의성에서 헤매는 경우는 거의 없다. 친구와 야외를 산책하고 있는데 그가 감회를 담아 '하늘은 파랗다'라고 말하는 경우, 이과 교사가 교실에서 하늘은 파랗다. 왜일까? 라고 말하는 경우, 아는 사람이 여행지인 그리스에서 그림 엽서에 매일이 쾌적하다. 오늘도 하늘은 파랗다라고 써서 보낸 경우, 이 표현의 의미가 "결정불가능"이라는 것은 있을 수 없다. 왜일까? 언어 콘텍스트가 그것을 가르쳐주기 때문이라는 대답이 금방 떠오른다.

그러나 이 대답이 틀렸다고는 말할 수 없다고 해도 아직 충분하지는 않다. 여러 번 확인했듯이 보다 적절하게는, 언어 콘텍스트가 수어주체 속에 발화주체의 뜻을 양해했다는 자연스런 "확신"을 만들어 낼 때, 말은 다의성을 띠지 않고 일의적인 것으로서, 즉 명료한 의미를 갖는 것으로 나타나는 것이다. 이것을 어떠한 조건에서 다의성이라는 것이 문제가 될까 하는 물음으로 바꿔도 답의 본질은 같다. 친구와 이야기를 하면서 길을 걷고 있을 때, 그가 갑자기 맥락이 없는 '하늘은 파랗다'라고 말했다고 하자. 이때 우리들은 이 말이 무슨 의미인지 이해할 수 없다고 느끼며, 그것을 알기 위해 다음 말을 기다릴 것이다. 그가 그래도 내 마음은 어둡다고 말하면, 곧 자연스럽게 양해감이 생긴다. 이때 다의성이라는 것은 문제가 되지 않는다. 그러나 그가 침묵을 지키고 있다면, 우리들은 그것이 서술인지, 영탄인지, 감회인지, 반어인지를 억측하려고 한다. 이런 경우에 말의 다의성이나 해석의 다수성이 의식된다.

What's the difference? 라는 말은 앞의 문맥에서 그 자체가 양의적인 의미를 갖고 있다고 보았다. 그러나 이 말 또한, 일상생활에서 사용될 때 의미가 결정불가능인 경우는 거의 없다. 하지만 이것이 글쓰기로 제시된다면, 앞서 보았던 두 가지의 해석가능성이 떠오른다. 이 사태의 본질은 무엇일까?

What's the difference? 라는 말이 일상회화에서 구체적으로 사용되는 경우에는 발화자→듣는 사람이라는 과정 속에 존재한다. 여기서는 의미의 다의성이 나타나지 않는다. 그 이유는 상황 콘텍스트가 화자의 뜻에 관한 확신성립을 지탱하기 때문이다. 그러나 이 말을 그 과정에서 떨어뜨려 단순한 글쓰기로서의 명제로 두면, 그것은 발화주체가 빠진 언어, 말하자면 언어의 흔적이 된다. 여기서 읽는 사람은 발화자를 상정하지 못하고, 그 뜻으로 더듬어가려는 일상적인 양해행위를 봉쇄당해, 허공에 뜬 명제로 이 말을 이해할 것을 강요받는다. 이때, 의미의 다의성, 해석의 양의성이 출현하는 것이다.

이러한 발화주체를 뽑아낸, 말하자면 "흔적"으로서의 말을, 나는 일반언어표상이라고 부르도록 하겠다.

우선 말하자면, 어떤 말과 명제에 다의성이 생기는 본질은 콘텍스트에서 다양한 해석가능성이 사후적으로 가능하게 되기 때문이라는 말로는 충분하지 않다. 그것은 사태의 현상면에 불과하다. 데리다와 비트겐슈타인을 포함, 현대 언어이론가들이 보기 시작하는 언어다의성의 불가피성은, 본질적으로 신빙구조로서 존재하는 언어를 그 살아있는 관계구조에서 떨어뜨려 단순한 언어흔적으로서 취급하는 것에 유래한다.

　그들이 이때 분석하며 취급하고 있는 것은 정당한 의미의 언어가 아니라, 언어의 흔적에 불과한 것, 혹은 일반적 표상밖에 없는 것, 즉 일반언어표상에 불과한 것이다.

　현상학을 통한 언어이론의 첫 번째 요소는, 언어 의미의 양해는 본질적으로 발화주체의 뜻에 관한 양해확신 성립(의 정도)에 의존한다는 점에 있다. 이 정의는 또한 다음과 같은 것을 가르친다. 즉 언어의 다의성과 해석가능성의 다수성의 본질은 언어에 매개된 발어주체의 뜻에 관한 양해확신 형성의 애매성, 불확정성, 일의적 비결정성에 있다는 것이다.

　보통 우리들은 어떠한 말도 반드시 다의성을 갖고 있기 때문에, 어떠한 문장과 언명에도 해석의 다수성을 갖는다고 생각하고 싶어진다. 그러나 실로 이런 생각에는 원인과 결과의 전도가 있다. 말이 다의적인 의미를 갖기 때문에 문장의 다의성이 생기는 것이 아니다. 오히려 우리들의 언어행위에 부단히 따라다니는 확신의 다수성이 각각의 말에서 다의적인 의미를 만들어내는 것이다. 그렇다고 해도 말의 의미의 다의성이 언어의 다의성과 전혀 관계가 없는 것은 아니다. 분명 어떠한 말도 다의성을 갖고 있다. 예를 들어 해머란, 도구로서 정을 치는 철제의 퇴이고, 경기용의 구이며, 강한 일격과 힘을 수반하여 단행하고, 한번에 녹아웃시키는 주먹이다. 그러나 이 다의성은 해머라는 말에 원래 내재하고 있던 것은 아니다. 오히려 말의 다의성 자체가 우리들이 이 말을 다양한 언어행위에서 사용했다는 "흔적"인 것이다. 즉, 말이 일반적인 의미의 다의성을 갖는 것 자체가 우리들의 끊임없는 언어행위의, 다시 말하면 언어를 매개로 해서 수어주체와 발화자 간에 다양한 양해확신이 맺어지는 행위의 흔적이다. 그리고 여기서 파롤이 렁그(＝일반언어규범)를 만들어낸다는 소쉬르의 지적의 내실이 있다고 할 수 있다.

이 소는 위험하다 What's the difference? 둥근 삼각 혹은 '모든 크레타인은 거짓말쟁이다' 라는 명제에서, 현대철학자들이 보기 시작한 다의성의 패러독스의 본질은 단 하나이다. 그들은 이들의 명제를 언어로 분석하고, 그것에서 불가피한 의미의 다의성을 보기 시작한다. 그러나 이들의 명제또한 우리들이 실제로 경험하는 언어라기보다 언어에서 발어자-언어-수어주체라는 본질적인 신빙구조를 뺀 언어의 그림자에 불과한 것, 일반언어표상임에 틀림없다.

예를 들면, 사전에 등장하는 말은 이 의미에서 일반언어표상이고, 이 말에 주어진 의미의 정의를 일반의미표상(이후 일반적 의미라고 부름)이라고 부를 수 있다. 예를 들어 해머의 일반적 의미는 (1)철제의 퇴, (2)육상경기에서 사용하는 금속의 구, (3)피아노 등 현의 발음체를 때리는 작은 퇴, 등으로 정의된다. 그리고 사전에 실린 것으로서의 말은 그 자체로 발화자가 존재하지 않기 때문에, 우리들은 말의 의미양해를 그 뜻으로 향할 수 없다. 거기서 우리들은 단지 해머라는 말의 일반적, 평균적 의미만을 받아들였다. 그것은 본질적인 언어행위에서 생기는 양해확신으로서의 의미가 아니라, 실로 어의의 일반적 표상으로서의 일반적 의미임에 틀림없다.

다만 이때, 사전이라는 책 자체를 사전편집자라는 발어주체를 갖는 텍스트라고 생각할 수도 있을 것이다. 이 경우 우리들은 사전 속에 해머의 여러 정의를 사전편집자에 의한 이 말의 일반적 의미의 해설로 읽고, 그러한 것으로 해설문의 의미를 이해하고 있다고도 할 수 있다. 이 경우 여기서 나타난 말은 사전편집자에 의해 실로 많은 일반적 어의(=일반적 의미)를 갖는 것으로 나타난

다는 양해가 우리에게 성립하는 것이다. 우리들은 이후, 일반언어
표상과 구별되는 일상적인 언어를 편의적으로 현실언어라고 부르
는 것으로 한다.

그럼, 일반언어표상의 개념을 이러한 것으로 파악한다면, 글쓰기
에서는 작자의 죽음이라는 것이 본질적이라는 생각의 전도가 한층
명확해질 것이다. 이것은 사태의 가상에 불과하다. 왜냐하면 만약
작자의 죽음이라는 것이 글쓰기의 본질이라면, 글쓰기는 일반언어
표상이 되기 때문이다. 실제로 데리다의 "차이의 장난"으로서의
텍스트라는 관념에는 그러한 성격이 늘 붙어있다. 그러나 텍스트
는 결코 일반언어표상이 아니라 현실언어이다. 즉, 작품으로서의
텍스트가 갖는 다수의 해석가능성은, 언어가 일반언어표상으로서
나타나는 것에서 생기는 의미의 다수성과 결정불가능성과는 전혀
다른 본질을 갖는다.

현상학적인 본질고찰을 해보면, 어떤 글쓰기라도 보통 언어로서
나타난 경우에는 반드시 무엇인가 발어자를 상정시키는 것을 알
수 있다. 편지와 작문은 말할 것도 없이, 벽보에도 전단지에도, 텔
레비전에 등장하는 텔롭과 표어에도 그렇고, 모든 글쓰기는 일상
그것들이 언어로서 나타나는 상황에서는 암암리에 수어주체에 발
화자를 상정시키는 것에 결코 예외는 없다.

이것에 대해 일반언어표상으로서의 언어는 어떠한 콘텍스트에
서도 분리시킨 명제 혹은 문장 그 자체로 존재한다. 거기서는 발
화주체가 말소된다. 때문에 이 언어표현의 의미는 언어가 랭그로
서 지니는 일반규범에 의해서만 상정되는 것으로 나타난다. 그렇
다고 하면, 언어학자들이 이 소는 위험하다라는 명제를 언어의 한
예로 들었을 때, 이 명제는 일본어의 일반규범(랭그)으로서 상정

되는 한에서 '이 소는 위험하다'라는 말의 문자 그대로의 의미밖에 갖지 않는다. 여기서 이 명제는 "무엇을 의미하고 있는 것인가"라는 물음은, 발화자의 뜻을 겨냥하여 묻는 것이 아니다. 그것은 존재하지 않기 때문이다. 즉, 이러한 방법으로 제시된 명제는 단지 특정의 뜻을 갖지 않는 이 명제의 일반적=평균적인 의미를 표상할 뿐이다. 이것은 What's the difference?라는 명제 등에서도 똑같은 것이다.

어떤 말이 문자그대로의 의미밖에 갖지 않는다는 것은, 거기서 하나의 일반적 의미가 나타난다는 것이 아니다. 오히려 거기서 생긴 것은, 현실언어에서는 존재하는 뜻으로의 양해기투라는 목표가 없어진 것에 의해, 각각 말의 어의의 다수성이 똑같은 해석가능성으로 해방된다는 것이다. 실로 그런 이유에서 '이 소는 위험하다'와 What's the difference?에 한정되지 않고, 일반언어표상이 된 언어에서는 언어 의미의 다수성과 결정불가능성이 필연적인 것이 된다. '하늘은 파랗다'라는 간단한 말도, 현실언어로서는 그때마다 콘텍스트 속에서 반드시 일정한 의미가 성립하지만, 일반언어표상으로서는 일반적 의미의 다수성이 해방되고, 곧 그 의미는 다의적인 것이 된다. 여기서 언어의 의미는 어디까지나 의미의 일반적 표상이며, 수어주체가 상대방의 뜻을 알아차림으로써 파악한 본질적인 언어의 의미와는 전혀 다른 것이라고 말할 수 있다.

요컨대 언어학자와 기호론자는 언어의 논리적 분석을 위해 현실언어에서 본질적인 관계구조를 빼고, 이것을 하나의 "실체"인 것처럼 관찰한다. 이때 그들은 현실언어에서는 없는 언어의 "흔적" 혹은 그 영상에 불과한 것, 즉 일반언어표상을 취급하는 것이다. 그러면 언어의 의미는 그때마다 이해되기보다는 각각의 말의 일반적 의미가 해방되어 다의성과 결정불가능성이라는 수수께끼와 같은 성격을 드러내게 된다.

앞서, 모든 말은 인용가능성을 갖고, 동시에 그것은 콘텍스트 자체에 명시될 수 없기 때문에, 오스틴의 콘스테이티브/퍼포머티브라는 구분을 통한 다의성의 규제는 불가능하다는 데리다의 오스틴 비판을 보았지만, 이러한 비판도 이미 본질적이지 않음을 알 수 있다. 우리들의 관점에서 모든 말을 인용부를 붙여 사용할 수 있다는 것은, 보다 본질적으로 모든 말은 중립변용시킬 수 있다는 것이며, 이 경우 인용부등에 의해 중립화된 말은 발화주체의 뜻이 숨겨져서, 일종의 일반언어표상적 성격을 띠는 것임에 틀림없다.

그러나 물론, 인용부에 의해 중립화된 언어의 모든 것이 일반언어표상이 되는 것은 아니다. 예를 들어 어떤 남자가 "나는 메리와 결혼한다"고 말했다라는 언명에서, 이 언명 전체가 이야기 혹은 가정의 말이라는 판단이 생기면, "나는 메리와 결혼한다"라는 말에서 발어자의 뜻과 퍼포머티브한 의미와 또한 진위성등은 허공에 매달린다(중립 변양된다). 그러나 콘텍스트에 의해 여기서의 어떤 남자가 듣는 사람이 알고 있는 사람이라고 판단할 수 있으면(확신이 생기면), 이 말은 간접적으로 그 뜻을 겨냥하여 듣는 사람으로 하여금 알아차리게 된다. 이 경우는 인용된 말이라 해도, 결정불가능성은 생기지 않는다. 따라서 인용된 언어의 모든 것이 의미상 결정불가능해지는 것은 아니고, 또한 모든 말은 인용가능하기 때문에 결정불가능성을 회피할 수 없다는 말도 타당하지 않다. 어떤 언어도 언어 콘텍스트의 지탱이 없으면 발어자의 뜻으로 더듬어 가지 못하게(확신성립의 조건을 잃어) 결정불가능이 나타난다. 또한 어떤 이유에서 발어자의 뜻이라는 계기가 빠진 경우, 언어는 일반언어표상이 되는 것이다.

What's the difference? 라는 말은 '차이는 무엇일까' 라는 의미와

'어떠한 차이도 없다'라는 이중의 의미를 가지며, 그것은 결정불가능이라고 일컬어 왔다. 그러나 이미 명백해졌듯이 여기서도 이런 결정불가능의 이유는, 이 말이 일반언어표상으로서 취급되기 때문이다. 이 결정불가능성도 언어에서 발어주체가 빠져, 수어주체로 발어주체의 뜻을 겨냥하는 것이 불가능하게 되어 생긴 가상의 수수께끼에 불과하다. 또한 '이 소는 위험하다'라는 벽보도, 만약 그것이 소 우리에 붙어있다면 누구나 의미는 판명한다. 이런 상황에서 이 문장에는 단순한 서술일지 보고일지 그 외의 다의성이 가능하여, 그 의미는 결정불가능이라고 생각하는 사람은 없다. 또한 이 벽보가 개집에 붙어있다고 하면, 우리들은 누구나가 글자를 잘못 썼다든지 장난이라든지 하는 양해기투(버림)를 할 것이다. 일상적인 언어의 과정에서는 항상 발화자의 뜻으로 양해기투가 움직여, 그것이 언어 콘텍스트를 동원한다. 그래도 여전히 의미가 다의적이거나 애매하게 머무르는 경우가 존재하지만, 우리들은 그런 경우조차 실제 사례에서 이 다의성과 애매성의 이유를 나름대로 추측하고 양해한다. 그리고 다의성과 애매성의 이유가 명확하다고 생각할 때, 그곳에서 언어의 수수께끼를 보는 경우는 없다.

　사람과 사람 간에, 또 남성과 여성 간에, 여러 공동체 간에, 그 외 여러 의지단위 사이에서 왜 오해와 적의와 증오와 차별이라는 여러 가지 어긋남이 생기는 것일까 하는 문제는 본질적인 문제이다. 이것은 타자 양해의 현상학을 요청할 것이다. 그러나 What's the difference? 라는 말의 의미가 왜 결정불가능성을 갖는 것일까 하는 물음은 그 자체로 본질적인 물음이라고는 말하지 않고, 논리적인 착오에 유래한 아포리아에 불과하다. 철학의 본질적 사고는 이러한 '본질적 문제를 물어 나아갈 수 없는 형이상학적 물음'을 종언시켜 본질적인 문제를 다시 설정하는 과제를 갖는 것이다.

2. 지시이론에 관하여

　지금까지 우리들은 20세기 이후의 언어사상 전체가 그 주변을 맴돌아 온 언어의 수수께끼라는 커다란 문젯거리에 관하여 고찰해 왔다. 비트겐슈타인과 데리다는 이 수수께끼를 사상으로서 가장 철저한 형태로 제시해 온 두 명의 대표적인 사상가라고 말할 수 있다. 언어 다의성의 본질이 해명되지 않는 것, 그리고 언어규칙의 엄밀한(즉 형식적) 규정불가능성이라는 두 가지 언어의 패러독스는 또 한편으로 끊임없는 언어사용의 분류와 구분에 의한 형식화, 합리화, 체계화의 시도에도 불구하고 현대 언어이론을 지배하고 있고, 현대철학은 오히려 현재 이 수수께끼를 둘러싼 일종의 스콜라 철학적 논의의 미궁이 되어가고 있는 것처럼 보인다. 그리고 이 사태를 상징하는 것은, 현대 언어철학에 있어 중심문제로서 현재에 이르기까지 이어져 내려오는 지시이론이라고 부르는 주제이다. 주지한 것처럼 현대철학의 커다란 분포도는 크게 세 가지로 나뉜다. 하나가 전통적인 유럽철학의 계통(독일 관념론, 현상학, 하이데거 존재론 등의 후계), 또 하나가 프랑스계 포스트모더니즘, 그리고 나머지 하나가 영미계의 분석철학이다. 뒤에 두 가지는 전통적 유럽철학을 형이상학으로 비판하고 이것을 극복하는 방향을 취하고 있다. 또한 언어학(기호학) 혹은 언어사상을 가장 중요한 중심주제로 갖는 점에서도 공통이다. 특히 영미분석철학에는 스스로를 전통철학의 형이상학적 결함을 언어론적 회전을 통해 극복하는 새로운 철학사조라는 자기규정을 했다.[5] 더욱이 포스트모던적

---

5) 현대분석철학의 언어론적 회전이라는 자기규정에 관해서, 와타나베 지로가 리

기호이론과 분석철학에서의 언어이론은 마치 유럽 근대철학이 인식문제를 주축의 테마로 하면서 인간과 사회의 문제를 계속 생각한 것처럼, 현대의 사회학을 처음으로 하는 인문계 여러 학문에 대해서 큰 영향을 주어왔다. 언어는 말하자면 인간관계를 독자적인 형태로 표현하는 복잡한 체계(시스템)라는 점에서, 사회라는 시스템의 복잡한 체계성과 본질적인 공통성을 갖고 있다. 언어이론은 그런 의미에서 구조주의와 사회 시스템론을 처음으로 하는 기초 이론적인 역할을 담당하고 있고, 실제 그것은 여러 형태로 현대의 사회이론에 적용되며 응용되고 있다.

하지만 나의 생각을 말하면, 현대 언어철학은 비트겐슈타인과 데리다에 의해 대표되는 언어의 수수께끼를 주제로 논하면서, 그들의 근본적인 통찰과 식견을 거의 앞서서 추진하지 못하고 있다. 그리고 이것은 단순히 현대의 언어이론이라는 영역에 머무르지 않고, 현대의 사회사상가가 어떠한 방법적 기초를 갖고 있는지를 생각하는 이상으로 극히 상징적인 사태이다. 이 의미에서 지금 여전히 현대 언어철학의 최전선의 하나를 이루고 있는 지시이론이 어떠한 논리적 본질을 갖고 있을지를 명확히 해두는 것은 헛되지 않을 것이다.

먼저 분석철학에서 지시이론의 논의의 경위에 대해 개관해보

차드 로티의 설을 소개하면서 다음과 같이 쓰고 있다. 그리고 중요한 것은 '철학에서 언어론적 회전'이 역시 이런 종류의 개혁의 시도중 하나로서, '사이비 학문(…)'으로 '철학'에 반대하고, '철학'을 '논거를 나타내는 것을 통해' '동의'의 '붙잡힌' 문제권역으로서 생각하려고 하는 점이다. '언어론적 철학'은 '전통적 철학자들이 그들의 여러 문제를 정식화 할 때의 언어의 사용방법'에 관해 철저한 음미를 가해, '전 철학적 전통'을 '방어'로 몰아넣고 이것으로 이 철학운동을 '철학사 중의 위대한 시기'로 가르치는 데 충분하다고 로티는 말한다(《영미철학입문》, 치크마 출판사, 1996년, 74~75면).

자.[6]

　지시이론은 J. S. 밀의 논리학에 발단을 두고 있다. 밀에 의하면 고유명사에는 특정한 대상으로의 지시기능이 있을 뿐이고 의미는 없다. 즉 아리스토텔레스라는 고유명사는 대상에 붙여진 상표와 같은 것으로 그 자체는 의미가 없다고 한다. 프레게와 러셀은 이런 밀의 생각에 반대한다. 그들은, 고유명사는 어떤 특정대상을 지시할 뿐 아니라, 그 대상이 무엇일까도 포함하고 있는 것이라고 생각한다. 그렇지 않으면, 예를 들어 헤스포러스(Hesperus : 새벽의 밝은 별)는 금성이다(포스포러스)라는 명제는 금성은 금성이다라는 동의반복인 넌센스한 말이 되기 때문이라는 것이다. 또한 아리스토텔레스라는 고유명사의 의미는 예를 들어, BC384에 태어나서 《형이상학》[7]을 기록한 인물이라는 기술로 확정할 수 있다. J. 써얼은 이 확정된 기술을 더욱 발전시켜, 확정기술은 하나로 할 필요는 없고 오히려 대상에 관한 일련의 동정기술의 무리(クラスタ)라고 생각해야 한다고 주장한다.[8] 즉 아리스토텔레스라는 고유명사는 《형이상학》의 저자, 플라톤의 제자, 알렉산더대왕의 가정교사 등…이라는 한 무리 확정기술의 묶음을 갖는 것이다. 프레게, 러셀, 써얼 등의 지시이론을, 고유명사도 확정할 수 있는 의미를 갖는다고 생각하는 확정기술 이론이라고 부르지만, 이윽고 이것에 대한

---

6) 지시이론의 개요에 관해서는 토미다 야스히코 《철학의 최전선》(강담사 현대신서 1998년), 이이다 타카시, 《언어철학대전 I・II・III》(케이소 출판사, 1987-89년), 와타나베 지로 《영미철학입문》(전술) 등이 자세하다. 특히 《영미철학입문》은 현대분석철학의 이론 수준을 유럽철학의 입장에서 상대화하면서 재검증하는 시선이 있고, 해설의 적확함과 아울러 뛰어나다.

7) 아리스토텔레스, 《형이상학》, 이와자키 츠토무 역, 강담사 학술문고, 1994년.

8) 써얼, 《담화행위》, 사카모토 모모히로/츠치야 순 역, 케이소 출판사(총서 problemata 5권), 1986년.

반론이 크립키, 퍼트남 등에 의해 제기된다. 가장 잘 알려진 것이
《이름과 필연성》의 크립키이다.[9] 그에 의하면 고유명사는 특정한
확정기술로 환원할 수 없다. 여기서 그는 고유명사가 확정기술로
환원할 수 있다는 전제에서 생기는 몇 가지의 패러독스를 전개한
다. 예를 들어 그는, 가능세계라는 개념을 제시한다. 아리스토텔레
스는 플라톤의 제자가 아니었을지도 모른다는 가능적 세계를 상정
할 수 있지만, 이 세계에서도 아리스토텔레스는 아리스토텔레스라
고 불릴 수 있을 것이다. 그렇다고 하면, 확정기술의 묶음 하나하
나는 절대적 확실성을 갖지 않게 된다. 이렇게 확정기술설의 모순
을 지적한 후, 대신에 크립키는 고유명사의 지시성은 처음의 명명
(initial baptism)행위와 그 후의 지시의 고정성에 있다는 생각을 제
시한다. 누군가가 태어난 아이를 처음에 아리스토텔레스라고 이름
짓는다. 이렇게 처음에 이름 지은 것이 사람에서 사람으로 전달되
어, 반복되는 것에 의해 고정화되고 확정된다. 그 이외에 '고유명
사가 어떤 특정한 대상을 지시하고 있다고 말할 수 있는 근거는
없다'고 주장한다.

　이런 일련의 지시이론의 논의에 관해서 일반적으로는 이렇게
일컬어지고 있다. 러셀, 프레게, 써얼 등의 확정기술설은, 지시라는
것을 언어의 체계 그 자체의 관계성의 묶음으로 환원하는 것에 의
해 유명론적 성격을 갖는다. 크립키는 이것을 탈구축하고, 언어의
시스템 속에서 완결한 정합성이 있을 수 없음을 증명하는데, 여기
서 결과적으로 지시의 근거를 처음의 명명과 그 지시고정의 인과
성이라는, 어떤 의미에서 실체적-본질적인 것으로 귀착시킨다고
한다.

---

9) 크립키, 《이름과 필연성》, 야기사와 타카시/ 노에케이이치 역, 산업도서, 1985
　년.

더욱이 이 크립키의 이론에 대해서 써얼과 리차드 로티의 반론이 있다. 써얼은 《지향성》에서, 크립키의 지시고정의 인과설도 이것을 추적하면 결국 확정기술 없이는 성립하지 않는다고 말한다.[10] 물론 아리스토텔레스라는 이름의 동일성을 일정한 설명기술군으로 엄밀하게 환원하기는 어렵고, 어떤 의미에서 고유명사가 특정의 대상을 가리키는 것은 그 지시의 고정반복, 전달에 의해서일지도 모른다. 그러나 더욱 추적해보면, 각각 이 고정과 전달 자체가 어떤 확적기술 없이는 성립할 수 없다. 이것이 써얼의 재반론이다. 즉 크립키는 확정기술성에서 언어적 정합주의를 탈구축적으로 무근거화하는 것에 의해, 상대적으로 일종의 본질주의적 성격을 나타내지만, 이번에 써얼이 크립키의 근거를 논리적으로 상대화하는 것에서, 논의를 처음의 관계론적 언어론의 장소로 되돌려 보내게 된다.[11]

그럼 나의 생각을 말하면, 이 지시이론 논쟁만큼 현대 언어철학의 스콜라철학적 성격을 잘 상징하는 것은 없다. 거기서는 현대 언어이론에서 형식 논리적 결함이 확실히 보이고 있다. 지시이론

---

10) 써얼, 《지향성》, 사카모토 모모히로 역, 세이신 출판사, 1997년. 그 때문에 크립키형의 인과설은 다음과 같은 기묘한 특징을 갖게 된다. 즉, 외재적 인과 연쇄는 실제로 대상에 도달하지 않고, 단지 대상의 명명 의식에—이름의 도입 의식에—도달할 뿐이며, 그보다 앞서, 지시의 고정은 어떤 지향내용—반드시 대상과의 외재적 인과결합을 갖고 있다고는 할 수 없는—에 의해 이루어진다는 특징이다(327면).

11) 지시이론에서 각각의 논의의 전개에 관해서 반드시 평가가 정해져 있지는 않다. 지시이론은 포스트모더니즘에서도 소재의 하나이고, 거기서 크립키의 확정기술설로의 반증은 오히려 반논리주의의 문맥에서 파악되는 면이 강하다. 그러나 로티의 정리에서 크립키, 퍼트남의 반확정기술설은 오히려 논리주의에 논거를 주는 것으로 보이고 있다. 이것에 관해서는 후에 나오는 카라타니의 이론을 참조.

174

의 논의가 갖는 첫 번째 성격은 그것이 현대 언어철학에서 언어의
수수께끼의 집약적 표현을 이루고 있다는 점에 있다. 그리고 여러
번 확인해 왔듯이, 그 핵심은 근대인식 문제의 현대 언어철학판이
라는 것이다. 그것은 언어의 의미를 어떻게 확정하고, 정의할 수
있을까 하는 문제와 관련되지만, 결국 주관-객관의 일치는 있을
수 있는가와 관련한 근대의 인식문제와 같은 성격을 나타내고 있
음을 알 수 있다.

지시이론이 나타내는 두 번째 성격은, 그것이 의미와 언어에 관
한 본질론을 갖지 않고 어디까지나 형식논리적인 대립 속에서 행
해지고 있다는 것이다. 그 때문에 논의는 이항대립을 기본도식으
로 하는 상호적인 대항논리로 진행한다. 즉 거기서는 특정한 논점
에 관해 논리적 반론이 계속해서 쌓이고 있는데, 그들의 반론 모
두가 논리상대주의적, 귀류론적 성격을 강하게 갖게 된다. 예를 들
어 프레게, 써얼 등의 확정기술론에 반대하기 위해 가능세계와 양
자우주[12] 등의 기묘한 패러독스가 생각되어, 이것이 큰 화제를 부
른다. 여기서는 헤겔이 서술한 의미에서 철학의 원리적 사고는 그

12) 양자우주는 퍼트남에 의한 논리 패러독스의 계획. 현재 우리들이 살아 있는
이 우주와 비교해서, 물의 분자구조만이 다르고 후에는 모든 것이 동일하다는
또 하나의 우주, 양자우주의 존재를 상정하고, 그곳에서 확정기술이 성립할 수
없는 것을 패러독시컬하게 논증하려 한다. 어떤 시점까지는 지구인도 양자우
주인도 여러 사물에 똑같이 확정기술을 주었지만, 물의 분자구조가 명백해진
이래, 두 세계에서 확정기술의 묶음은 동일할 수 없고, 스쳐지나가게 된다. 이
러한 패러독스 창출의 논법은 형식론적 귀류론의 전형이고, 결론을 그때마다
이항적으로 예기하면서 '이건 있을 수 없다', '저건 있을 수 없다'는 형태로
처음의 부정적 신념을 보강해가는 사고방식이다. 우리들은 이런 의논을 예를
들어 플라톤의 《파르메니데스》에서 반이데아론적 반대변증 등에 의해 전형적
인 형태로 알고 있다. 문제의 본질적 핵심이 꺼내지지 않은 채로 형식논리상
의 패러독스가 점차 보이기 시작하고, 논의가 끝없이 이어지는 것이다.

림자를 감추고 있다.

패러독스에 의한 모순 지적의 응수는, 제시된 개념이 현실에 의해 시도되고, 그 난점을 극복하는 것에서 보다 넓은 보편성으로 전개된다는 형태를 취하지 않는다. 단지 상대 이론의 약점을 지적하고 그 논거를 허물어뜨리기 위해, 새로운 아포리아와 난문이 창출되고 있을 뿐이다. 실로 그곳에 형식논리와 귀류논리의 특징이 있지만, 이렇게 여기서는 주제의 본질이 깊어져 가는 것이 아니라, 논의 전체가 특정한 철학적 주제에 관한 논리적 퍼즐게임이 되는 경향이 나타나고 있다.

애당초 일상적으로 우리들은 아무 문제없이 고유명사를 사용하고 있다. 즉 일상의 언어사용에서는 고유명사에 특별한 문제는 생기지 않는다. 그럼 왜 고유명사가 논의되는 것일까? 이 문제의 중심에 있는 것은 언어의 의미가 무엇일까 하는 수수께끼이지만, 의미의 본질이라는 테마 자체가 명료하게 자각되는 것이 아니라, 귀류론적, 탈구축적 논법에 의해 상대의 논리적 입장을 "상대화"하는 것에 오로지 힘점이 작용하고, 실로 이것으로 논리적인 퍼즐게임이 되는 것이다. 그리고 이런 해결되지 않는 논의가 계속 반복되는 것 자체가 철학의 존재이유로 간주되는 경향마저 생긴다. 리차드 로티는 이러한 지시이론 논의의 논리게임적 성격을 알아차리고, 논의를 본질적인 형태로 되돌려 보내려고 하는 모티브를 강조하면서, 《철학과 자연의 거울》[13]에서 지시이론을 연구한다. 그는 먼저 크립키와 퍼트남의 설을 인식론상의 객관주의에 가담하는 것으로 보고, 이것을 비판하는 입장에서 다음과 같이 쓰고 있다.

---

13) 로티, 《철학과 자연의 거울》, 노에 케이이치 역, 산업도서, 1993년.
14) Hilary Putnam, "What is Realism?", *Proceedings of the Aristotelian Society* 1976.

퍼트남은 이 저작[14)에서 지시이론은, 예를 들어 전자라는 과학적 개념도 일찍이 믿어지던 연소라는 가상개념과 같이, 상대적인 올바름밖에 가질 수 없다는 철저한 회의론과 반=실재론을 막을 필요를 둘러싸고 존재해 왔다고 주장한다. 즉 퍼트남은 과학적 인식론의 확실성을 근거로 한다는 동기가 있고, 거기에서 그는, 지식이론은 회의론을 저지하는 과제를 짊어지고 있다고 주장한다. 그러나 그러한 생각은 타당하다고 할 수 없다. 그렇게 로티는 말한다. 현재 행해지는 지시이론은 애당초 오늘날 과학의 성공을 보증하기 위해 제시되었는가 혹은…단지 과학사를 어떻게 쓸까에 관한 결정에 불과한 것인가, 본래의 모티브가 보이기 어려워지고 있다. 한 가지 명확한 것은 이 논의를 회의론으로 극복하려하는 인식 기초주의가 강하게 전면으로 나와 있다는 점이다. 그러나 그것은 다음과 같은 두 가지의 서로 다른 고찰이 혼동된 결과 생겨난 것이라고 로티는 서술한다. 첫째, 확정기술설에는 반례가 존재할 수 있다는(크립키 등의) 지적. 둘째, 확정기술설에서 지적을 결정하는 것은 결국 화자의 관념 속에 있는 관념과 지향이라는 주관주의, 심리주의적인 잘못된 전제가 있다는 엄밀논리주의적인 사고이다. 이 두 가지의 생각을 같이 하는 것으로, 콰인, 셀러스, 비트겐슈타인, 쿤, 파이어벤트 등의 관념론적 교설을 강하게 반박해야 한다는 생각이, 대부분 도그마까지 이어지는 것이라고 한다.

요컨대 로티는 지시이론의 핵심점을 엄밀논리주의와 논리상대주의와의 대립으로 파악한 뒤에, 스스로의 상대주의적 입장을 확실히 밀어내고 있다. 그리고 그는 퍼트남과 크립키설을 비판하면서 자기의 의견으로 다음과 같은 생각을 제기한다.

지금까지 지시이론은 지시라는 개념을 오로지 대상지시라는 형태로 이해해 왔다. 그러나 지시는 어떤 경우 지향적 관계, ~에 관해 말하는 것(talking about)이라는 의미도 갖는다. 종래의 지시이론에서 스미스라는 말은 실재의 스미스에 관해서는 지시할 수 있지만, 존재하지 않는 스미스는 지시할 수 없다. 때문에 셜록 홈즈라는 말은 실재하지 않은 홈즈를 지시할 수 없게 된다. 그러나 지시의 개념을 ~에 관해 말하는 것으로 확장하면, 셜록 홈즈라는 가공의 인물에 관해 말할 수 있게 된다.

　이렇게 로티는 지시의 개념을 실재대상의 지시와 ~에 관해 말하는 것으로 이중화하고, 이것으로 전통적인 지시 개념에서 대상의 실재성이라는 규정을 상대화한다. 즉, 어떤 말이 무엇을 지시한다는 것은 반드시 그 대상의 실재성을 전제로 하지 않는 것으로, 크립키 등이 지적하는 확정기술이론의 아포리아를 피하려고 하는 것이다. 로티에 의하면, 지시이론의 전개는 엄밀인식의 가능성을 구한다는 동기를 강하게 밀어내도록 작용하고 있지만, 결국은 인식론이 하려고 했지만 하지 못했던 것이 가능한 것은 아니기 때문에 지시이론 속에서 회의론을 논박할 수 있는 가능성은 처음부터 있을 수 없는 것이다.

　이처럼 나는 지시이론을 추구하는 것은 어떤 혼동의 표현이라고 생각한다. 즉, 희망이 없는 의미론적 추구—사람들이 무엇에 관해 실제로 말하고 있는 것일까 하는 물음에 답해주는 일반적 이론을 요구하는 것—와, 똑같이 희망이 없는 인식론적 추구—회의론자를 논박하고, 실제로 존재하는 것에 관해서 말하고 있다는 주장에 보증을 주는 길을 요구하는 것—와의 혼동을 나타내고 있다.[15]

---

15) 《철학과 자연의 거울》, 336면.

로티가 새로운 논리주의의 대두를 경계하고, 이것을 엄밀인식의
야망의 반복이라고 생각하는 것은 타당하다. 이것에 대항하는 로
티 논의의 요체는 말하자면 비트겐슈타인적인 언어비판에서 본떠,
퍼트남적인 논리주의를 비판하는 것이지만, 비트겐슈타인, 데리다,
혹은 콰인[16] 등의 논리상대주의의 흐름에 속하는 로티로서는 당연
한 입장이라 할 수 있다. 그러나 주의할 것은, 크립키에 의한 확정
기술설의 비판이 회의론적인 패러독스에 의해 행해지는 것과 같이,
이것에 대한 써얼과 로티의 반비판 또한 논리상대주의적인 논법에
의해 행해지고 있다는 것이다. 여기서도 논의는 철학의 본질적인
원리사고의 형태를 취하지 않고, 모순의 지적은 단지 상대의 논거
를 상대화하고 무너뜨리기 위한 귀류논리 속에서 움직이고 있다.

그러나, 이 문제에 관해 최종적인 전망을 부여하기 전에, 나는
고유명사에 관한 또 한 가지의 논의를 언급해 두겠다.

가라타니 고진은 고유명사의 문제를 일반성과 단독성 간의 차
이를 문제로 파악하고, 이것을 다음과 같이 제시한다.[17] 현대언어

---

16) 콰인은 카르납의 논리실증주의를 강하게 비판하지만, 현대분석철학에서 반=
엄밀논리주의 진영을 대표하는 논자중 하나이다. 상대주의적 경험주의자로서
그의 생각을 잘 표명하는 선언이 있다. "지리와 역사에 관한 지극히 흔해 빠진
사항에서부터, 원자물리학, 더욱이 순수수학과 논리에 속하는 극히 심원한 법
칙에 이르기까지, 우리들의 모든 지식과 신념의 총체는 주위에서만 경험하고
접하는 인공의 구축물이다. 혹은 다른 비유를 사용하면, 과학전체는 그 경계조
건이 경험인 힘의 장소와 같은 것이다. … 몇 가지의 언어에 대해서 진리치가
재배분되지 않으면 안 된다. … 하지만, 장소 전체는 그 경계조건, 즉 경험에 의
해서는 극히 불충분으로밖에 결정되지 않기 때문에 대립하는 경험이 하나라
도 생겼을 때, 어떤 언명을 재검증해야 할지에 관해서는 넓은 선택의 폭이 있
다. 어떤 특정한 경험도 장소 내부의 특정한 언명과 연관되어 있다는 것은 아
니다. 특정한 경험은 장소전체의 균형에 관한 고려의 사이로 간접적인 방법만
특정한 언명과 연관 있는 것이다"(《논리적 관점에서》, "경험주의의 두 가지 도
그마", 63~64면).

학과 현상학은 고유명사의 문제를 언어의 일반성과 특수성 간의 문제로 보고 있다. 그러나 거기서 본질적인 것은 오히려 단독성이라는 문제이다. 고유명사는 이것이나 저것이라는 말과 같이, 단지 일반적 의미를 갖지 않는 것이 아니라, 오히려 어떤 독자적인 존재의 단독성을 가리키고 있다. 그것이 지시하는 것은 말하자면 그 존재의 교환방법이고, 일반적 의미에 대립하는 특수적 의미가 아니다. 이렇게 가라타니는 이 단독성의 개념을 타자 존재의 핵을 이루는 것으로 다시 파악하려고 한다.

내 생각에 고유명사는 단지 대상으로서의 개체에 관계하는 것이 아니라, 말하자면 타아로서의 개체에 관계하는 것이다. 후설이 생각했듯이 타인은 앞으로 발견되거나 구성되거나 하는 것이 아니라, 고유명사에서 경험되고 있다.[18]

가라타니 또한 속류현상학의 이해를 포스트모던 사상가로부터 그대로 받아들이고 있지만, 이것에 대해서는 여기서 언급하지 않는다. 요컨대 고유명사의 문제에 수수께끼가 생기는 것은, 고유명사에는 언어의 일반성으로 환원될 수 없는 실재적인 단독성이 포함되어있기 때문이라는 것이 가라타니의 주장이다.[19] 고유명사가

---

17) 가라타니 고진, 《탐구Ⅱ》, 강담사, 1989년(→강담사 학술문고, 1994년).

18) 《탐구Ⅱ》 제1부 제2장 28면 이후.

19) 이것은 지시이론의 포스트모던적인 응용 중 하나의 전형적인 예이기도 하다. 아즈마 히로키는 가라타니의 설에 관련하여 크립키의 반확정기술설과 명명행위론을 다음과 같이 해설하고 있다. 고유명사는 확정기술의 묶음으로 환원하지 않는다. 다시 말하면 고유명사는 항상 잉여가 있다. 전술했듯이 가라타니는 크립키가 나타낸 그 잉여를 확정기술의 특수성에 대한 단독성이라고 부른다. …크립키의 해결은 이렇다. 고유명사의 이 잉여는 사람이 이름과 그 설명, 즉 이름과 확정기술을 세트로 받아들이면 생각하는 한 설명할 수 없다. 그 때

어떤 존재의 독자성(=단독성)을 지시한다는 설명은 이해하기 쉽다. 그러나 가라타니는 그러한 말에서 언어의 본질문제를 뛰어넘어, 이것을 현대사상 특유의 이항대립적 도식으로 가져온다. 그것은 즉, 특수성→일반성 대 단독성→보편성이라는 도식이다. 가라타니에 의하면 특수성→일반성은 객관주의적이고 현상학적인 세계 도식이고, 단독성→보편성은 말하자면 포스트모던적, 탈구축적 실재주의의 입장이다. 이것을 더욱 전개하면, 가라타니가 세운 것은 어떤 특정한 입장도 항상 무근거화되어가는 실재라는 입장이 된다. 굳이 말하면, 고유명사에 관한 가라타니의 직관은 어떤 점에서 현대의 언어학자로 한발 앞서 있다고 할 수 있다. 그 이유는 가라타니의 단독성의 개념에는 실재론적 관점이 포함되어 있고, 하이데거의 의미론에서 보았듯이 언어의 일반성과 고유성의 뒤틀린 본질을 해명하기 위해서는 실재론적 시점이 불가결하기 때문이다. 그러나 가라타니는 탈구축적 기호론이 현상학-실재론적 논리를 넘은 것이라는 고정관념이 있고(그것은 실로 데리다의 도식에 의해서이다), 그 때문에 자신의 직관을 실재론적 본질론으로 자각적으로 전화(轉化)할 수 없다. 가라타니는 먼저 주관주의적인 일치성의

문에 우리들은 이름의 전달에서, 오히려 그 이름의 설명 이상의 것 역시 전달된다고 생각하지 않으면 안 된다.…그리고 크립키는 그 힘의 근원을 최초의 명명행위에 보다 근거를 둔다(《존재론적, 우편적》, 111~112면). 히로키는 더욱 이런 크립키의 정의불가능한 힘은 슬라보예 지젝(Slavoj Zizek)에 의해 라캉의 초월론적 시니피앙의 개념에 연관되어 포스트모던적인 부정신학적 사고로 접속된다고 한다.

나의 생각으로는 여기에도 언어의 형식논리분석이 부딪치는 모순에 대해서 메타논리학을 두고 이것을 넘으려고 하는 포스트모더니즘의 특징이 잘 나타나 있다. 언어의 수수께끼를 본질적으로 해결하는 자세가 정의불가능한 것이라는 개념, 그리고 심층심리학적인 초월론적 시니피앙이라는 개념에 의해 바뀌어, 문제의 본질이 형이상학적 이야기 속에 가려 있는 것이다.

개념에 실재론적 단독성의 개념을 대치하고, 다음에 실재론적 나의 개념에 탈구축적 타자의 개념을 대치한다. 이렇게 그는 포스트모던적 이항도식에 의해 점차 보다 우위의 메타근거를 가상으로 구성해 간다. 나는 후에 지적하겠지만, 이러한 가라타니 고진의 논리성은 결국, 데리다와 비트겐슈타인 등의 현대사상의 초월적 윤리적 도약(정의와 타자의 개념)의 도식을 논리적으로 모방한 것에 지나지 않는다. 가라타니는 종종 데리다와 비트겐슈타인을 비판하는데, 그 논리는 실로 데리다적, 레비나스적, 즉 현대사상의 위력을 후원한 것으로, 그 자신의 본질적 고찰에서 벗어났다고는 말할 수 없다. 분명 고유명사는 종종 단독성을 지시하지만, 여기서 일컬어지고 있는 것처럼 의미 및 방법이 아니기 때문에 그것에 관해서는 후에 서술하기로 한다.

그럼, 지시이론의 문제로 돌아오자. 애당초 고유명사라는 문제의 핵심에 있는 것은 무엇일까? 또한 그것이 아포리아를 형성하는 것은 왜일까? 고유명사의 아포리아 또한, 끝까지 따져보면 언어의 다의성 및 규정불가능성을 그 본질로 하는데, 그것을 다음과 같이 정리할 수 있다.

예를 들어 아리스토텔레스가 형이상학을 창시했다는 표현에서, 형이상학이라는 보통명사는 어떤 일반적=객관적 의미(즉, 존재전체에 관한 근본원인, 궁극근거 등을 탐구하는 학문, 아리스토텔레스가 창시했다고 여기는 학문으로, 자연학, 논리학, 윤리학 등의 상위에 서는 근본적 탐구 등이다)를 갖는다. 이것에 대해 아리스토텔레스는 고유명사라서, 보통은 일반적인 의미를 표시하지 않고, 단지 특정하고 고유한 대상(아리스토텔레스 그 사람)을 지시할 뿐이라고 여긴다. 이것이 고유명사가 의미(=일반적 의미)를 갖지

않는다고 말하는 경우의 리얼리티이다. 그러나 한편으로 아리스토
텔레스라는 말은 그런 고유명사임에도 불구하고, 언어기호로서의
일반성을 갖는다고도 말할 수 있다(아리스토텔레스라는 말은 여
러 가지 일반적 의미를 지시할 수 있다). 즉 이렇게 된다. 고유명
사란 고유의 대상을 지시하는 명사라고 하는 정의에서, 그것은 일
반적인 의미를 지시하지는 않지만, 동시에 그것이 언어기호인 이
상 일반적 의미도 표시하지 않는 것은 아니다. 이것이 언어학자
들에게 나타난 고유명사의 아포리아의 내실임에 틀림없다. 즉 여
기에 있는 것은 역시 언어의 의미에서 다의성의 아포리아의 한 변
주 형태이다.

그럼, 이 문제가 현상학적인 언어고찰에서는 어떻게 생각될까?

한번 더 확인하면, 지시이론의 논쟁은 주로 고유명사가 대상 그
자체를 지시할 것인가, 일반명사와 똑같이 다의성을 내포한 일반
적 의미를 지시할 것인가 하는 점이 논의의 초점이 되고 있다. 확
정기술설은, 예를 들면 아리스토텔레스라는 고유명사는 일정한 일
반적 의미의 묶음(그리스의 철학자, BC384년 출생, 《형이상학》《정
치학》등의 저자, 알렉산더의 가정교사…)으로 확정할 수 있다는
것이다. 이것에 대해서 반대파는 이런 확정이 불가능하다는 것을
귀류론적으로 증명하려고 한다. 더욱이 이 논의의 대립은, 언어의
미에 관한 논리주의파와 상대론파의 대립으로 초점이 이행한다.

우리들의 관점에서는 다음의 두 가지 문제를 핵심으로 끄집어
낼 수 있다. 하나는 고유명사가 특정대상의 지시를 하는 것일지,
아니면 확정기술의 묶음으로 간주될 것인지는 일의적으로 말할 수
없지만, 오히려 그것은 언어의 신빙구조로 성립하는 언어 콘텍스
트에 의존한다는 것이다. 또 하나는 고유명사가 확정기술의 다발
로 상정되는 경우에도, 그것은 그 고유명사가 원래 그러한 다층적

인 일반적 의미를 "갖고 있기" 때문이 아니라는 것이다.

첫 번째 점을 다음과 같이 부연할 수 있다. 고유명사는 어떤 경우 특정의 대상을 지시하고, 어떤 경우는 일반적 의미를 표시할수 있다. 예를 들어 누가 지금 아리스토텔레스를 불러줘!라는 경우의 아리스토텔레스라는 말은, 실로 말을 들은 사람도 알고 있는특정의 누군가를 지시하고 있을 뿐이라서, 확정기술적인 의미의묶음을 지시한다고는 할 수 없다. 또한 그리스인 중에 아리스토텔레스라는 이름이 많다는 경우에 아리스토텔레스는 사람의 이름 중하나의 실례라는 것을 표시할 뿐이고, 여기서도 확정기술의 묶음을 지시하고 있지 않고, 또 특정한 누군가를 지시하고 있지도 않다. 그러나 우리들은 아리스토텔레스의 철학을 상기해 보자하는경우, 아리스토텔레스는 특정한 누군가를 지시하면서, 동시에 앞에서술한 것처럼 일정한 의미의 묶음도 암암리에 지시하고 있다고말할 수 있다. 이렇게 생각하면, 각각의 발어에서 사용하고 있는고유명사가 어떠한 지시 레벨을 갖는 고유명사일지는 단지 언어콘텍스트만이 그것을 가르쳐준다는 것이 분명할 것이다. 즉, 여기서도 그때마다의 발어주체의 뜻으로의 신빙구조로서만 언어 콘텍스트로 뒷받침된 확신이 성립할 것이다.

지시이론에서도 앞서 확인한 것과 같은 것이 생긴다. 요컨대 언어학자들은 고유명사를 현실언어의 신빙구조에서 분리하여, 일반언어표상으로서의 고유명사를 분석하고 있다. 현실언어에서는 그것이 어떤 대상을 지시하고 또 의미를 표시할지는 신빙구조 속에서 그때마다 결정되지만, 일반언어표상으로서의 고유명사를 형식논리로서 분석하는 한, 그것은 콘텍스트의 한정을 잃고 결정 불가능한 것이 될 수밖에 없다.

앞서 예를 보았듯이, 가라타니 고진의 것을 포함하고 데리다를 기점으로 하는 포스트모던적 논의는 고유명사의 대상지시성을 일반적 대상의 지시가 아니라, 어떤 대상의 교환 불가능한 독자성(=단독성)을 지시하는 것이라고 생각하는 방향으로 이 문제를 진행한다. 그러나 그것은 형식논리적으로는 규정할 수 없다는 입장에서, 정의불가능성과 라캉적인 초월론적 시니피앙이라는 개념이 생겨나게 된다. 하지만 이러한 방식도 또한 형식논리가 만들어내는 아포리아를 메타논리에 의해 회피하고 있을 뿐이다. 고유명사는 대상존재의 독자성(단독성)을 표시한다는 것은 사람의 귀에 들어가기 쉬운 표현방법이지만, 실제는 특수사례의 일반화에 지나지 않는다. 고유명사는 독자의(교환 불가능한) 대상존재를 지시하는 경우도 있고, 그렇지 않은 경우도 있다. 고유명사가 단독성을 지시할지 그렇지 않을지는, 현실언어에서 언어 콘텍스트만이 그것을 결정한다. 파롤이든 글쓰기이든 이 사정은 변하지 않는다. '아리스토텔레스는 그리스인에게 많은 이름이다'에서 아리스토텔레스는 단독적 존재를 지시하지 않는다. 또한 반대로 '옆집 빨간 셔츠는 오늘도 아침부터 가족을 호통치고 있다' 등과 같이, 일반명사가 단독적 존재를 지시할 수도 있다. 적어도 문법적으로는 단독적 존재를 지시하는 것을 고유명사라고 부르지 않는 것은 분명하고, 단지 일반적으로 특정적 개체를 표시하기 위해 약정적으로 붙인 이름을 고유명사라고 부르고 있다. 어떤 말이 종류를 표시할지, 특정적 개채를 표시할지, 또 단독적 존재를 표시할지는 언어 콘텍스트만이 이것을 결정하는 것으로, 특별히 고유명사에 내속하는 성질일수 없다. 그렇게 보인다고 한다면, 그것은 고유명사를 일반언어 표상으로 취급하는 경우만이다.

　두 번째 점은 어떻게 말할 수 있을까? 아리스토텔레스라는 고유

명사는 그것이 역사상의 철학자로서의 아리스토텔레스를 지시대
상으로 하는 경우에는 앞에서와 같은 일련의 의미의 묶음을 갖는
것처럼 보인다. 그러나 이 일련의 의미의 묶음은 확정적인 것이라
고 말할 수 있을 것인가. 물론 말할 수 없다. 그 이유는 분명한 것
으로, 아리스토텔레스 그 사람에 관한 여러 사실, 여러 관계는 절
대적으로 확정된 것으로는 규정되지 않기 때문이다. 크립키의 가
능세계와 퍼트남의 양자우주라는 패러독스는 고유명사가 특정대
상을 지시하는 것을 넘어, 일정한 의미군으로 환원할 수 있다는
확정기술설을 반증하기 위해 이룬 것이다. 즉 그들은 "그렇지 않
은 가능성"이 상정되는 이상, 사실에 관한 절대적 확정은 있을 수
없다는 것을 나타내려고 하는 논의이지만, 그것 자체는 실로 전형
적인 귀류론적 논리이며, 확정기술설을 반증하는데 그러한 패러독
스를 만들어 낼 필요는 전혀 없다.

　고유명사의 의미를 확정기술로 환원할 수 없는 본질적 이유는
단지 하나로, 그것은 어떤 특정한 대상에 관해서도 그것을 보고
취하는 관점은 무한히 존재하고, 따라서 그곳에서 무한한 성격규
정을 끄집어내는 것이 가능하며, 또 그 표상의 방법도 무한할 수
있기 때문이다. 역사상의 인물 아리스토텔레스를 보더라도 그에
관한 기술은 무한할 수 있고, 완결하지 않으며, 게다가 각각의 어
떤 기술도 어쩌면 잘못된 것일 수 있다는 가능성을 배제할 수 없
기 때문이다. 그러나 이러한 것이라면 논리상대주의적인 생각에서
는 이미 상식에 속한다. 확정기술설은 분명 무리가 있지만, 그것을
지적한 것만으로는 이 패러독스의 본질은 명확해지지 않는다.

　현상학적인 관점에서는 이것을 다음과 같이 생각할 수 있다. 그
리스의 철학자 아리스토텔레스라는 경우의 아리스토텔레스는, 언
뜻 앞에서 본 일련의 확정기술적 의미를 갖고 있는 것처럼 보이지

만, 실로 이 의미의 묶음을 확정적으로 완전히 기술할 수는 없다. 그래서 어떤 존재의 독자성(단독성)을 지시하는 것이야말로 고유명사의 본질이라고도 말할 수 없다. 이 패러독스는 어떤 말이 의미를 "갖는다"(=지시한다, 표시한다)라는 것의 본질이 파악되지 않기 때문에 생기는 것이다.

예를 들어, 삼각형이라는 말은 이데아론적 발상에서는 단지 하나의 엄밀한 기하학적 의미의 동일성을 갖는다고 여긴다. 그러나 물론 이것은 타당하다고 할 수 없다. '당신의 노트에 임의의 삼각형을 작도하시오'라는 경우에는 기하학적인 삼각형을 의미한다. 그러나 얼굴의 특징을 상징으로서 '옆집 삼각형은 오늘도 가족을 호통치고 있다'라고 말하는 것도 가능하고, '우리들 세 사람은 지금 엄청난 애증의 삼각형 속에 있다' 등이라고 말할 수도 있다. 삼각형은 어떤 경우, 기하학적 삼각형을, 또 삼각형적 상징을 갖는 여러 존재를, 또 어떤 경우 삼각을 절정으로 하는 심리관계 등을 의미할 수 있다. 물론 이것만이 아니다. '세상에서 삼각(형)이라고 불리는 것을 모두 열거하시오'라는 경우도 있다. 요컨대 어떤 임의의 말도, 콘텍스트에 따라 대부분 무수한 의미를 나타낼 수 있다. 다시 말하면 일반언어표상으로서 말을 분석하면 의미는 결코 일의적으로 확정되지 않고, 다수성, 다의성이 나타난다. 그러면 말이 의미를 갖는다는 것의 의미가 해결될 수 없게 된다.

우리들의 고찰에서 말이 일정한 의미로 나타나는 것은 발어자의 뜻을 겨냥하여 양해기투의 본질구조가 일정한 언어 콘텍스트를 이끌어, 거기서 의미가 한정되기 때문이다. '옆집 삼각형은 오늘도 가족을 호통치고 있다'라는 표현에서는, 삼각형은 옆집의 주인을 한정적으로 지시하고 있다는 확신이 성립하고, 또한 세상에서 '삼각(형)이라고 불리는 것을 모두 열거하시오'라고 하면, 우리들은 삼각(형)적인 존재의 모든 것을 자신의 뇌리에서 꺼낼 수 있다. 즉 삼각형을 떠올리는 신체적, 형태적 특징을 갖는 것, 삼극적 구조와 관계를 갖는 것, 그것들을 모두 열거할 수 있다. 하지만 삼각형이라는 말이 예를 들어 김 붙은 주먹밥과 화난 눈과 정답(O)과 오답(X)의 중간이라는 의미를 원래 "갖고 있다"(지시하고 있다)고 말할 수는 없다. 그럼에도 불구하고 우리들은 현실언어에서는 언어 콘텍스트에 따라 삼각형이 그러한 사항을 의미하는 것을 양해할 수 있다. 이것을 어떻게 생각하면 좋을까?

현상학적인 관점에서 말은 다양한 의미를 "갖지" 않는다. 그렇지 않고 우리들은 어떤 말에서 언제라도 이 말에 연결되는 개념적 여러 연관을 "전개"할 수 있다는 것이다. 이 여러 연관은 개념성뿐만 아니라 표상성(이미지)도 포함한다. 그러나 일반적으로는 이러한 개념의 여러 연관의 전개는 명사에 특징적인데, 그 이유는 명사가 기본적으로 개념적 본질을 갖기 때문이다. 그리고 개념의 본질은 거기서 일정한 의미가 잠재하고 있다는 것이 아니라, 어떤 관점에 의해 그 말에서 임의의 방향에 의식의 연관을 전개할 수 있다는 것임에 틀림없다.

따라서 현상학적으로 말(특히 명사)은 다의적인 의미를 갖지 않고, 현실언어의 신빙구조에 따라 그곳에서 여러 가지 의미의 연관을 전개할 수 있다고 말할 수 있다. 우리들은 이것을 명사의 의미 전개가능성이라 불러두기로 한다.

그럼 이렇게 현대 언어철학의 중심문제 중 하나인 지시이론의 논의는 비트겐슈타인과 데리다가 제기한 언어의 다의성이라는 수수께끼를 중심문제로 하면서, 이 수수께끼를 해명할 가능성은 갖고 있지 않다. 현재, 그 조정하는 역할을 담당하고 참가한 로티의

188

논의조차 문제를 엄밀논리주의와 상대논리주의의 대립이라는 장면으로 되돌려 보내는 역할밖에 하고 있지 않다는 것을 알 수 있다. 우리들은 여기서 현대 언어학이 지시이론에서 확실히 드러내고 있는 두 가지의 잘못된 언어론적 전제를 지적해 둘 수 있다. 첫째는, 말의 지시란 실재대상의 지시라고 하는 논리주의적 전제이다.[20] 이것은, 언어는 사실적인 진위를 실현하는 것 이라는 객관주의적 전제에서 나타난 것이고, 논리상대주의적인 반론을 부르기 시작하는 기점이 되고 있다. 두 번째는, 말은 일정한 의미를 "갖는다"는 의미 실체적 사고이고, 이것이 확정기술이라는 생각을 이끌고 있다. 그러나 보았듯이 말은 일정한 의미를 갖지 않고, 신빙구조에 입각하여 언제라도 그곳에서 개념적 연관을 전개할 수 있다는 것에 불과하다.

언어라는 시스템은 신호의 시스템과 암호의 시스템 등과 같이

20) 이 잘못된 전제로의 반동형성으로서, 또 이름의 의미를 특정한 확정기술로 환원할 수 없는 이상, 언어의 의미는 언어외적인 어떤 객관성-본질성에 의해서만 근거가 된다는 생각도 나타나고 있다. 예를 들어, 토미다 야스히코에 의하면, 퍼트남에게 다음과 같은 주장이 있다. 우리들은 예를 들어 레몬이라는 말을 사용하지만, 그 의미를 확정적으로 기술할 수는 없다. 그럼 무엇이 레몬이라는 말의 일반적 의미를 보증하고 있을까? '레몬'이라는 사물에 관해서 그것을 객관적으로 아는 학문적인 전문가들이 존재하기 때문이다(《철학의 최전선》). 아마 이것은, 명사의 의미는 수학적 이념처럼 엄밀하게는 확정할 수 없지만, 그것을 규정하는 것이 아무것도 아니라고도 말할 수 없기 때문에, 말하자면 공동적으로 확정된 지식이 이것을 규정한다는 말이 된다고 생각한다. 그러나 이것도 언어의 의미를 엄밀하게 규정 가능할까 어떨까 하는 양자택일적인 도식에서 생각하려고 하는 것에서 오는 무리한 정리이다. 여기서도 사태는 같은 것으로, 언어의 의미는 언어에 "내재"하고 있는 것도 아니고, 언어 외적인 실체성에 근거 두는 것도 아니다. 이것은 단지 콘텍스트에 따라 의미연관의 전개가능성을 갖는다고 말할 수 있을 뿐이고, 이 개념의 전개가능성은 발어자와 받는 사람의 신빙구조에서만 그 근거를 갖는 것이다.

임의로 인위적으로 만들어진 명약적인 규칙체계가 아니고, 습관적,
묵계적, 집합적으로 형성된 역사적 퇴적구조로서의 관계체계이다.
그것은 일반적으로 커뮤니케이션이라는 특정한 기능을 갖지만, 동
시에 인간의 의식적, 신체적, 무의식적 관계 전체를 거기에서 표현
하고도 있다. 이러한 특징은 정치와 경제와 문화 등의 사회적 구
조체에 공통이고, 이미 딜타이와 막스베버는 이러한 구조체의 분
석에는 초기의 실증주의 사회학에 의해 자명시되고 있던 종래의
자연과학적 사고에서 인과적 기능구조의 분석이 무효한 것을 자각
하고 있지만, 그럼에도 불구하고 이 사회적 구조체를 파악하는 절
적한 방법원리는 아직 명확하게 제시되고 있지 않다.[21]

　여하튼 지시이론은 현대의 사회과학에 철학적 기초이론으로서
큰 영향을 주고 있지만, 그 논리는 본질적으로 형식논리적 분석을
떠나지 않는다. 이 때문에 논리상의 해결하기 어려운 모순에 부딪
혀 많은 패러독스를 만들어내고, 혹은 포스트모던적인 메타논리학
의 미궁으로 깊숙이 들어가는 길을 더듬어 왔다. 근대철학에서 인
식문제 수수께끼의 본질적 해명이 인식에서 확신구조 타당구조의
본질적 해명이라는 형상학적 원리에 의해 처음으로 완수되었듯이,
현대의 언어의 수수께끼 또한 그 해명을 위해서는 의미에 관한 현
상학적인 본질학을 필수로 하고 있다. 우리들은 여기까지 현대의
언어학자들이 언어를 그 유효한 본질에서 취급하지 않고, 일반언

---

21) 이 문제는 후설이 《유럽제학의 위기와 초월론적 현상학》(호소야츠네오/키다
　　겐 역, 중앙공론사, 1974년→중공문고, 1995년)에서 서술한 정신과학(인문계과
　　학)의 기본방법을 둘러싼 현대사상의 본질적 결함이라는 문제에 관계하고 있
　　다. 후설에 의하면, 현대의 인문제학의 본질적인 위기는 그것이 근대자연과학
　　이 자연세계의 엄밀한 파악(인식)방법으로 만든 수학적 형식화라는 방법을 그
　　대로 사회인식에도 적용할 수 있다고 생각한 것에 근본적 원인을 갖는다.

어표상으로 분석했기 때문에 의미의 본질의 파악에 실패하는 것을 보아왔지만, 다음으로 언어의 의미에 관한 현상학적 고찰을 더욱 추진해 보도록 하자.

제6장 의미의 현상학

1. 의미의 존재론

일찍이 가라타니 고진은 현대사상의 특징이 모든 사상을 철저하게 형식화하여 이것을 자기언급성과 결정불가능성이라는 패러독스에 빠뜨리는 것, 즉 형식화의 끝에 엄밀한 인식과 분석가능성의 모순을 노출시키는 전략이었다고 썼다.[1] 포스트모던적, 분석철학적 언어이론은 대개 형식논리에 의한 기호론적 분석을 그 기본방법으로 한다. 그리고 실로 포스트모더니즘의 목표는 이 형식논리를 극한화하는 것으로 종래 철학적 방법의 진리주의 객관주의 그리고 형이상학성을 쓰러뜨리는 것에 있다. 포스트모더니즘이 모든 구조주의를 극복하는 포스트구조주의로서 등장한 것은 그 때문이다. 즉 그것은 형식화 구조화라는 방법의 불가능성을 단언하는 것이다.

그런데 이 형식화의 불가능성은 보았듯이 형식화를 철저히 하

---

1) 가라타니 고진, 《은유로서의 건축》, 강담사, 1983년/강담사학술문고, 1989년.

192

는 것으로 파악된다. 따라서 포스트모더니즘은 종종 형식화의 극
한개념이 나타나게 된다. 차연 에크리튀르(Rc ecriture) 차이의 장
난 산종이라는 데리다의 개념은 형식론적인 극한개념이다. 예를
들면 차연의 개념은 언어와 기호를 동일성-차이라는 이항적 형식
에서 분석하는 것을 극한화하는 것으로 나타나는 극한개념이다.
그것은 이항적 분석의 극한화가 이항성의 개념 자체를 불가능하게
하는 상황에서 나타난다. 즉 이 개념규정의 불가능성이 차연이라
는 개념으로 불리고 있는 것이다. 또한 라캉의 초월론적 시니피앙
의 개념도 시니피앙-시니피에라는 대립형식이 성립하지 않게 되는
상황에서 나타나는 이 형식논리의 극한개념이다. 포스트모더니즘
에서 분석적 사고는 형식논리학을 넘어서 일종의 메타논리학으로
이행한다. 메타논리학은 그 자체로 형식논리의 논리성의 의미와
한계를 고찰하는 논리학이지만, 포스트모던적 메타논리학의 본질
은 형식논리의 극한화라는 방법에 있다. 그것은 형식논리의 한계
를 지적하는 형식논리, 즉 헤겔이 말하는 방법적인 회의론이라는
본성을 갖고, 그것으로 실로 형식논리의 본질적 약점을 적수와 함
께 공유하며, 철학의 본질적 사고의 궤도에서 끊임없이 빗나가는
것이다.

　그럼, 앞의 문장에서 파롤과 글쓰기의 본질적인 차이에 관해서
현상학적인 고찰을 해왔는데, 일반언어표상의 개념을 두는 것에
의해, 언어의 다의성과 결정불가능성이라는 현상의 의미는 꽤 판
명이 되었다. 그러나 이것으로 모든 문제가 해결되는 것은 아니다.
우리들은 제4장에서 발화자의 뜻과 듣는 사람의 신빙관계에 언어
(또 그 의미)의 본질구조가 있다는 생각에 대해서, 다음과 같은 반
론을 예상해 두었다. 즉, 그렇다면 언어기호란 도대체 무엇일까, 오
히려 의미란 언어기호가 차이의 체계라는 것에 의해 처음으로 작

용하고 있는 것이 아닐까? 의미작용이란 발어자의 뜻과 사념이라
는 것에 관한 신빙이라는 설명은 너무 주관주의적이지 않을까? 오
히려, 기호의 차이 체계가 기호의 다양한 의미생성을 가능하게 하
고, 이것이야말로 사념이 의미를 만들고, 신빙이 이 의미의 확신을
품는다는 과정 전체를 가능하게 하는 것이 아닐까 하고 말이다.

　언어의 의미는 그 원천과 본질을 기호로서의 차이의 체계로 갖
는 것은 아닐까 하는 생각은 소쉬르 언어학 이래 현대의 언어관을
크게 뒤집는 개념이다. 그러나 미리 간결하게 말하면, 차이의 체계
가 만들어내는 것은 실로 의미의 차이, 즉 의미의 다양성(여러 차
이)이고, 의미의 의미성 그 자체는 아니다. 기호의 차이적 체계라
는 생각은 의미 다양성의 존재를 설명하지만, 언어의 의미라는 현
상의 본질을 설명하지 않는다. 언어에서 의미라는 현상 그 자체의
본질을 해명하지 못하면, 우리들은 언어의 의미를 문학그대로 기
호적인 차이의 시스템으로 간주하고, 그 작용과 현상을 형식적 개
념의 대립과 운동으로서 그릴 수밖에 없다. 그리고 이 발상이야말
로 현대철학에서 언어의 해결하기 어려운 수수께끼(＝형이상학)를
만들어 온 것이다.

　앞에서 우리들은 파롤과 글쓰기의 언어론적인 차이를 고찰할
때, 예비적 작업으로서 의미 그 자체의 본질에 관한 하이데거의
실재론적 분석을 원용했다. 여러 번 확인했듯이, 의미의 본질에 관
한 실재론적 논구를 주관주의라고 하는 비판은 무효이다. 의미라
는 현상은 실재적인 관계구조가 아니라 의식경험의 영역에 생기는
것이고, 그러한 이상, 의미를 실재론적＝현상학적 문제영역으로서
취급해야 하는 것의 필연성은 분명한 것이다.

　그런데 하이데거는 《존재와 시간》에서, 언어의 본질에 관해서도
실재론적인 본질 고찰을 행하고 있고, 여기서 언어 의미의 본질에

관해서도 중요한 지적을 이루고 있다. 우리들은 먼저 여기서 출발해보자.

하이데거는 인간의 실존구조의 형상학적 분석(내존재의 분석)에서, 실존의 본질을 양해 정상성 이야기라는 세 가지의 계기로 파악한다. 여기서 이야기의 분석은 인간의 실존에 있어서 언어의 본질 분석이라는 것을 의미한다. 이런 하이데거 언어이론의 획기성은 지금 아직 본격적인 평가를 받고 있지 않지만, 여기에도 현상학적인 언어본질의 탁월한 모델이 있다고 할 수 있다. 먼저 그 개념을 정리해 보자.

존재론적 차이라는 개념은 하이데거 존재론의 근본개념이지만, 전술했듯이 《존재와 시간》에서의 존재론은 이것을 욕망상관성의 개념으로 다시 파악하는 것이 가장 이해하기 쉽다. 즉 존재론적 차이란, 사물의 객관적 규정(그것이 일반적으로 무엇인가)과 그 실재론적 규정(어떤 사람의 그때마다의 욕망=관심이 무엇인가)과의 차이를 의미한다.

예를 들어, 책상이라는 존재자(=사물)는 객관적 규정으로서, 그 위에서 식사를 하거나 작업을 하기 위한 도구(기재)이다. 여기서는 이런 '~기 위한'이 존재자의 객관적인 본질규정이 된다. 원래 책상이라는 제작물은 그러한 본질에 적합한 형태로 제작된 것(=제품)이기 때문이다. 그러나 어떤 상황에서 책상이라는 사물의 본질은 그러한 일반적=객관적 규정을 일탈한다. 예를 들면 호텔방에서 불이나, 어떤 탈출해야 하는 문이 열리지 않는 경우, 눈앞에 있는 책상이 붙박이창을 깨뜨리기 위한 것(=도구)이 될 수 있을지 어떨지가 결정적인 사항이 된다. 이때 책상은 '그 위에서 여러 작업을 행하기 위한 대'라는 일반적인 규정에서 일탈하여, 사람의 그때마다의 욕망=관심에 상관한 존재 규정으로 의미, 즉 실존론적인 존재 규정을 받는 것이다. 즉 그것이 유리창을 깨기 위해 필요한 무게와 딱딱함을 갖는 존재자일까 어떨까 하는 것이 결정적으로 중요하게 되고, 그러한 것이라면 책상은 탈출을 위한 도구(수단)가 되지만, 무게와 견고함이 충분하지 않으면 그것은 무용한 것밖에는 되지 않는다.

그런데 사람 주위에 존재하는 각각의 사물은 다양한 일반적=객관적 규정을 갖고 있다. 그것은 책상이거나, 펜이거나, 의복이거나, 또한 광장이거나, 수목과 하천이거나 한다. 그러나 사물은 어떤 것이든 그처럼 일반적으로 부여받은 규정만이 아니고 또한, 잠재적인 여러 성질을 갖고 있다고 규정할 수 있다. 하지만, 이런 잠재적인 여러 성질을 미리 미리 결정해두는 것은 결코 불가능하다. 애당초 사물의 여러 성질이라는 것은 자체존재가 아니라, 욕망=관심의 상관자이기 때문이다. 이 사정은 지시이론에서 확정기술 불가능성의 본질적 이유이기도 하다. 사물은 어떠한 것이든 규정 가능한 무한의 지평을 갖지만, 이 지평의 전개는 본질적으로 인간의 욕망=관심상관에 의해 개시되기 때문에, 이것을 선험적으로 규정해두는 것은 불가능하다.

하이데거의 도구(das Zeug)의 개념은 종종 단순한 객관적 규정을 받은 존재자로 이해되는 경우가 있다. 그러나 이것은 잘못 이해한 것이고, 이 개념은 어디까지나 욕망 상관적 규정으로서의 사물존재를 의미한다. 즉 주변 세계에 있는 사물존재의, 전술했듯이 욕망=관심상관적, 실존론적 존재규정성을, 하이데거는 도구라고 부른다.[2] 따라서 하이데거의 사물존재는 일반적=객관적 규정을

---

2) Das Zeug는 하라유우/와타나베 지로 역,《존재와 시간》(중앙백스《하이데거》

받은 존재 사물적 존재(Vorhandensein)와 욕망론적=실재론적 규정으로서의 존재 도구적 존재(Zuhandensein)라는 이중의 존재성격을 갖게 된다. 존재자가 갖고 있는 이러한 두 가지의 존재규정 간의 차이=어긋남을 존재론적 차이라고 말한다.

다시 말하면, 존재론적 차이란 사물의 객관적=일반적인 존재규정과, 사물이 인간의 그때마다의 욕망=관심에 상관하여 갖는 그때마다의 고유의 실재론적 존재의미와의 차이이다. 책상은 일반적=객관적 규정으로는 그 위에서 무엇을 쓰거나 읽거나 하기 위한 도구이지만, 실존론적인 고유성으로는 그때마다 유리를 깨기 위한 도구이거나, 높은 장소에 닿기 위한 디딤대의 역할을 하는 것이거나 한다. 이렇게 일반적=객관적으로 규정된 책상이 되는 것의 존재본질과, 인간의 욕망=관심에 상관하여 그때마다 고유의 도구로 규정된 책상의 존재본질과의 사이에는 근본적인 존재론적 차이가 있다.

우리들의 주제는 언어이지만, 언어는 책상처럼 특정한 기능적 본질을 목적으로 만들어진 제품이 아니고, 수목과 같은 자연물도

1980년), 오소야 시다오 역 《존재와 시간》(치쿠마 학예문고, 1994년)등에서 도구라고 번역되고, 이것이 일반적이지만, 꽤 오해를 부르기 쉬워 주의가 필요. 일본에서 보통 도구는 해머와 나이프와 펜 등의 일정한 사용목적을 모토로 제작된 사물을 가리킨다. 그리고 그것은 오히려 사물의 일반적, 객관적 규정을 의미한다. 그러나 하이데거의 Das Zeug는 어디까지나, 그때마다 인간의 욕망과 상관적으로 나타나는 존재의미와 규정성을 갖는 사물의 사물성을 의미한다. 때문에 바람은 어떤 때 방위를 알기 위한 도구이고, 어떤 사람의 생김새는 어떤 때 그의 기분을 알기 위한 도구이다. 이것은 사물의 존재론적 규정이다. 그러한 이유로 도구라는 말은, 일본어에서는 사물이 일반적으로 부여받은 기능적 규정을 의미하기 때문에, 오히려 하이데거가 부여한 개념과는 반대의 의미로 받아들이기 쉽다. 따라서 예를 들면 용구라는 번역이 보다 좋을지도 모르지만, 여기서는 도구라는 번역을 답습해 둔다.

아니다. 하지만 그래도 언어는 우리들에게 있어 하나의 존재자이
다. 그것은 독자적인 존재성격을 갖고 있고, 그 성격을 적절하게
규정하는 것은 간단하지 않다. 그렇지만 언어 또한 하나의 존재자
인 이상, 전술한 존재론적 원리, 즉 모든 존재자는 그 일반적=객
관적인 존재규정을 갖는 것과 함께 또한 실존론적인 각자의(그때
마다의) 고유성을 갖는다는 원리가 그대로 일치한다.

예를 들어 해머라는 언어는 마치 책상이라는 존재자가 일반적
=객관적으로는 그 위에서 여러 가지 작업을 행하기 위한 각이 있
는 대로 규정되듯이, 일반적으로는 철제 퇴, 경기에 사용되는 철제
구, 피아노 등에서 현의 발음체를 때리는 작은 퇴 등등의 의미를
가진 언어기호로 규정된다. 그러나 그것은 또한, 실존론적으로는
실제 언어행위를 행하는 인간의 욕망=관심에 상관하여 그때마다
의 고유성을 갖는 도구적 존재도 되는 것이다.

하이데거는 이런 사정을 다음과 같이 설명하고 있다. 조금 길지
만 인용해보자.

그러나, 진술은 어디까지 해석의 하나의 파생적 양태가 되는 것
일까?…논리학이, 예를 들면 '이 해머는 무겁다'라는 정언적 진술
명제에 관해서 주제로 하는 것을, 논리학은 모든 분석에 앞서 항
상 잽싸게 논리적으로 양해해 버리고 있다. 어느 새 이 명제의 의
미로서 이미 전제되고 있는 것은, 이 해머라는 사물은 무겁다는
고유성을 갖는다는 것이다. 배려적으로 염려하고 있는 배시 속에
서 이러한 진술은 당분간 없다. 그렇다고 해도 그러한 배시도 자
기 독특한 해석의 많은 방법을 갖고 있어서, 그것들의 많은 방법
은 전기의 이론적 판단과 연관시키면, '이 해머는 너무 무겁다' 와
혹은 오히려 '너무 무겁다, 다른 해머를' 이라고 표현할 수 있다.

해석의 근원적인 수행은 이론적 진술명제라는 것에 감추어져 있는 것이 아니라, 그때 쓸데없는 말을 묻지 않고 부적당한 일의 도구를 배시적으로, 배려적으로 염려하면서 옆으로 옮기거나, 내지는 바꾸거나 하는 것에 감추어져 있는 것이다.…

예지에서 유지되고 있는 존재자, 예를 들어 해머는 우선 도구로서 도구적으로 존재하고 있다. 이 존재자가 무언가 진술의 대상이 되면, 진술을 위한 발단을 두는 것과 함께 어떤 전환이 처음부터 예지의 형태로 거행된다. 아울러 종사하고 실행할 도구적으로 존재하는 도구적 대상은 그것에 관해서 제시하면서 진술할 사물적 대상이 되어버리는 것이다. 예시는 도구적 존재자에 있어 사물적 존재를 겨냥하고 있는 것이다. 이것은 주시라는 형태를 취해 바라보는 것으로, 그렇게 바라보는 것을 통해서, 또한 그렇게 바라보는 것에 있어서 도구적 존재자는 도구적 존재자로서 가려져버린다. 이러한 도구적 존재자를 은폐하면서 사물적 존재성을 폭로하는 것의 내부에서 우연히 만난 사물적 존재자는 그것이 여차여차하여 사물적으로 존재하고 있다는 점으로 규정된다.

지금 처음으로 고유성³⁾이라는 것에 가까운 통로가 열렸다. 진술이 사물적 존재자를 그 자체로 규정하는 당연한 것은 그 사물적 존재자 그 자체에서 짐작된다. 해석의 '~로서'라는 구조는 하나의 변양을 받은 것이다. 그러한 '~로서'는 양해된 것이 우리 것이 된다는 그 기능에서 무언가 적소 전체성을 파악하려고 손을 뻗치는 것은 이미 아니다. 그러한 로서는 여러 지시관련을 분절할 수 있는 자기의 여러 가능성에 관하여, 환경세계성을 구성하고 있는 유의의성에서 차단되고 있다.…배시적인 해석의 근원적인 로서를

---

3) 여기서의 고유성은 존재자의 각자적 고유성이 아니라, 단지 일반성질을 의미한다.

사물적 존재성 규정의 로서로 이렇게 수평화하는 것이 진술의 특별한 장점이다. 이렇게만 진술은 순수하게 바라보면서 제시하는 가능성을 획득하고 있다.[4]

여기서는 하이데거에 의한 언어의 의미의 본질관취의 핵심적 부분으로 이 패러그래프의 전체를 욕망상관적 관점에서 원문에 의거하여 번역으로 상술해보자.

그러나 여기서 더욱 주의해야 할 것이 있다. 진술이란 해석의 파생적 양태라고 말했지만, 그 의미는 다음과 같다.

논리학은 일반적으로, 예를 들어 '이 해머는 무겁다'라는 정언적 진술을 암암리에 '이 해머는 무겁다'라는 특징(=고유성)을 갖는다는 자명한 의미로 파악된다. 논리학적인 명제의 의미란 그러한 것이다. 하지만 진술이라는 것을 실재론적인 시선으로 파악하면, 그 의미는 달라진다. 여기서 먼저 진술이라는 것은 해석에 근거를 갖는다고 생각하지 않으면 안 된다. 실재론적인 의미에서의 해석이란 배려적으로 염려하는 배시(=지금 여기 있는 이 정을 잘 치고 싶다는 욕망=관심에서 나오는 여러 배려의 모습, 그 관점에서 사물을 보는 시선)를 기점으로 그 곳에서 생기는, 예를 들어 이 해머는 지금 이 정을 때리기 위한 도구로서는 너무 무거워 사용하기 어렵다든가, 다른 해머가 필요(하기 때문에 집어줘)하다는, 어디까지나 실천적인 의미성(관심성, 기도성 등)을 내포하고 있다. 그러나 그것은 또한, 말하자면 그때 쓸데없는 말을 묻지 않고, 단지 그 곳에서 필요한 것을 수행하려고 하는 목적=관심상관에 있

---

4) 《존재와 시간》 33절, 284~285면.

다. 실재론적인 의미에서 해석의 본질은 그러한 배시를 기점으로
하는 로서의 관련성에 있다.

진술은 어디까지나 이러한 해석을 근거로 하고 전제하여 생긴
다. 즉, 전술한 것처럼 해석에서 '이 망치는 무겁다'는 진술이 나
타날 수 있지만, 그러한 진술이 나타나자마자, 거기서 하나의 중요
한 시선의 변경이 생긴다. 즉, 해석 속에서 그때마다의 실천적인
목적(관심)과 상관적인 도구적 존재성(조금 무겁다든가, 쓰기가 나
쁘다 등)으로서 파악된 해머는 '이 해머는 무겁다'라는 진술에 의
해, 그 해머의 일반적인 사물적 대상성이 무엇일까 하는 시선을 받
게 된다. 그리고 이 일반화하고, 객관화한 시선은 해머의 그때마다
의 고유한 도구적 존재성을 오히려 뒤집어 은폐하려는 성격을 갖
는다. 즉 진술은 이 해머를 그때마다의 도구적 존재(Zuhandensein)
로 파악하는 것에서, 일반적인 규정으로 해머라는 사물적 존재
(Vorhandensein=정 등을 때리기 위한 도구로서의 해머)의 파악으
로 이행한다. 이렇게 이 해머는 무겁다라는 진술은 그것이 양해=
해석으로서 있을 때에 존재했던, 여기서 때리는 것으로서 고유한
의미성을 은폐하고, 오히려 이 해머는 '무겁다'라는 '성질'을 갖고
있다(혹은 이 해머는 평균적으로 말해 무겁다)라는 일반적=객관
적 규정을 현재화시키는 것이다.

하지만 여기서 잊으면 안 되는 것은, 어떤 진술도 본래 해석에
서의 변양태로서 존재한다는 것이다. 진술 또한 '~로서'라는 규
정을 제시하지만, 이 규정은 해머를 때리는 것, 무거운 것 등이라
는 일반적인 사물존재 '~로서' 규정하는 것이고, 그것은 말하자
면 해석에서 도구적 존재로서의 해머가 갖는, 그때마다의 실재 목
적(관심) 상관적인 ~로서의 유의의 연관을 차단하는 형태로 행해
지고 있다.

하이데거의 주장을 더욱 부연해보자. 그의 요점은 다음과 같다. 주체적인 상황에서 우리들이 이 해머는 무겁다라고 발어했다고 하자. 그것은 원래, 현존재 그때마다의 욕망＝관심에서의 실재론적 "해석"을 기점으로 하고 있고, 거기에서 생긴 진술이다. 따라서 그곳에는 지금 여기서 "이 해머는 너무 무거워서 사용하기 어렵다"든가, "다른 해머를 갖고 싶어"라는 의미가 포함되어 있다. 진술이 포함하는 이런 고유한 의미의 측면을 우리들은 의미의 각자적 고유성이라고 부른다. 그러나 이 해머는 무겁다라는 진술은 그것이 그러한 술정으로서 외화된 순간, 이 해머는 무겁다라는 명제의 일반적＝평균적 규정성을 띠게 된다. 그래서 이 해머는 평균적으로 말해 무겁다라는 일반적 성질을 갖는다는 일반적 규정임에 틀림없다. 이 해머는 무겁다라는 진술의 이러한 의미의 측면을 우리들은 이미 의미의 일반성 혹은 일반적 의미라고 불러왔다.

즉, 하나의 진술, 명제는 본질적으로 의미이중성, 의미의 일반성과 의미의 각자적 고유성이라는 이중화를 갖는다고 할 수 있다. 이 사정은 파롤이든 글쓰기이든 변하지 않는다. 이미 보았듯이, 글쓰기의 경우에도 읽는 사람은 표현의 배후에 암암리에 발어자의 뜻, 즉 그 발어가 이루어진 때의 발어자의 목적＝관심상관성을 상정하고 있기 때문이다.

그럼 왜 언어는 발어되고 진술된 것으로서는 그러한 필연적인 이중성을 띠는 것일까? 그것은 언어 기호에서 의미의 일반규범성에 유래한다고 말할 수 있다.

언어도 역시 책상과 해머와 수목과 같이, 세계내부적인 존재자(＝사물)이지만, 언어는 수목처럼 자연존재가 아니다. 그것은 책상과 해머처럼 기능적인 도구로서 만들어진 제품이 아니지만, 그래도 어떤 의미에서 특정한 기능을 다하는 것으로 "만들어진" 존재자라고 할 수 있다. 즉 언어란 일반적으로 말하면, 어떤 대상을 표시하고 지시하는 기호, 또한 표시된 여러 대상의 상호관계 등을 규정하는 기호이며, 그 종류와 종류별로 일반적 규범(언어 룰)을 가진 기호의 체계로서 존재하고 있다. 그러나 한편으로 이 룰의 체계는 엄밀하게 규정되지 않는 것, 언어 룰은 어떤 이유로 그때마다 상황에 따라 변화하는 것, 또한 룰의 근거를 수행하는 것으로 무한후퇴에 빠지는 등, 언어의 일반규범에 관한 패러독스가 존재한다. 이것을 어떻게 생각하면 좋을까?

미리 말하면 이렇게 된다. 모든 말은 일반적 의미의 규정성을 갖는다. 그것은 말하자면 말의 사전적 의미, 즉 일반적=평균적 존재규정이다. 또한 언어는 전체적인 체계로서, 말끼리의 관계와 연관에 관한 일반적인 규정, 규범을 갖는다. 소쉬르가 렁그(langue)=일반 언어규범이라고 부른 것이 그것이다. 마치 책상과 해머라는 존재자가 기능적 도구로서의 일반적=객관적 규정을 받듯이 책상과 해머라는 말은 일반적 의미에 의해 규정되고 있다.

우리들은 언어를 그러한 일반적 의미, 일반규범을 가진 것으로서 사용하지만, 발어된 말은 이 일반적 의미 그 자체를 지표하고 표시하지 않는다. 여기서는 발어, 진술이라는 사태에서 생기는 것의 본질에 관해서 더 한발 고찰해 나갈 필요가 있다.

우리들의 구체적인 언어행위에는 반드시 그때마다의 실존적인 목적=관심성에 입각한 사태의 양해-해석이 있고, 이것을 기점으로 발어라는 것이 생긴다. 하지만 사태의 양해-해석은 그 자체가 언어적 의미는 아니다. 즉 여기에는 의미의 연관이 생긴다고는 할 수 있지만, 그것이 즉시 언어적인 의미라고는 말할 수 없다. 우리들은 생의 여러 상황에서, 자신의 주변의 세계에 관해서 그때마다의 양해-해석을 갖고 있지만, 이것이 발어=진술로 초래되는 때에는 그 나름의 동기가 존재하는 것이다. 앞에서 보았듯이 언어의 의미는 이 발어=진술에서 그때마다 생겨난다. 그 실존론적 구조를 명확히 하기 위해 먼저 발어=진술이라는 행위의 동기의 본질에 관해서 고찰해보자.

2. 발어의 현상학

먼저, 발어행위의 전체를 시발적인 내언(직관을 마음 속에서 말로 해보는 것), 독어(소리 내어 보는 것), 누군가에 대해 발화라는 여러 계기에서 파악하여, 각각의 행위 동기의 본질을 파악해 보자.

1) 내언

우리들이 내언을 하는 동기는 무엇일까? 미리 말하면, 자신이 지금 관계하고 있는 사태에 관하여 자각화, 명료화, 자기확인 등이 그것이라고 말할 수 있다. 예를 들면 운전하면서 전방의 적신호를 확인했을 때, 굳이 적신호라고 내언할 필요는 없다. 그것뿐이라면 누구라도 그러한 내언을 하지 않는다. 그러나 오늘은 절대 위반하면 안 된다는 사정이 있는 경우, 적신호를 확인하고 적신호다라고 내언하여, 자각과 확인을 자기 자신에게 강조하는 경우가 있다. 또 지금부터 정리한 것을 실수하지 않고 발어하지 않으면 안 된다고 할 때, 미리 그 어순과 사용해야 할 적절한 말의 사용을 확인하기 위해 내언해보는 경우도 종종 있다. 예를 들면, 우리들이 외국어를 말하는 경우, 꽤 익숙하지 않는 한 예비적 내언은 극히 일반적이

204

다. 이것은 적절한 발어를 우한 내적인 확인이라고 불릴 것이다.

하지만 또한, 내언에는 중요한 특징이 있다. 우리들이 무언가 사념을 떠올릴 때, 그것을 내언이라고 부를지 아니면 단순한 전언어적인 상념에 불과한지 실제로 종종 판정이 되지 않고, 또 그때마다 판정을 하고 있는 것도 아니다. 오히려 그러한 경계의 불확정성이 내언의 한 특징이기도 하다고 할 수 있다. 더욱이 일반적으로 내언에서는 언어표현으로서 내언과 발어주체의 뜻은 거의 겹치고 있고, 그 사이에 어긋남이 없다고 간주된다. 예를 들어 '하늘이 파랗다'라는 나의 내언은 지금 내가 보고 있는 하늘의 파람에 관한 나의 감동 그 자체와 다르지 않고 일치하고 있다고 생각되기 때문이다.[5] 그러나 엄밀하게 내언은 그것을 내언이라고 부르는 한 언어적 표현이고, 즉 언어적 표상을 수반한 내적 사념이라고 할 수 있다. 즉 그것은 단순한 초기사념과 초기표상(전언어적 사념) 그 자체가 아니다. 다시 말하면, 내언이 내언인 것은 그곳에 초기사념=표상과 언어표현과의 사이에 무언가의 관계가 있다고 간주되는 한에 있어서이고, 그곳에는 잠재적으로 어긋남의 가능성이 존재하고 있다고 할 수 있다. 앞에서 서술한 외국어를 말하는 경우가 그 단적인 예로, 우리들은 자신이 말해야 하는 것을 일단 내언으로 표상하고, 그것이 자신의 뜻을 적절하게 표상할지 어떨지를 확인하며, 때에 필요한 수정을 첨가한 후 그것을 발어한다. 외국어를 말한다는 경우는 내언에 있어서도 그것에 본질적인 언어관계(발어자의 뜻과 그 표현과의 신빙관계)가 가로막고 있는 것을 잘 보여주고 있다. 이것은 또 우리들에게 내언이 발어주체의 뜻→내적인 표현성이라는 최저한의 기초적인 언어구조를 갖고 있다는

5) 후설이 말하는 '고독한 심적생활의 표현'에 해당한다.《논리학연구》제2권 45면 참조.

것을 가르쳐준다.

2) 독어

독어의 중심적 동기는 내언에서 자각화, 명료화, 자기 확인 등의 정도를 높이는 것이라고 말할 수 있다. 분부받은 일을 잊지 않기 위해, 걸으면서 판석, 세장이나, 꽁치 세 마리라고 독어하는 경우가 그것에 해당한다. 혹은 자신을 타자처럼 상정하여 말을 하는 경우도 생각할 수 있다. 독어는 어떤 의미에서 내언을 음성화하는 것이라고 생각할 수 있고, 또 직접 타자를 상정하지 않는 발어라고 생각할 수도 있다. 그러나 기본적으로는 내언의 전개형이라고 생각하는 것이 타당하다. 그 이유는 하나로, 독어에서는 내언과 같이 언어의 본질적인 신빙구조 속에서 듣는 사람→발어주체의 뜻이라는 구조가 존재하지 않기 때문이다. 내언과 독어가 종종 뜻과 표현 간의 어긋남이 존재하지 않는 완결하고 순수한 언어로서 생각되어지는 근거는 여기서 발어주체의 뜻이 추측되어야 할 초월이 아니라 항상 여건으로서 직접 부여되어 있는 이유에 의해서이다.

독어는 원칙적으로 외적인 발어행위이기 때문에 내언과 비교하면 언어표상화가 변하기 어렵게 명료화되어 있다. 따라서 내언의 경우처럼 경계의 불확정이라는 것은 있을 수 없다. 때문에 이것도 앞에서 보았듯이 우리들은 드물게 독어에서 잘못 말하는 것을 경험한다.[6] 그럼에도 불구하고 독어에서 이렇게 잘못 말하는 것의 의미와 이유는 여기서의 유일한 당사자인 발어자에게 명증적으로 알려져 있다. 여기서는 뜻과 표현의 어긋남은 생길 수 있지만, 뜻

---

6) 본서 제4장 2절 144면의 돼지발에 편자의 예를 참조.

자체가 항상 직접성으로 부여되고 있기 때문에 의미를 모르겠다든 가 오해하는 것이 생기지 않는 것이다.

쓰는 것은 어떤 의미에서 독어처럼 보이지만, 실은 특정한 사람 앞으로 쓴 경우이든 불특정한 대상을 향한 경우이든, 원칙으로 누 군가를 향한 발어이기 때문에 독어라고는 말하기 어렵다. 자신만 을 위한 일기와 같은 경우도 자기 자신이 또 한 사람의 독자로서 상정되고, 또 잠재적으로 미지의 독자에게 읽힐 가능성도 있다. 이 점에서 쓰는 것은 오히려 발어=진술적 본질을 갖는다.

3) 발어

누군가를 향해 발어하는 것, 즉 서술하거나, 경고하거나, 명령하 거나, 질문하거나, 기원하거나, 확인하거나, 이야기하거나, 노래하거 나 하기 위해 발어=진술하는 것, 이것의 기본 동기는 무엇일까? 진술의 본질적 동기는 사태의 인식과 관계양해를 타자와 공유하는 것이라고 말할 수 있다. 그러나 발어=진술은 상술했듯이 여러 종 류를 갖고 있고, 단순한 양해의 공유라는 것에 머무르지 않으며, 오히려 그것은 양해의 공유를 통해서 타자와의 관계를 만들어 낸 다고 할 수 있다. 인간의 공=존재성은 구체적인 타자와의 관계의 끊임없는 엮임과 교환, 쇄신으로 영위한다. 인간관계의 본질은 그 것이 인간끼리의 환상적인 룰 관계, 계약관계라는 점에 있지만, 말 하는 것, 발어하는 것은 그 관계의 끊임없는 쇄신의 계획이라는 의미에서 관계행위이다. 파롤의 경우, 이 관계행위는 특정한 타자 의 관계를 향해 던질 수 있지만, 글쓰기의 경우에는 불특정한 타 자와의 관계를 대상으로 포함될 수 있다.

그러나 발어가 내언과 독어와 명료하게 구별되는 근본적인 차

이는, 여기에 언어의 본질적인 신빙구조의 두 계기, 발어주체-언어
표현이라는 관계의 신빙구조와 언어표현이 매개하는 발어주체-듣
는 사람의 양해라는 관계에서 그것이 같이 존재한다는 것이다. 즉
발어에서 처음, 언어행위의 시발점으로서의 뜻은 본질적으로 신빙
구조 중에서 확신으로서만 성립하는 초월로서의 성격을 갖게 된
다. 때문에 내언과 독어에서도 언어표현과 발어자의 뜻 간에 잠재
적인 어긋남의 가능성이 있지만, 그 경우 이 어긋남의 의미와 이
유는 본인에게 있어서 명증적인 것이다. 하지만 발어행위에서는
발어자의 뜻-듣는 사람 간의 신빙구조는 어디까지나 확신의 구조
로서 존재하고, 절대적인 이해에 달하는 것은 있을 수 없다. 현상
학에서 현실대상의 확인구조와 같이 그것은 초월에 머무른다.[7] 이

7) 초월－내재는 현상학에서 대상존재의 확신조건을 해명하는 초월론적 환원에
   의해 파악된 중심개념. 눈앞에 존재하는 사과로부터 세계의 객관존재에 관한
   여러 인식에 이르기까지, 외적인 대상존재는 그 신빙구조로서 파악되는 한 본
   질적으로 초월이라는 성격을 갖는다. 이것은 사과다, 이것이 '이러이러한 것이
   다'라는 존재확신은 어디까지나 의식의 여러 조건으로 지탱된 하나의 확신상
   (＝노에마)이라서, 원리적으로 조건의 변양에 의해 확신상의 변경이 생길 수
   있다. 그 의미에서 모든 외적인 대상존재의 확신은 절대적인 것, 최종적인 확
   정자로서는 부여받지 않는다. 후설 자신의 해설은 이하와 같다. 이것에 반해
   (내재의 개념과는 다르고—다케다의 주), 우리들이 알고 있는 것처럼 사물세
   계의 본질에는 다음의 것이 속한다. 즉, 이 사물세계의 권역에서 아무리 완전
   한 지식이라 하더라도, 어떤 절대적인 것을 주는 것은 없다는 것이 그것이다.
   …비록 아무리 멀리까지 경험이 다다른다고 해도, 그러한 어떤 경험에 관해서
   전부, 거기서 부여된 것이 그 부여된 것의 살아있는 자체의 뚜렷한 자기 현재
   에 관한 부단한 의식에도 불구하고, 현실존재하지 않는다는 것의 가능성의 여
   지가 남아있는 것이다(《고안Ⅰ-Ⅰ》46절 내재적 지식에는 의심이 없는 것, 초
   월적 지식에는 의심이 있는 것, 199면). 언어에서도 발어주체의 뜻은 현상학적
   인 신빙구조의 이런 초월적 대상으로서 존재한다. 내언과 독어에서는 발어주
   체의 뜻은 초월이 아니라 내재이다. 따라서 발어＝진술에서 처음 언어는 통상
   의 의미로의 신빙구조를 갖추게 된다.

처럼 발어자의 뜻에 관한 받는 사람의 양해는 그것이 아무리 뚜렷하고 완고한 확신이라고 해도, 실은 오해였다는 가의성의 여지가 원리적으로 남아있다.

발어에는 또 하나의 중요한 특징이 있다. 하이데거 진술의 현상학적=실존론적 분석이 나타냈듯이, 여기서 언어는 밖으로 발어되어 객관적인 것이 된다. 이것에 의해 발어는 양해되어야 하는 발어자의 뜻이라는 계기(=고유성)와 일반적=평균적 의미를 가진 렁그라고 하는 계기(=일반성)로 분열된다. 그 때문에 어떤 발어도 한편으로는 현실언어로서, 즉 받는 사람이 발어주체의 뜻으로 다다르려고 하는 양해기투의 구조로서 성립하는 것과 함께, 또 한편으로 일반적 명제로서, 일반적 의미의 잠재적 구성체로서 파악할 수 있는 대상이 되는 것이다.

이렇게 내언 독어 발어=진술이라는 각각 행위의 실존론적 동기를 고찰하는 것으로, 언어의 의미의 이중성이라는 현상의 본질적인 연관이 한층 명백해졌다. 내언과 독어가 언어라고 말할 수 있는 것은, 그것이 무언가 언어표상을 수반하는 경우에 한해서 이며, 그 의미에서 어디까지나 초기사념=표상 그 자체가 언어는 아니다. 즉 언어의 의미는 이런 이유로 본질적으로 사념=표상과 언어표현 사이에 생기는 것이다. 또 발어에서만, 언어의 본질적 신빙구조의 두 계기가 통일된 형태로 모습을 나타낸다. 때문에 여기 언어의 의미에서 두 가지의 꼬임이 생긴다. 하나는 발어자의 뜻과 받는 사람의 양해의 관계가 본질적으로 신빙관계라는 것(절대적인 정답이 존재하지 않는 것). 또 하나는 언어표현 자체가 언어 의미의 일반성(일반적=평균적 의미)과 고유성(발어자의 뜻)이라는 이중성을 내포한다는 것이다.

이것에 관해서 비트겐슈타인의 다음과 같이 흥미 깊은 논술이 있다.

당신은 새파란 하늘을 보고, 당신 자신에게 외친다: 하늘이 어쩜 이렇게 파란 것인가!―당신이 철학적 의도를 갖지 않고, 자연스럽게 그렇게 외쳤을 때―그 말은 이 색의 인상은 나에게만 속해 있는 것이다라는 의미로 들리지 않는다. 그리고 당신은 상황에 따라 이 외침을 타자에게 향하게 하는 것에 어떤 의심도 갖지 않는다. 그리고 당신이 하늘이 어쩜 이렇게 파란 것인가!라는 말에서 무언가를 지시할 때, 그 무언가는 하늘이다. 내가 말하고 싶은 것은 이렇다: 이 경우 당신은―사람이 사적 언어의 고찰에 있어 감각의 명명을 할 때, 종종 수반하는 것―당신 자신의 내면을 지시한다는 느낌을 갖고 있지는 않다.[8]

알기 어려운 말이지만, 여기서 비트겐슈타인이 말하려고 하는 것은 먼저, 언어의 기능은 발어자 내면의 전달, 즉 그의 고유의 감각과 의미의 전달이라는 점은 아니라는 것, 더욱이 또한 이 내면의 전달이라는 것이 발어자의 의도도 아니라는 것이다. 그는 더욱 이렇게 쓴다.

그러나 어떤 말에서 사람이 어떤 때는 모두에게 알려져 있는 색을 의미하고,―또 어떤 때는 자신이 지금 갖고 있는 시각인상을 의미한다고 믿고 싶은 느낌이 드는 것은 도대체 왜일까? 여기서 그 한편으로 어째서 성립하는 것일까?―나는 이들 두 가지의 경우에 있어서 색깔에 같은 종류의 주의를 향하지 않는다.[9]

---

8) 《철학탐구》, 275절 189면.
9) 같은 책, 277절 1909면.

여기서의 물음은 파랗다라는 말은 왜 한편으로는 일반적 의미로서 파랑을 의미하고, 다른 한편으로는 자신이 보고 있는 이 파랗다라는 고유체험을 표현하는 것이라는 느낌을 주는 것일까 하는 형태를 취하고 있다. 즉 여기서 그도 언어의 의미의 일반성과 고유성이라는 이중성의 문제를 제시하고 있다. 같은 하나의 말이 왜 의미의 이중성을 갖는 것일까? 비트겐슈타인은 이 사태를 많은 언어학자가 그러하듯이 말의 분류와 구분에 의해 정리하는 방법을 피해, 어디까지나 있는 그대로 언어 현상으로서 이것을 고찰하고 있다. 그 결과 비트겐슈타인은 형식논리의 한계를 철저하게 추구하는 곳까지 나아간다. 그러나 그 앞이 문제이다.

판석, 세장이라고 발어하는 것(의 본질)은 한편으로 판석 세장이라는 말의 이어짐에 의해 표시되는 말의 일반적 의미를 표시(지표)하는 것일 수 없다. 그러나 또 한편으로 그것은 판석 세장이라는 말에 의해 표시되는 대상과 사태에 관한 자기 고유의 감각과 의미를 전달하는 것도 아니다. 그렇게 비트겐슈타인은 말한다. 그리고 여기에서 언어는 발어자 독자의 내면의 표현이라는 생각에 대한 비판이다.

물론 그가 말하는 그대로 판석, 세장이라는 발어에서 우리들은 판석이라는 말에 끼어있던 나의 내면의 고유성이라는 것을 전달하려고 하는 것이 아니다. 하지만 그럼에도 불구하고 이 사실은 발어에서 언어의 고유성이라는 측면을 배제하는 것이 아니다. 판석, 세장이라는 언어는 반드시 발어자의 타자에 대한 그때마다의 관계기투라는 고유의 동기를 갖고 있고, 그것이야말로 이 말의 고유성인 것이다.

혹은 또한 다음과 같이 말할 수 있다. 판석, 세장이라는 발화에서 발화자는 그 말에 관한 바꾸기 어려운 자기 독자적인 감각을 전달하고 싶다고 생각하지 않는다. 오히려 그의 의도는 단지 누군가에게 자신의 명령과 요청을 전하거나, 혹은 어떤 확인을 하고 싶다는 등으로 생각할 뿐이다. 그것은 말하자면, 그 말에 의해 표시된 사태를 공유하려고 하는 시도이다. 즉 발어의 핵에 있는 것은 고유한 감각의 전달이라는 것이 아닌 하나의 관계기투임에 틀림없다. 그리고 이 관계기투는 실로 그때마다의 독자성과 고유성을 갖고 있고, 그것은 일반적인 의미에 의해서는 표현되지 않는다. 이 관계와 사태공유의 시도 그 자체는 일반 공유성으로는 생각하지 않고 반드시 각자적인 고유성을 갖고 있다. 즉, 언어의 의미의 고유성은 언어의 사적 계기에서 생기는 것이 아니라, 발어행위에서 관계기투의 각자성의 계기에서 생기는 것이다.

이리하여 다음과 같이 말할 수 있다. 언어행위의 본질은 항상 인간의 실존적 동기에서 나타나고, 그때마다의 욕망=관심에 상관한 인간의 관계기투라는 동기를 갖고 있다. 인간의 관계행위는 근본적으로 언어라는 도구적 존재를 사이에 두고 행해진다. 이것은, 인간의 관계행위에서 언어는 중요한 역할을 담당하고 있다는 이상의 의미를 갖고 있다. 오히려 인간은 세상에 태어났을 때부터, 즉시 모친(보호자)과의 관계세계로 끌려 들어간다. 이 관계세계가 이미 언어적으로 편집된 환상관계의 세계이다.[10]

상징적으로 말하면 모친의 처음의 중요한 언어행위는 안돼!라

---

10) 여기서의 '환상관계의 세계'란, 인간의 세계가 언어적 질서에 의해 분절된 관계세계라는 것을 의미하지만, 이것을 라캉에게서 본떠 상징계로 부르는 것도 가능하다. 하지만 라캉의 상징계는 존재하지 않는 것(파로스)을 지향하는 것을 단서로 하는 인간세계의 의미의 질서성이라고 하지만, 이것은 전형적인 형이상학적 반전을 받은 이야기이다. 오히려 인간이 가치의 질서를 갖는 것이야말로, 인간의 세계가 상징적 질서로서 성립하고 있는 것의 근거이고 본질이다.

는 금지이지만, 금지는 이미 룰(계약성)의 창설이다. 인간의 관계 세계는 암흑의 룰 관계에서 성립되고, 따라서 니체가 날카롭게 간파했듯이.[11] 룰을 지키는 것의 가치가 먼저 기본적이고 본질적인 질서가 된다. 인간의 세계가 상징질서라는 것은 인간의 세계가 언어에 의해 분절된 의미의 질서라기보다, 오히려 가치의 질서(윤리적, 심미적, 진위적 질서)라는 점에 본질을 갖고 있다. 인간 가치평가의 본질은 계약과 그 현실성(약속을 지키고, 이행하는 것)에 처음의 근거를 둔다는 것이 니체의 생각임에 틀림없다. 인간은 그 관계세계를 엮어가는 것에서 중요한 도구의 하나로 언어를 사용한다기보다, 인간적인 관계세계의 본질이 언어적인 계기성을 근거로 하는 가치의 질서를 이루고 있다고 말하는 것이 보다 적절하다.

여하튼 언어행위의 근본 동기는 관계기투이고, 따라서 뜻의 기투와 그 받는 것의 신빙구조가 언어행위에서 의미라는 것의 본질을 이룬다. 또 언어기호는 관계기투라는 동기에 있어 도구적 존재이다. 언어가 그러한 관계기투의 도구적 존재일 수 있는 것은 그것이 기호로서 일반적인 대상지시성과 관계표시성(지표성)을 갖기 때문이다. 이 일반성은 일반적인 약정으로서 기호에 속하는 대상지시성과 관계표시성이지만, 또한 이 약정은 관습적이고 집합적인 비인공적 계정, 즉 약정의 기점을 갖지 않고 그 초월적 규정자도 갖지 않는 독자적인 체계를 이루고 있다. 우리들은 이러한 사회적 룰의 체계를 사회 집합적 약정의 체계로 불러두자. 언어기호의 이런 일반적인 대상지시성과 관계표시성의 본질구조는 소쉬르의 시니피앙-시니피에라는 구도에서 아주 적절하게 표시되고 있다. 특

---

11) 약속하는 것이 가능한 육성하는 것.—이것이야말로 자연이 인간을 안중에 두고 스스로 부과한 어떤 역설적인 과제 그 자체인 것은 아닐까? 이것이야말로 인간에 대한 본래의 과제가 아닐까? (《도덕의 계보》, 423면).

히 중요한 것은 시니피앙과 시니피에의 부합은 자의적이고, 이 부합관계에 의해 지표의 일반성이 유지되고 있다는 점이다.

우리들은 어떤 뜻을 고유한 관계행위로 기투할 때, 실로 언어기호의 일반적 지표성을 도구로서 이용한다(그것은 우리들이 책상을, 유리를 깨거나, 밟는 대로 사용하거나 할 때, 책상의 일반적인 성질을 이용하는 것과 닮았다). 즉, 일반적 의미로서의 언어기호를 사용하여 그때마다의 고유한 관계기투(뜻의 전달 등)를 표현하려고 하는 것이지만, 이때 예를 들면 판석과 세장이라는 말이 그 자체의 일반적 의미(일반적인 대상지시성과 관계표시성)밖에 갖지 않는 것은 오히려 우리들이 고유의 뜻과 기도를 기투할 수 있는 것의 전제이다. 만약 판석이라는 말이 어떤 고유성으로서의 판석을(대상의 고유성, 혹은 판석에 관한 사적 감각의 고유성으로서) 지시하면, 우리들은 판석이라는 말을 단지 한 번밖에 사용할 수 없게 되고, 그것을 여러 상황에서 여러 뉘앙스로 사용하는 것은 불가능할 것이다. 즉, 언어기호가 그 자체로는 일반적 의미밖에 갖지 않는다는 것이, 오히려 각자적인 실존기투로서의 언어행위를 가능하게 하는 조건이다.

이것을 또한 다음과 같은 측면으로 말할 수 있다. 기호는 원리적으로 유한한 단위의 조합으로부터 이루어진다. 즉 그것은 디지털 기호의 시스템이다. 그러나 우리들이 언어행위에 의해 전달되어야 하는 심경은 본질적으로 무한한 아날로그적 다양성을 갖는다. 하나는 심경의 색깔의 무한성이라는 것이, 또 하나는 현실이라는 지평의 현상이 무한성을 갖는다는 것이 그 근거이다. 기호가 본질적으로 유한의 지시성과 표시성밖에 갖지 않는다는 것, 이것은 언어기호의 본질중 하나이다. 즉, 우리들은 유한한 디지털 기호를 이용하여, 무한적 성격을 갖는 심경과 기도를 전달하려고 한다.

이 때문에 언어에 의한 뜻의 전달은 재현과 대행=표상과 투영이 아니라, 표현이라는 본질을 갖는 것이다. 즉 언어행위는 자신이 생각한 것과 현실에서 인식하거나 판단한 것을 있는 그대로(=직접성으로서) 타자에게 전달하는 것이 아니다. 실로 이 사정에 의해 언어행위의 의미 양해는 A발어주체 -L언어표현 -B수어주체라는 관계에서 언어 콘텍스트로 뒷받침된 신빙구조로서 성립한다. 언어 콘텍스트로 뒷받침된 신빙구조가 없으면, 언어는 일반적 의미 이외의 것을 지시하거나 표시하거나 할 수 없기 때문이다.

이렇게 발어행위의 흔적으로서 언어(명제, 문장 등)는 한편으로 그것을 구성하는 말의 연관에 의해 규정된 의미의 일반성을 표시함과 동시에, 또 한편으로 본질적으로 고유의 관계기투로서 발어행위의 "흔적"이다.

3. 규칙의 패러독스

그럼, 우리들은 이제, 왜 현실언어에서 신빙구조라는 본질을 제거하면 일반언어표상이 되고, 그곳에서 왜 다의성과 결정불가능성이라는 수수께끼가 나타날까에 관해서 보다 본질적인 이해에 이르고 있다. 콘텍스트가 지탱하는 의미기투의 신빙구조가 말소되면, 언어의 일반적 의미만이 무규정적으로 해방되고, 특정한 의미를 한정하는 근거가 없어지게 된다. 거기서 언어의 다의성과 결정불가능성이라는 현상이 모습을 보인다.

다의성의 수수께끼에 관해서는 이미 보아왔기 때문에, 다음에 결정불가능성, 다시 말하면 언어규칙에 관한 규정불가능성에 관해서 고찰을 계속해보자.

크립키는 《비트겐슈타인의 패러독스》[12]에서 68+57 =5라는 수식에 관한 잘 알려진 패러독스를 제시하고 있다. 그에 의하면, 상식적으로는 68+56 =124가 되지만, 68+57 =5라는 답이 틀렸다고는 말할 수 없다. 왜냐하면 이때, 여기서의 +가 이른바 플러스가 아니라, 크와스[13], 즉 어떤 수에 가산되는 수가 57을 넘을 때, 답은 항상 5이다라는 개념이 아니라는 것을 엄밀하게는 증명할 수 없기 때문이라고 말한다.

이 패러독스를 좀더 간단한 형태로 하면, 2, 4, 6, 8, 10, 12…라는 수열의 다음에 오는 것은 어떤 수일까라는 물음의 패러독스가 된다. 보통은 14가 정답이라고 누구나 생각한다. 하지만 크립키에 의하면, 이것은 어떠한 임의의 수도 정답이 될 수 있다. 예를 들어 그것은 16일 수 있다. 왜냐하면 적어도 여기까지의 수의 배열로 보면, 이 수열의 규칙이 12까지는 2씩, 12를 넘으면 4씩 가산되는 수가 이어진다라는 것이 아니었다고는 말할 수 없기 때문이라는 것이다.

이것은 비트겐슈타인이 보기 시작한 언어규칙의 엄밀한 규정의 불가능성이라는 패러독스를 크립키가 자신의 흐름으로 배열한 것이다. 크립키는 이 패러독스에서 규칙의 근거는 결국 공동체의 게임의 내적인 결속이라는 형태로밖에 규정될 수 없고, 엄밀한 확정성을 보기 시작할 수는 없다는 것으로 논의를 진행한다. 그러나 이 논의는 비트겐슈타인의 발견에 무언가 중요한 것을 첨가했다고는 말하기 어렵다.

---

12) 크립키, 《비트겐슈타인의 패러독스》, 구로카키 히로이 역, 산업도서, 1983년.
13) 크와스는 x, y의 합이 57보다 작은 경우는 x+y =x+y, 57보다 큰 경우는 x+y =5(임의의 수)라는 함수를 나타내는 개념으로 크립키가 이 패러독스를 위해 만든 것.

크립키의 패러독스를 명제적으로 말하면, '수학적인 규칙조차 엄밀한 규정을 부여하는 것은 결코 불가능하다' 혹은 '어떤 규칙의 명제에 의해 그 규칙의 의미를 완전하게 표시하고 규정할 수는 없다'는 것이 될 것이다. 언어를 형식논리에서 고찰하면, 이러한 것 자체가 "놀랄 만한 수수께끼"가 된다. 그러나 언어의 본질 고찰을 행해보면, 이 "수수께끼"도 특별히 놀랄 만한 것이 아니라는 것을 알 수 있다. 이 패러독스가 나타내고 있는 것은 즉, 앞에서 본 하늘은 파랗다를 누군가의 현실언어로서가 아니라 일반언어표상으로서 취급하면, 결코 그 의미를 규정할 수 없다는 사태의 수학판에 불과하기 때문이다.

현상학적인 관점에서는 다음과 같이 말할 수 있다. 2, 4, 6, 8… 이라는 수열이 주어지고, 이 다음에 오는 수를 답하라는 물음이 제시된 경우, 그 물음이 눈앞에 있는 사람에 의하면, 혹은 교과서에서의 수열문제로서 제시되면, 우리들은 역시 암암리에 발어주체를 상정하고, 이 발어주체의 뜻으로 양해기투를 던진다. 즉 그곳에 하나의 물음이 나타나고, 어떤 대답이 예상되면서 요구되고 있다는 신빙을 갖고, 그리고 이 요구에 대해 대답을 하려 한다. 여기에 수어주체가 이루는 언어행위의 본질이 있다. 즉, 보통 2, 4, 6, 8, 10, 12…라는 수열에서 다음의 수를 나타내라는 물음이 제시될 때, 사람은 이 물음을 또한 그러한 발화주체-수어주체의 신빙구조에서 받아들인다. 그러나 크립키는 하늘은 파랗다를 일반언어표상으로 취급하는 언어학자와 같이 이 수식의 물음을 일반언어표상으로서 취급한다. 그 결과, 그것은 무언가 요구되고 있는 것도 아닌 단순한 수열이 된다. 그 때문에 2, 4, 6, 8, 10, 12…라는 수열의 다음에 이어지는 수는 무한정하게 되는 것이다. 12라는 수의 다음에 오는 수는 무엇일까라는 설문은 이 물음을 발하는 주체(특정의 인물,

수학을 교시하는 익명의 주체 등)의 암암리의 요구에 대한 신빙에 상관하지 않으면, 이것을 대답하는 것에 의미가 없을 것이다. 사람이 이때 2, 4, 6, 8, 10, 12…라는 수열의 다음에 와야 할 어떤 특정의 수를 추측하는 것은 정당한 것이라서, 처음부터 여기서 가능한 생각을 모두 나타내라고 들었다면 그렇게 할 것이다. 처음의 제시를 사람은 전자의 물음으로 받아들여서, 이 신빙이 없으면 물음 자체가 무의미한 것으로 되기 때문이다.

현상학은 인식론적 문제를 다음과 같이 가르쳐준다. 논리적으로는, 객관과 주관(인식)은 원리적으로 일치하지 않는다. 즉, 인식이 객관현실을 올바르게 파악할 수 있다는 것은 원리적으로 증명할 수 없다. 그러나 그럼에도 불구하고 다음과 같이 말할 수 있다.

분명 버스에 부딪히거나, 빌딩에서 떨어지거나 하는 것은 죽음을 결과를 가져온다는 우리들의 인식은 절대적으로는 확실한 것이 아니다. 또 애당초 우리들이 보는 버스와 빌딩이 의심할 수 없는 현실존재일지 어떨지 하는 것조차 논리적으로는 증명할 수 없다. 그럼에도 불구하고, 우리들은 굳이 달려오는 버스에 뛰어들거나 하지 않고, 빌딩의 옥상에서 뛰어내리는 행위도 하지 않는다. 그리고 사람들이 이런 결과를 확실한 것으로 간주하고, 그 확신의 구조자체는 변하기 어려운 보편성을 갖고 있다. 또 이 확신의 구조의 보편성에 관해서는 명석한 형태로 이것을 논증할 수 있다고 한다.

이 논증의 큰 틀에 관해서도 다음과 같이 말할 수 있다. 이 논증은 먼저 인간에게 있어서 현실성의 확신의 조건과 구조의 해명을 전제로 한다. 지금 자신이 보고 있는 상황이 다름 아닌 현실이라는 확신의 조건과 구조이다. 이것에는 몇 개의 존재가 있지만, 인간은 꿈과 현실과를 어떻게 구별할까에 관한 논증이 가장 알기 쉽다.

예를 들어 철학적인 회의론에서 인간은 꿈과 현실을 논리적으로는 절대적으로 구별할 수 없다고 여긴다(데카르트뿐만 아니라, 포스트모던 논의에서도 이러한 말은 많이 유행하고 있다). 그것 자체는 논리적으로 올바르다. 분명 우리들에게 있어 뚜렷한 현실감을 가진 현실도, 문뜩 꿈일 수 있다는 가능성은 절대적으로 배제할 수는 없다. 그러나 그럼에도 불구하고 우리들은, 실로 누구나가 꿈과 현실을 구별하고, 이런 자신에게 있어서 지금은 의심할 수 없는 현실이라는 자연스러운 확신을 성립시키고 있다. 그리고 이 확신의 성립조건은 쉽게 끄집어낼 수 있다.

자세한 것에 관해서는 다른 기회에 자세히 논할 예정이지만, 여기서는 포인트가 되는 지표만을 서술해 두기로 하겠다. 자기존재의 대상화 가능성과 그 반복의 일관성이라는 것이 그 중심적인 지표를 이룬다. 자기존재의 대상화는 공간적 대상화와 시간적 대상화가 축이 되지만, 예를 들면 시간지평의 대상화 가능성은 언제라도 자기존재의 기존성(=과거)을 수행하고, 단기적으로는 오늘 아침 일어난 상황까지, 또 더욱이 자기의 기존성을 소행하여(유아기의)처음의 존재기억까지 더듬어 가는 것, 또 반대로 그 도래성(=미래)을 상상적으로 전개하여, 자기의 죽음으로까지 더듬어 가는 것으로 정식화할 수 있다. 이런 자기존재의 기존소행적, 도래전개적 대상화가 항상 자기 동일성과 사실의 인과적 일관성의 감각을 수반하여 나타나는 경우, 우리들은 예외 없이 자기존재의 있는 모습을 현실 속에 있는 자기로서 의심할 수 없게 된다.

인식을 위해 반복하면, 이 지표는 사람이 살아있는 상황이 확실히 현실이라는 것의 절대적인 논증이라고는 할 수 없다. 그러나 인간이 어떠한 조건에서 실제로 있는 상황을 현실로 확신하고 있을까라는 것에 관한 보편적 근거라 할 수 있다.

이렇게 회의론적인 논리적 철저성에서 우리들은 눈앞의 사과의 실재조차 확실한 것으로 증명할 수 없게 되지만, 그러나 우리들이 사과와 빌딩과 버스라는 여러 존재의 실재에 관해서 갖는 확신의 조건과 구조의 보편성에 관해서는 이것을 간주관적으로 논증할 수 있는 것이다.

그럼 크립키는 만약 무언가 의미가 있는 것을 논증하고 싶으면, 규칙의 일반성이라는 관점에서는 2, 4, 6, 8, 10, 12…라는 수열의 뒤에 규칙적인 순열로서 임의의 수가 들어올 수 있는데, 왜 대부분의 사람은 예외 없이 그곳에 14라는 수를 두고, 그것을 정답으로 하는 것에 자연스럽게 납득을 갖는 것일까 하는 물음을 설정해야 했다. 형식적인 규칙성으로서만 말하면, 그곳에 임의의 수가 들어올 수 있다고 말하는 것은, 하늘은 파랗다라는 명제는 그 자체로 무수한 의미를 가질 수 있다는 지표의 일변수형임에 틀림없다. 의미의 무규정성에도 불구하고 사람들이 언어를 주고받고 "통하고" 있는 것의 이러한 놀라운 몸짓은 현대사상에서는 종종 반복하고 있지만,[14] 그곳에서 본질적 사고는 존재하지 않는다. 규칙의 무규정성에도 불구하고 구체적인 언어표현으로서는 그것이 왜 어떤 경우 명령으로서, 어떤 경우 원망으로서, 또 어떤 경우 사실 확인 등으로서 "통용"하고 있는가 하는 물음이 아니면 언어론으로서 의

---

14) 나는 타자(언어게임을 달리하는 사람)과의 커뮤니케이션이 불가능하다고 말하고 싶지 않다. 그 반대로 커뮤니케이션이 합리적으로는 불가능하고 기초를 둘 수 없음에도 불구하고, 현실에 이것이 이루어지는 사실성에 놀랄 만하다고 말하고 싶을 뿐이다(가라타니 고진, 《탐구Ⅰ》, 강담사 1986년 156면/강담사학술문고, 1992년).

미가 없는 것이다.

　실은 이러한 패러독스 자체가, 언어의 의미는 그 규칙에 따르는 것에 의해 처음으로 전달하고, 표현된다는 언어학적 통념에서 생기고 있다. 물론 어떤 의미에서 언어는 규칙에 따라 사용하고 처음으로 "통한다"고 말할 수 있다. 그러나 이때 따른다든가 통한다는 것의 본질을 잘 음미할 필요가 있다.

　크립키에 의해 제시된 규칙의 패러독스의 문제를 그 원류인 비트겐슈타인을 통해 살펴보자. 그는 《철학탐구》에서 언어의 의미는 과연 규칙에 따르는것으로 통한다고 말할 수 있을 것인가 하는 물음을 세우고, 이것에 큰 의의를 나타내고 있다. 그러나 물론 그로서도 언어에는 규칙 등 전혀 존재하지 않는다든지, 언어사용은 어떤 규칙에도 따르지 않는다고까지 말할 수 없다. 그곳에서 다음과 같은 말이 된다.

　어떻게 나는 규칙에 따르는 것이 가능할까?—만약 이 물음이 원인에 관한 물음이 아니라면, 이 물음은 내가 규칙에 따라 그렇게 행위를 하는 것에 관한 정당화로의 물음이다.

　만약 내가 정당화를 한다면, 그때 나는 굳은 암반에 도달한 것이다.…그때 나는 이렇게 말하고 싶다. 나는 당연히 그렇게 행위하는 것이다.[15]

　언어에 관한 일정한 규칙이 있어서, 우리들은 그것을 따르는 것으로 언어의 의미작용을 성립시키고 있다고는 결코 말할 수 없다. 우리들은 규칙을 따르는 이야기라기보다, 말하자면 단지 이야기하

15) 《철학탐구》, 217절 166면.

는 것이고, 그 결과로서 언어행위는 규칙을 따른다고 간주될 수
있는 것에 지나지 않는다. 그렇게 비트겐슈타인은 말하고 있다. 또
그는 규칙의 적용이라는 사항 자체에 어떤 풀기 어려운 패러독스
가 포함되어 있다는 것을 나타내려 한다.

규칙은 행위의 방법을 규정할 수 없다. 왜냐하면 어떠한 행위의
방법도 그 규칙에 일치시킬 수 있기 때문이다.…그러나 만약 그렇
다고 한다면, 즉 어떠한 행위의 방법도 그 규칙에 일치될 수 있다
면, 어떠한 행위의 방법도 그 규칙에 일치하지 않도록 할 수도 있
고, 그러므로 여기서는 일치도 불일치도 존재하지 않게 된다.[16]

혹은 다음과 같은 명제가 있다.

규칙의 적용에 의한, 수열의 다음에서 다음으로의 연장은, 실은
모두 이미 행해지고 있다라는 것이 만약 그것이 의미를 갖는다고
하면, 나는 이미 어떠한 선택도 하지 않는다는 것이다.…
내가 규칙을 따를 때, 나는 선택하지 않는다.
나는 규칙을 맹목적으로 따르는 것이다.[17]

비트겐슈타인은 지극히 역설적인 말로 규칙을 따르는 것 자체
가 자명하지 않다는 것을 말하려 하고 있다. 2, 4, 6, 8, 10, 12…라
는 수열에서 우리들은 이 수열이 그것을 따르고 있는 객관적인 규
칙을 보고, 그 결과로서 14, 16, 18…이라는 연장을 행한다고 하면,

16) 《철학탐구》, 201절 158면.
17) 같은 책, 219절 167면.

222

나는 단지 기계적으로 규칙을 따르고 있을 뿐이다(=선택을 하지 않는다)라는 것이다. 그러나 오히려 이 경우, 나는 먼저 이 수열의 규칙이 무엇일까를 참고하고, 어떤 해석을 두고 있는 것이 아닐까? 그렇다면 이 자유로운 사고와 해석이 내가 규칙을 보기 시작한 전제가 아닐까? 즉, 규칙을 따른다는 것은 완전히 자의적인 자유로운 해석도 아니지만, 무언가 규칙의 기계적인 적용도 아닌 것이다. 이상이 비트겐슈타인이 말하려고 하는 것이다. 즉 그것은 '규칙을 따르는 것은 규칙의 기계적인 적용도 아니고, 또 그 자유로운 해석이라고도 할 수 없다'는 패러독스로 나타나는 것이다.[18]

비트겐슈타인이 이 문제에 부여하고 있는 대답은 대략 다음과 같다. 우리들이 규칙을 따를 때, 이 규칙을 따른다는 것은 예를 들어 교통규칙을 따르는, 또한 암호표와 환금비율표를 따르는 기계적인 따름이 아니다. 오히려 그것은 예를 들어 우리들이 체스에서 일정한 규칙을 따르면서 자유롭게 게임을 하는 것처럼, 그러한 규칙을 따르는 것이라고 생각해야 할 것이다.

정답은 인간이 말하는 것이다; 그리고 언어게임에 있어서 인간은 일치한다. 이 것은 언어게임에서 인간의 의견이 일치한다는 것이 아니라, 생활형식이 일치한다는 것이다.[19]

인간이 언어규칙을 따르는 것은 기계적인 규칙의 적용이라는 것과는 다른 본질을 갖는다. 그것을 비트겐슈타인은 언어게임이라는 개념으로 표시한다. 비트겐슈타인의 언어게임이라는 중심개념

18) 비트겐슈타인의 이 '규칙의 패러독스'에 관해서는 다음장 2절 '정의의 패러독스'(284면 참조)에서 다시 한번 음미할 것이다.
19) 《철학탐구》 241절 172면.

은 언어의 룰(규칙)이 절대적으로 초월적인 규범(절대적 반정자,
혹은 규준을 갖고, 제해석의 축 없이 거의 일의적으로 적용할 수
있다)이 아니고, 또한 정태적, 고정적인 규범(특정한 명시적 절차
없이는 변화하지 않는다)이 아니라는 것을 잘 나타내고 있다. 그
러나 실로 언어의 룰 체계의 본질은, 암호표와 같은 체계는 말할
것도 없이 체스게임과 같은 게임룰의 체계보다 더욱 애매한 체계
이다. 체스게임의 경우, 룰 책자가 존재한다는 점에서 초월적 반정
자가 설정되고, 또 게임의 당사자끼리 승수의 룰 변경을 행하는
일도 없다. 즉, 그것은 정태적인 체계이다. 언어의 룰 체계는 어디
에도 절대적 반정자가 존재하지 않는다는 점에서 비초월적이고,
반드시 자연스런 변화를 수반한다는 점에서 동태적이다.[20] 하지만
언어의 룰이 비초월적이고 동태적인 룰이라는 말도 아직 충분하지
않다. 이 문제에 관해서도 현상학적인 고찰이 사항의 본질을 명확
하게 한다.

　언어의 룰(약정)이 사회 집합적 약정의 체계라는 것, 즉 특정한
설정기점을 갖지 않고(＝비인위적), 관습적이고 집합적으로 침전
한 묵계적 약정의 체계라는 것에 관해서는 앞에서 서술했다.[21] 그
러나 언어의 규칙에서 가장 본질적인 것은 그것이 어디까지나 일
반규범＝렁그로서만 언어행위를 규정한다는 것임에 틀림없다.

---

20) 소쉬르는 이것은 '언어의 가역성'이라고 이름 붙인다. 언어의 가역성과 불가
　역성은 시니피앙-시니피에와 공시태(싱크로니)-통시태(디아크로니)라고 나열
　하여 언어의 일반원리의 하나로 여기고 있다(소쉬르, 《일반언어학 강의》, 코바
　야시 히데오 역, 이시가와 서점, 1940년).
21) 본서 제6장 2절 "발어의 현상학", 242면 참조. 여러 가지 사회제도, 즉 종교,
　경제제도, 정치제도, 친족체계 등 역시, 그러한 사회 집합적 약정의 체계이다.
　비트겐슈타인의 언어게임이라는 개념에는 사회의 사회성을 그러한 독자의 룰
　체계로 간주하는 직관이 있고, 그것이 이 개념의 독창성의 소이이다.

224

　언어행위의 본질적 동기는 어디까지나 발어자 그때마다의 관계기투라는 점에 있다. 말이 일반적 의미를 갖는 기호로서 그 도구적 존재가 되고, 이 일반적 의미를 통해서 발어자는 자신의 뜻을 기투하는 것이 가능하게 되는데, 똑같이 여기서 또한 언어의 체계전체가 일반규범＝렁그로서 발어자의 관계기투의 도구적 존재가 된다. 이것은 소쉬르 언어학에서 연합관계(Paradigm)와 통합관계(Synthetism)라는 본질적 구분에 대응한다.

　연합관계는 예를 들어, ‘닭이 안방으로 뛰어든다’ 라는 언명에서 닭과 안방이라는 말의 교환가능성에 의한 의미의 변화(다양성)를 가리킨다. 여기서 닭은 고양이→개→토끼→아이 등으로, 또한 안방은 부엌→아궁이→목욕탕 등으로 변경할 수 있고, 그것으로 의미가 변한다. 통합관계는 주어→조사→목적어→동사라는 신택스(어순의) 구조이고, 이것을 바꾸는 것으로 또한 의미가 변화한다. 이러한 소쉬르 언어체계의 형식화가 그때까지의 언어학에 대해서 획기적인 우월성을 가졌던 것은 분명하다. 하지만 그래도 여기서의 형식화는 일반언어표상이 분석으로서 성립하고 있다는 것을 알 수 있다. 소쉬르의 언어체계에서 끄집어낼 수 있는 언어의 의미론은 어디까지나 언어의 일반적 의미에서 어순의 변경이 어떤 문장의 일반적 의미를 변경하는 것을 설명할 뿐이라서, 예를 들어 우리 집 안방이 옆집 닭에게 뛰어든다라는 발어가 왜 양해를 성립시킬까 하는 본질관계는 여기서는 파악할 수 없다.

　현상학적인 관점에서 언어는 그 전체체계로서 일반규칙을 갖는 연합적-통합적 시스템이다. 그리고 이것은 현실의 발어행위에서 발어자 관계기투의 도구적 존재가 된다. 즉, 사람은 이 언어의 일반규칙을 이용하여 그때마다의 관계기투를 행하는 것이다. 발어자의 의미는 말의 연합과 통합에 의해 나타나는 일반적 의미를 누군

가에게 지시하는 것이 아니다. 또한 어떤 언명에 의해 자신의 고
유한 내적 감각을 전하려고 하는 것도 아니다. 일반규범의 시스템
으로서의 언어를 이용하여, 그때마다 누군가와 무언가의 공유관계
를 만들어 내려고 하는 것 그 자체에 있다.

예를 들어 '시'라는 문학형식에서 이 사태는 상징적으로 드러난
다. 언어가 일반적 의미를 표현하는 시스템이라면, 애당초 시라는
표현은 불가능한 것이 될 것이다. 시의 표현은 오히려 종종 그 일
반적 의미를 파괴하려는 방법으로 일반규칙을 이용한다. 그것은
또한 언어의 일반적 의미와 일반규칙을 교란하려는 방법으로 어떤
고유한 것(일반적 의미로서 표현할 수 없는 것)을 표현하려고 하
지만, 교란하는 것과 차이화하는 것(어긋남을 만들어 내는 것) 자
체가 표현의 방법이라는 것은 아니다. 일반규칙을 교란하고 차이
화하는 것은 그 시도의 하나임에 지나지 않는다. 그것은 실로 일
반적 규정에서 벗어나려고 하는 어떤 기투이지만, 그럼에도 불구
하고 일반규칙을 거부하고 무효화하는 것은 아니다. 시의 표현의
기투는 오히려 언어가 일반규칙으로서의 체계라는 것을 기점으로
(혹은 전제로) 처음으로 가능하게 되었다. 언어가 누구에게 있어
서도 실로 일반규칙을 가진 것으로서 나타나고 있기 때문에, 시는
말이 만들어 내는 일반적 의미성을 뒤흔들거나, 교란하거나, 비뚤
어지게 하거나 할 수 있고, 이것이 시에서 어떤 고유한 것의 표현
의 본질적 방법이 될 수 있는 것이다. 그리고 이 경우라도 언어가
관계기투이고, 그 양해관계가 신빙구조에 의해 근거되고 있다는
본질은 전혀 변하지 않는 것이다.

이처럼 발어행위의 관계기투는 한결같지 않다. 그것은 사태의
확인, 이해를 구하는 것, 설명, 탐구, 명령, 간청, 질문하는 것, 비난,
의심하는 것, 거절, 정당화, 항변, 구애, 고백, 저주, 야유, 친애의 정

을 나타내는 것, 이야기하는 것, 시를 읊는 것 등일 수 있지만, 어떤 경우에도 발어는 언어가 일반규칙(일반적 의미)의 체계라는 것을 이용하여, 그 고유한 기투를 수행한다는 본질을 갖고 있는 것이다.

여하튼 중요한 것은 언어를 일반언어표상으로서 분석하는 한, 언어의 이론은 필연적으로 명제와 문장이 만들어내는 일반적 의미의 체계에 관한 학문이 된다는 것이다. 현실언어에서 발어행위의 본질적 동기는 발어자 그때마다의 관계기투이고, 따라서 실존론적인 근거를 갖고 있다. 이것에 대해서 언어의 형식논리적 분석은 언어를 일반적=평균적인 의미와 규칙의 체계로서 고찰한다. 양자 간에 생기는 의미와 규칙의 존재론적 차이가 필연적으로 의미의 다의성, 결정불가능성과 규칙의 규정불가능성이라는 수수께끼를 만들어 내는 것이다. 우리들의 실제 언어행위 자체에서는 이 점에 관해서 어떤 수수께끼도 생기지 않는다. 언어의 수수께끼는 언어 의미 규칙이라는 존재자의 존재본질에 관해 잘못된 파악에서 생긴, 이론가들의 뇌리에만 존재하는 관념적 퍼즐게임의 미궁인 것이다.

그럼, 우리들은 지금까지 현상학의 본질고찰의 방법에 의해 언어의 존재본질론을 시도해 왔다. 여기서 그 전체상을 간결하게 정리해 두도록 하자.

먼저, 첫째, 언어의 본질적 신빙구조에 관해서.

데리다는 후설의 현상학적 언어이론을 의식과 표현의 절대적인 연결을 확보하는 음성중심주의로 비판하고, 이것이야말로 전통철학의 형이상학성을 지지하는 근원사고의 핵을 이루는 것이라고 주장했다. 그는 이런 근원성의 이론을 그 배후에 초월적인 의미를

갖지 않는 차연의 기호론(그라마톨로지)을 대치하는 것으로 극복
하려고 한다. 여기서는 글쓰기의 우위가 주장되어 의식과 표현의
근원성은 부정되고, 절대적인 의미의 기원으로서의 초기사념조차
실은 이미 기호의 차이의 시스템으로서만 가능한 것이라고 여긴
다. 이것에 대해서 현상학적 언어이론은 언어행위의 본질을 발어
주체 – 언어표현 – 수어주체라는 세 항 간의 신빙구조로 조정한다.
이 관점에서 데리다적 차연의 기호론은 일반언어표상에 불과한
것을 언어로서 취급하게 된다. 언어의 본질구조로서는 주체의 뜻
과 그것에 대한 수어주체의 신빙구조를 말소할 수는 없다. 이것을
말소하면, 모든 언어는 일반언어표상이 되고, 거기서는 언어의 의
미의 다의성과 규칙의 규정불가능성이 풀 수 없는 수수께끼로서
표현된다.

　두 번째, 언어 및 언어의 의미에 관한 현상학적 존재론에 관해
서. 현실언어가 아닌 일반언어표상을 언어로서 분석 대상으로 하
는 착오는 데리다적 기호론뿐만 아니라 현대 언어철학(분석철학)
의 형식논리적 분석에서 보편적인 현상이 되고 있다. 여기서는 언
어의 수수께끼가 필연적이 된다. 이 언어의 수수께끼를 해명하기
위해서 언어의 형식논리적 분석은 무효이고, 언어와 언어의 의미
라는 대상존재에 관한 현상학적 존재론이 필요하게 된다. 언어의
형식논리적 분석은 언어의 일반적 의미와 일반적 규칙을 자명한
대상으로 간주하고 의심하지 않기 때문이다.
　언어의 의미의 본질을 해명하기 위해서 먼저 의미는 원리적으
로 욕망론적 본질을 갖는다. 사물존재는 주체의 그때마다의 실존
적 욕망＝관심을 기점으로 하고, 이것과 상관한 형태로만 존재의
미를 개시한다. 그것은 사물(대상)의 도구적 존재성이라고 불리지

228

만, 이 도구적 존재성은 욕망=관심상관적인 유의의 연관(~기 위해)과 해석적 배시(~려고)라는 구조로서 규정된다. 즉, 제대상은 각자적인 실존의 목적 목표 관심과의 상관 속에서, 그때마다의 ~기 위해 '~려고'라는 의미의 연관을 만들어 내는 것이다.

따라서 의미는 무언가의 실체와 체계적 시스템에 의해 생기는 기호론적 기능으로 환원할 수 없다. 기호에서 차이의 체계가 만들어 내는 것이 가능한 것은 단지 일반적=평균적인 여러 의미 간의 차이에 불과하고, 발어의 본질적 동기로서의 표현적인 의미 그 자체일수는 없다. 의미는 어디까지나 실존적 주체의 관계기투를 둘러싼 세계와의 관계의식으로 생긴다. 즉 의미란 세계의 가운데 여러 존재자(여러 사태)를 둘러싼 끊임없는 가능성, 정서수용, 사태양해, 판단, 관계를 둠, 보류, 선택, 결단 등의 의식으로서 만들어지고, 이 체계의 의미생장을 기점으로 발어라는 관계기투가 행해진다. 그리고 발어된 언어, 즉 언어표현은 또 이것에 대한 수어주체의 양해기투를 만들어낸다.

세 번째, 언어의 수수께끼의 해명에 관해서.

현상학적인 언어 본질론에서 의미의 다양성 및 규칙의 규정불가능성이라는 언어의 수수께끼는 언어의 의미에서 일반성과 고유성의 이중성의 구조로서 처음으로 해명된다. 언어의 의미의 다양성과 규정불가능성은 언어가 필연적으로 일반적 의미와 그때마다의 관계기투에서 오는 고유한 표현적 의미를 갖는 것으로 유래한다. 의미의 다양성이라는 현상은 언어가 일반언어표상의 형태로 분석되는 것으로, 언어 콘텍스트에 의한 한정이 무효가 되고 일반적 의미가 무규정으로 해방되기 때문에 생긴다. 또한 언어규칙의 한정불가능성에 관해서 의미의 양해는 언어 콘텍스트로 뒷받침된 신빙구조로서 성립하는 것이지, 일반규칙으로서의 언어 체계가 의미를 만들어 내는 것이 아니다. 언어의 일반규칙은 오히려 발어에 의한 관계기투에 있어서 도구적 존재로 이용되는 것에 불과하다.

종래의 형식논리적인 언어분석은 언어를 의미생장을 가능하게 하는 총체적인 기호 시스템(체계)으로 이해하고, 이 시스템의 구조분석을 목표로 한다. 그러나 이 발상은 사회집합적 시스템으로서의 언어체계라는 대상의 존재본질을 파악하는 데 실패하고 있다. 사회집합적 시스템의 대상적 본질은 사물=사태적인 관계적 인과성에 의해 파악되는 체계가 아니라, 의미와 가치의 자기 창출적 관계체계라는 점에 있다. 즉 의미와 가치는 존재적 대상이 아니라 실존론적=존재론적 대상이고, 실로 그 점에서 현상학적 본질고찰의 대상이 되는 이유를 갖고 있다.

네 번째, 언어의 현상학적 해명의 전망에 관해서.

그런데, 이러한 언어에 관한 현상학적 본질 고찰은 언어의 수수께끼의 해명 후, 어느 정도의 사정거리를 가질 수 있을까?

그것은 데리다가 염려하고 두려워하는 것처럼 언어의 엄밀논리주의와 절대인식의 가능성의 기초를 둔다는 방향으로 향하는 것일 수 없다. 오히려 지금까지 보아왔듯이 그것은 한편으로 논리주의와 객관인식주의의 가능성에 대한 근본적인 비판을 행하고, 또 한편으로 회의론 혹은 논리상대주의가 만들어내는 언어의 수수께끼를 해명하고 종언시키는 것이다. 하지만 또 이 과제와는 달리, 현상학적 언어론은 언어가 보편성을 창설할 수 있는 것의 조건과 구조의 해명이라는 것을 중요한 과제로 할 것이다. 다시 말하면, 그것은 인식과 양해의 본질구조론, 즉 우리들이 공통인식과 공통양해라고 부르는 것의 가능성의 원리, 바꿔 말하면, 보편양해성의 가

능성의 원리를 기초 두는 것이 된다. 그리고 이것은 절대인식주의
와 진리주의가 목표로 하는 것과는 다른 것이다.

　중요한 것은 객관인식의 가능성의 원리를 날조하는 것도 아니
고, 역으로 모든 엄밀한 인식과 공통인식의 가능성을 부정하는 것
도 아니다. 언어의 인식은 어떠한 영역에서, 또한 어떠한 조건에서
보편적인 양해성으로 가능하게 되는 것일까 하는 문제를 원리적으
로 해명하는 것이다.

　예를 들면《철학탐구》에 다음과 같이 흥미 깊은 한 구절이 있다.

　알다와 말 하다를 비교해라.
　몽블랑의 높이는 몇 미터일까?
　게임이라는 말은 어떻게 사용될까?
　클라리넷의 음은 어떻게 들릴까?

　어떤 것에 관해서는 아는 것이 가능하지만, 말하는 것은 불가능
하다는 것에 기이한 생각을 품는 사람은—누군가에게 제3과 같은
경우가 아니고—어쩌면, 제1과 같은 경우를 가르치고 있는 것이
다.[22]

　몽블랑의 높이라는 대상에 관해서 우리들은 이것을 명시적으로
또 어떤 의미로 엄밀하게 규정할 수 있다. 물론 이 경우에도 엄밀
한 규정이란 그 규정이 인간 일반에 있어서 공통인식 혹은 보편양
해성으로 성립한다는 것에 불과하고, 객관인식과 절대적 인식이라
는 것을 의미하지 않는다. 즉 그것은 보편적인 인식, 광범위한 공

---

22)《철학탐구》78절 65면.

통양해가 가능하게 되는 인식이라는 것에 불과하다. 또 말할 것도 없지만, 일정한 대상, 일정한 조건에서 이러한 규정이 가능하게 된다는 사실은 모든 사실에 관한 인식의 엄밀한 기초를 두는 것이 가능하다는 것임에 틀림없다. 수학적 영역에서 엄밀한 규정이 성립하고 있다는 사실은 사물 일반의 엄밀한 규정가능성을 조금도 보증하지 않는 것이다. 논리학은 종종 그러한 시도를 행하려고 해왔지만, 그것은 대상존재에 관한 본질론을 깨뜨리는 것이다.

하지만 이 반대의 것도 말할 수 있다. 클라리넷의 소리와 혹은 인간의 얼굴 표정에 관해서 엄밀하고 정밀한 언어적 규정을 부여하는 것이 불가능함을 누구나 알고 있다. 그러나 이것은 일정한 대상영역과 조건에서 보편양해성(공통인식)이 성립하는 가능성을 조금도 방해하는 것이 아니다. 중요한 것은 그 공통인식이 가능하게 되는 대상성, 영역, 조건을 해명하고 확정하는 것이다. 따라서 규정불가능한 영역에서의 논리를 엄밀한 규정이 성립할 수 있는 영역으로 가져오고, 이것을 상대화하는 논리도 또한 잘못으로 하지 않으면 안 된다. 여기서도 상대존재의 본질론이 결여되어 있는 것이다.

이리하여 다음과 같이 말할 수 있을 것이다. 언어에 관한 타당하고 적절한 보편적 이론이란, 먼저 양해(인식과 파악의 공유)구조의 본질적 구분의 해명이라는 과제를 갖는다.[23] 지금 커다란 아래의 도면을 부여해 둔다면, 전술의 예의 경우, 즉 몽블랑의 높이라는 영역에서 규정되어야 하는 것은 이데아적 동일성(수리적, 이

___

23) 후설은 《고안 I‐I》의 첫머리(제1편 제1장)에서 이 공통양해구조의 본질적 영역 구분에 관한 학문적 기초를 두는 시도를 '영역적 형상학'이라는 개념으로 나타내고 있다. 그러나 여기서 후설의 구분에는 많은 난점이 있고, 우리들은 이것을 재편집할 필요가 있다.

념적 동일성을 갖는다)이고, 게임이라는 말 혹은 개념에서는 개념
적 동일성이며, 클라리넷 음의 감각에서는 감성적 동일성이라는
것이 그 지표가 된다.

　예를 들어 누구라도 수학적 논리의 영역에서는 엄밀한 공통양
해의 가능성이 존재하고, 클라리넷의 음과 악곡, 인간 얼굴의 동정
이라는 영역에서는 언어적인 규정이 거의 성립하지 않는다는 것을
알고 있다. 현상학적인 언어론은 이것의 본질적인 이유와 본질적
인 조건을 해명하고 기술하지만, 그 원칙은 다음과 같다. 각 사람
은 애매한 형태로든 위의 사정에 관한 경험적 양해(막연한 평균적
양해)를 갖고 있다. 현상학적 본질고찰은 누구나가 평균적으로 갖
고 있는 이 평균적인 양해를 내성하고, 이것을 연마하여 그 공통
성을 언어에 의해 확정해가는 방법을 취한다. 이것은 예를 들어
실존의 본질에 관한 양해는(하이데거가 현존재의 실존론적 분석에
서 나타낸 것처럼) 단지 평균적인 인간의 존재양해의 공통성으로
서만 끄집어낼 수 있다는 발상과 완전히 같은 것이다. 대개 현상
학적 본질관취는 인간의 경험양해(확신)의 공통인 본질구조(즉 그
것이 동일성이라는 것이다)를 끄집어낸다는 방법원리에 기초를 둔
다. 이것에 대해서 현상학의 방법은 모든 인간의 사고와 사념이
본질적으로 동일하다는 잘못된 전제를 갖는다는 비판이 일반적으
로 유포되고 있다.

　그러나 그러한 비판은 단지 현상학적 방법에 관한 이해의 철저
하지 못함에 유래하는 것에 불과하다. 각 사람의 사념과 감각은
어떤 의미에서 동일하고, 어떤 의미에서는 차이로 가득하다. 하지
만 각 사람의 관념세계는 동일일까 차이일까라는 물음은 형이상학
에 불과하다. 그것은 관점에 의한 것으로, 어느 것이 절대적 사실
혹은 절대적 객관인 것은 아니다. 요컨대 인식의 문제에서는 이

동일성과 차이성이라는 영역이 나타나는 구조의 본질이 파악되어
야 한다는 것일 뿐이다. 문제를 해명하기 위해 어떠한 물음이 설
정되어야 할까라는 것이 사고의 본질로, 어느 쪽이 올바를까 하는
물음은 무의미한 것이다. 형식논리는 극히 종종 이것의 무자각 위
에 성립한다. 인간세계에서는 어떤 영역에서 엄밀한 동일성이라고
불리는 것이 성립하고, 또 다른 영역에서는 약한 동일성밖에 성립
하지 않으며, 또 다른 영역에서는 대개 구조적 유사성밖에 인정되
지 않는다는 현상이 성립하고 있는 것, 이것은 누구나 어렴풋이
알고 있는 경험적 사실이라서, 그러한 이상 이 현상의 보편적이고
구조적 본질의 윤곽을 그리는 것이 인식문제에서 불가결한 문제설
정이다.[24]

　비트겐슈타인은 언어 탐구의 철저한 노력의 끝에 이렇게 쓰고
있다. 철학이란, 우리들이 소유하는 언어라는 수단(도구)에 의해
우리들의 지성이 마법에 걸려있는 것에 대한 싸움이다.[25] 실로 그
대로이다. 하지만 굳이 첨가한다면, 이 마법의 주문을 푸는 과제를

---

24) 덧붙여 동일–차이라는 이항적 개념 대립에 의해서는 동일성이라는 개념의
　　본질을 파악할 수는 없다. 논리적으로는 차이에 의해서 동일성을 규정할 수
　　있고, 그 반대도 가능하지만, 그것은 실로 형식론적 규정에 지나지 않는다. 동
　　일성이라는 개념은 여러 가지 측면을 갖지만, 그 핵심적인 본질은 욕망상관적
　　인 대상=의미동정이라는 것임에 틀림없다. 동일이란, 무엇과 무엇이 존재에
　　있어서 동일이라는 것이 아니다(이것도 형식논리이다). 오히려 그것은 욕망=
　　관심=목적상관에서 어떤 대상이, 혹은 제대상이 같은 대상성=존재의미로서
　　즉, 같음, 대등성, 상동성, 동정성 등으로서 나타난다는 것이다. 즉, 양해와 해석
　　의 구조 속에서 의미론적 동일성이야말로 그 핵심이다. 그러나 우리들은 종종
　　이 경험의 "흔적"을 사후적으로 형식논리 속에서 보기 시작하고, 그곳에서 동
　　일성은, 예를 들어 대상 그 자체, 그 여러 성질 자체의 상동성과 개별성과 단
　　독성을 일반적으로 의미하게 되는 것이다.
25) 《철학탐구》, 109절 87면.

완성할 때, 처음으로 철학의 사고, 그 원리적 탐구의 사고가 본래
의 모습으로 되돌아온다고 말하지 않을 수 없다.

제7장 정의의 패러독스와 부정신학

I. 부정신학: 탈구축을 넘어서

우리들은 현대사상의 중심적 문제성, 언어의 수수께끼라는 주제에 관해서 고찰해 왔지만, 원래 그것은 유럽의 형이상학 비판이라는 동기에서 출발하고 있다. 이미 보았듯이, 이 점에 관해서 비트겐슈타인의 업적과 데리다의 철학적 업적의 뛰어난 근친성은 분명하다. 이성에 대한 소박한 맹신, 지적 낙천주의, 논리에 의해서 객관과 진리에 달하는 개념, 이것들에 대해 근본적인 비판의 원리를 두는 것이다. 이러한 유럽적 지성의 올바른 자세를 철저하게 상대화하려고 하는 시도는 유럽적 근대에 대한 총체적인 반성이 쌓여, 20세기 사상을 언어의 수수께끼의 제시에 의한 형이상학 비판으로 특징짓는 것이다.

우리들은 비트겐슈타인의 업적이 헤겔이 말하는 의미에서의 중요한 회의론의 역할을 다한 것을 의심하지 않는다. 동시에 데리다의 업적이 단순한 회의론적 반대논증에 머무르지 않고, 현대 언어이론에서 하나의 새로운 전개를 다한 것을 인정해도 좋다. 그러나 그의 탈구축의 방법이 현대의 사상적 과제로서 어떠한 의미를 가졌는가에 관해서는 이것을 다시 한번 재확인해 두지 않으면 안 된다. 이것으로 우리들은 이전에 약속해 두었듯이 아즈마 히로키의 《존재론적, 우편적》으로 돌아와 그의 데리다 평가에 관해서 재검토하도록 하자.

아즈마 히로키의 이 책은, 유럽 사상을 현대의 첨단사상으로서 재빨리 수입하고, 소개하는 종래의 현대사상론과는 달리, 한 세대의 사상적인 자기표현이라는 성격을 내세우면서 등장한다는 점에서 분명한 획기성을 갖고 있다.

일본에서 포스트모더니즘을 연구하는 최고의 지성은 아사다 아키라와, 나카자와 신이치로, 그들은 이것을 참신한 문체를 통해 수입하여 소개함으로써, 일본의 사상적 배경에 새로운 흐름을 가져왔다. 다음의 담당자는 가라타니 고진, 하스미 나카히코 등 조금 윗세대의 문예 비평가들인데, 그들 역시 빠르게 유럽 첨단사상을 이해하고, 이것을 자신의 비평 스타일에 자유롭게 도입하는 것으로 종래의 비평 상황을 일변시켰다. 이것은 말하자면 세계의 첨단사상의 실력에 뒷받침된 것이었다고 말할 수 있다. 그러나 그들은 유럽의 첨단사상의 내적인 아포리아를 스스로의 사상 속에서 전개하고, 그 모순을 극복하는 곳까지 나아가는 것은 아니었다. 그들은 자신의 비평원리로 포스트모더니즘을 세밀하게 몰두했지만, 스스로의 비평원리를 통해 이 세계사상을 시험해 보지는 않았다. 결과, 그들의 비평은 항상 결정불가능성 반복가능성 자기언급성 이야기 다의성 타자 윤리라는 포스트모더니즘에 의한 수입개념의 주변을 맴돌게 되었다.

이것에 대해서 아즈마 히로키의 포스트모더니즘론은 유럽의 현대사상이 수입된 이래 처음으로 그 내재적인 아포리아를 본질적인 형태로 이해하고, 그 극복의 가능성을 시사한 일로서 평가할 수 있다. 그러나 한편으로 문제도 있다.

아즈마의 데리다론의 요점은 초기 데리다의 형이상학 해체의 일 속에서는 전술한 부정신학적 요소가 보이는데, 데리다는 이윽고 이것에 관해서 자각적이 되고, 후기에는 이것을 극복하는 가능성을 탐구하고 있다는 주장에 있다. 이 부정신학의 극복 원리로서 아즈마는 우편적 오배라는 개념을 제시한다. 아즈마의 지적의 전반부에 관해서는 지금까지 보아왔듯이 나의 생각 또한 그의 견해에 거의 일치하고 있다. 그러나 후반부 관해서 평가는 확실히 분리된다. 이것에 관해서 보다 상세한 검토를 행해보자.

탈구축의 방법이 부정신학적 요소를 내포한다는 점에 관해서, 예를 들면 아즈마는 바바라 존슨의 참조의 틀을 짬이라는 논문을 들어 다음과 같이 말한다. 존슨의 견해는 포를 비판하면서 읽는 라캉을, 또 비판하면서 읽는 데리다라는 참조의 무한구조를 지적하고, 그것에 의해 최종적으로 데리다의 라캉 비판을 상대화한다. 그러나 존슨에 의한 이 탈구축의 탈구축이라는 방법에 의한 비판은 탈구축의 대상을 자의적으로 선택한다는 점에서 명료하게 부정신학적인 이데올로기 언설이 된다. 왜냐하면 바바라 존슨은 탈구축의 이론을 사용하여 라캉을 비판하는 데리다를 비판하는데, 이것을 통해 그녀는 탈구축적 비판이 어떠한 텍스트에도 적용가능하다는 것을 지적함과 동시에, 그러나 자기 자신은 페미니즘 운동의 측면에 서기 위한 탈구축이라는 비판의 한정을 행하고 있다는 것에 대해서는 무자각하기 때문이다.

즉, 현대의 탈구축적 비판의 흐름이, 이 방법이 어떠한 것도 비판의 대상이 될 수 있다는 성격을 갖고 있기 때문에 탈구축을 행하는 대상의 선택에 의해 잠재적인 이데올로기성을 띨 수 있다는 것, 이것으로 소박한 아이덴티티 폴리틱스와 구별할 수 없게 된다는 것을 아즈마는 지적한다. 탈구축과 아이덴티티 폴리틱스, 부정신학과 경험론은 갑자기 반전하여 융합하는 것이다. 실제로 지금 일본에서도 들뢰즈와 데리다 등의 초월론적 사고에 깊은 영향을 받은 논자들이 종종 정치적, 사회적 비판의 문맥에서 단순한 경험론으로 회기하고 있다.[1]

또 그는 이렇게 쓴다. 데리다는 형이상학을 탈구축했다. 결과 우리들은 니체의 텍스트에 진리가 쓰여 있다고는 믿지 않는다. 그럼에도 불구하고, 아직도 전통적 철학의 텍스트에 관한 대량의 탈구축적 논문이 생산되고 있다. 즉 전원이 니체의 진리가 믿을 수 있는 것처럼 진행된다. 이 '~것처럼'이 결국은 형이상학을 연명시키고 있는 것은 아닐까 하고 말이다.

분명, 탈구축적 비판이 처음으로 등장했을 때, 그것이 주요한 비판의 대상으로 한 것은 마르크스주의적 이데올로기와 근대 국민국가가 변화한 시스템의 '도그마성'이었다. 그러나 20년의 세월을 지나, 이제야 그것은 현실적 질서를 옹호하는 이데올로기뿐만 아니라, 어떠한 개념, 관념, 주장, 제도, 경향성도 비판할 수 있는 이른바 "보편적 반증"의 기술이 되고 있다. 즉, 그 회의론적 본질 때문에 탈구축적 논리는 마치 전제에서도 왕제에서도 민주제에서도 똑같이 논란되고 비판 가능한 소피스트적 "반증"의 레토릭과 닮아지는 것이다. 이렇게 현대의 포스트모더니즘의 동향으로 향한 아즈마의 부정신학이라는 비판적 개념은 언어의 수수께끼를 언설비판의 특권적 무기로 하는 것에서 필연적으로 생기는 비판언설 그

---

1) 《존재론적, 우편적》 104면.

자체의 형이상학화의 정확한 지적이라고 말할 수 있고, 이 점에서
나는 아즈마의 지적을 높게 평가한다.

그런데 아즈마에 의한 현대사상의 부정신학화의 지적에는 또
한 가지 주의해야 할 측면이 있다. 그것은 탈구축적 방법이 만들
어내는 부정신학적 성격에는 일종의 초월지향이 존재한다는 시사
이다.

이미 보았듯이 부정신학이란 부정적인 표현을 사이에 두고서만
파악할 수 있는 무언가의 존재를 상정하는 것이 세계인식에 불가
결하다고 하는 신비적 사고일반을 의미하고 있다. 탈구축적 방법
은 단지 비판을 위한 비판의 방법을 만들어낼 뿐 아니라, 이 방법
적 본성에 의해 일종의 언설의 신비화라는 경향을 띠고 있는 것이
다.

아즈마는 다음과 같이 데리다를 옹호한다. 데리다는 탈구축의
방법이 갖는 그러한 성격에 대해 서서히 자각적이 되고, 어느 시
기부터 자기 자신을 "데리다파"에서 구별하기 위한 텍스트를 생산
하기 시작했다. 예를 들어 데리다는 《폭력과 형이상학》에서 레비
스트 비판과 《라캉의 사랑에 필적하는 것으로》에서 라캉의 비판
등, 형이상학 비판의 모티브를 공유하는 사상가들에 대해서는 오
히려 그 부정신학성을 비판한다.[2] 그래도 그것은 자신의 사고가
부정신학에 가까운 것을 자각한 뒤에 행했다는 점에서 큰 의미를
갖고 있다.

더욱이 데리다와 라캉의 관계에 관해서 아즈마는 이렇게 말한
다. 탈구축이란 불가능한 것의 영역의 것이라는 데리다의 명제와,
현실계란 불가능한 것이라는 라캉의 명제에 따라 양자의 관계를

---

2) 《존재론적, 우편적》, 95면.

보면 불가능한 것으로의 사고는 불가피하다고 생각되는 점에서 양자는 같다. 하지만, 라캉에 있어서의 불가능한 것은 하나(단수)이고, 시니피앙에 가려진 세계(상징계)가 결정불가능성에 빠진 지점에서 나타난다고 여긴다. 그것에 대해서 데리다에 있어서 불가능한 것은 복수이고, 도중에 행방불명이 되거나, 가령 도달했다고 해도 처음의 그것과는 전혀 다른 불가능한 것일 수 있다. 데리다에게 있어서 진리라는 단지 하나의 편지가 확실하게 도달할 보증은 아무리 봐도 없다.

이렇게 아즈마는 데리다의 탈구축의 부정신학성에 대한 새로운 전략을 전달과 양해의 본질적인 불확실성, 다시 말하면 오배의 가능성으로서의 우편제도로서 제시한다.

아즈마의 주장을 부연하면 다음과 같이 될 것이다. 이미 보았듯이 부정신학은 언어표현에서는 결코 파악되지 않는 어떤 존재가 있는 것, 그러나 세계인식에서는 이 존재를 어떤 형태로 상정하지 않을 수 없는 것의 불가피성을 말해간다. 이것이 신학성을 띠는 이유는 한 가지로, 이 지명할 수 없는 것을 어떤 단수의 무언가로서 암시하기 때문이다. 표시할 수 없는 것으로서 시사된 단수의 무언가는, 즉 초월적인 것이 된다. 즉 그것은 모든 규정을 넘은 존재로서의 신이라는 신비신학적 유형에 포개진 것이 된다.

잘 알려져 있듯 라캉은 인간의 욕망이 이름지을 수 없는 근거로서, 상징으로서의 거세한 것, 모친에게는 존재하지 않는 부분에 주어진 기호로서의 결여(=파로스)를 상정한다. 게다가 그것은 어떤 절대적인 결여로서 실체화된다. 애당초 라캉의 파로스 이론은 프로이드의 오이디푸스 콤플렉스 가설이라는 실증불가능한 이야기를 더욱 인간적 욕망의 절대적 기원으로 형이상학화(=이야기화)한 것이다. 나의 생각으로는 라캉의 파로스 가설의 요체는 다음과 같은 점에 있다. 인간의 욕망은 이야기 같은 고정성을 갖지 않는다. 그것은 말하자면 단지 타자로의 욕망의 욕망으로서만 존재한다. 상징적으로 말하면, 아이의 욕망은 먼저 모친에게 있어 필요한 것이지만, 그것은 모친에 있어서 모친이 그것이 부족해서 욕망하는 것이 되는 것이다. 즉 부친의 페니스로 향해 있지만, 그것은 실로 결여되어 있는 것이다. 그곳에서 아이의 욕망은 이 근원적인 결여 없는 것의 어떤 종류의 비유, 다시 말하면, 없는 것을 시니피에로서 지시하는 시니피앙으로 향한다(욕망이란 존재결여의 환유이다라고 여긴다). 그러나 이 시니피앙은 실체가 아니기 때문에, 이 시니피앙(어떤 근원적이 무언가를 나타내고, 암시하는 것)을 지시하는 시니피에가 더욱 더 나타나고, 이 시니피앙의 연쇄는 끝없이 이어지게 된다.

이러한 라캉의 설명방식은 프로이드의 거세콤플렉스 가설(이야기)을 메타논리화한 것임에 틀림없다. 여기서 메타논리화의 의미는 인간의 욕망의 근거가 되는 곳을 최종적으로 근거 둘 수는 없다는 사정을 형식논리적 극한형식으로 표현한 것이다. 즉, 인간적 욕망의 본성은 실체적인 대상으로 향하고 있는 것이 아닌 어떤 결여로의 충전으로서만 논리화되는 것이다. 그러나 이 결여의 근거를 무언가 실체적인 내실로서 나타내면, 욕망의 근원성을 조정하는 것이 될 것이다. 거기서 라캉은 프로이드의 거세 콤플렉스 가설을 실마리로서, 원래 결여로서밖에 표상할 수 없는 모친이 부족한 것을 욕망의 메타논리의 극한지점으로 조정한다. 이것에서 실체적인 의미에서의 인간적 욕망의 근원적 근거는 말소할 수 있기 때문이다.

그러나 나의 생각으로는 먼저 라캉이 의거하고 있는 거세 콤플렉스 자체가 원리적으로 검증될 수 없는 가설(=이야기)에 지나지 않는다. 아이의 처음의 욕망이 모친에게 있어서 없는 것을 향한다는 생각은 가능한 논리적 설명의 하나라고 말할 수 있음에 불과하고, 그 리얼리티는 잠재적으로 프로이트 가설의 권위에 의거하고 있다고 말하지 않을 수 없다. 사실, 모자관계에 인간적 욕망의 기원성을 구하는 가설이 등권리적으로 제시되어 왔다. 여하튼 이것으로 라캉은 인간적 욕망의 실체적인 근원적 근거를 말소라고 있지만, 이 말소 자체가 어떤 근원가설에 의거하고 있기 때문에, 다른 의미의 실체화를 띠는(즉 단수성을 갖는) 것이 된다.[3)]

여기서는 상론하지 않지만 레비나스의 타자의 개념 또한 이것과 닮아 있다. 또한 후기 하이데거의 존재개념만큼 현대철학에서 말할 수 없는 것에 관한 형이상학적 사고를 상징적으로 나타내는 것도 없다.[4)] 그러한 점에서 아즈마가 이들의 사상가들에게 부정신

3) 인간과 세계의 관계의 근거성을 추적하면, 어떤 최종근거가 아닌 반드시 어떤 불가능한 것(말할 수 없는 것)으로 더듬어 가는 사고는 형식논리적으로, 또 필연적으로 칸트가 같은 것을 사물자체로서 묶기 시작한 것과 같은 논리형을 갖지 않을 수 없다. 인간의 사물존재의 인식의 절대근거가 되는 것을 그 자체로서 규정할 수는 없고, 따라서 그것은 단지 사물자체로서만 상정할 수 있다. 이것이 칸트의 사고이지만, 라캉의 사고는 인간의 욕망일반의 근거를 실체적으로는 추적할 수 없고, 따라서 그것은 단지 어떤 절대적인 결여로서밖에 상정할 수 없다는 형태를 취한다. 하지만 이것으로 불가능한 것, 말할 수 없는 것은 일종의 사물자체로서 상정되게 된다. 아즈마가 말하는 것은 이 불가능한 것의 단수성이 또 근원적 말소라는 절대화를 낳기 때문에 그곳에 부정신학적 요소가 들어갈 여지가 있다는 것이다.
  하지만 한 가지만 덧붙이면, 칸트의 사물자체 개념에는 말할 수 없는 것의 절대화라는 부정신학적 요소는 없다. 그것은 오히려 말할 수 있는 것에 한계가 있는 것을 나타내는 원리라서, 절대적인 말할 수 없는 무엇인가의 존재의 시사라는 뉘앙스는 거의 없기 때문이다. 그것은 안티노미에 의한 칸트의 형이상학 비판의 본질을 보면 분명하다.
4) 하이데거는 《존재와 시간》에서 실존론적 분석의 탁월성과 회전 이후, 후기 존

학적 규정을 부여하고 있는 것은 극히 타당하다고 할 수 있다.

　형이상학적인 근거를 추궁하는 사고는 그 추궁이 기초적인 만큼 최후에 '결코 말로는 할 수 없고(규정되지 않고), 하지만 그것 없이는 세계인식의 구축성이 성립되지 않는 무언가가 존재한다'는 사고에 이른다. 예를 들어 하이데거는 존재의 개념을 철학적 사고의 최종항으로 정하고, 존재의 사고에 의해 종래의 형이상학의 존재자의 사고를 초월한다고 단언한다. 또한 레비나스는 이 존재의 사고에 대해서 윤리사고의 우위를 설명한다. 존재의 철학은 같음과 전체성의 사고이고, 오히려 이들의 관념을 심문하는 다른 것과 무한의 형이상학을 두어야 한다고 그는 생각한다.[5] 그러나 리베나스의 윤리와 타자의 형이상학은 하이데거의 모든 존재자의 절대적인 존재근거를 가리키는 존재의 철학을 마치 대극적으로 뒤집은 것이다. 하이데거가 존재의 증여라는 개념을 말할 수 없는 것으로서 제시하는 것과 대극으로, 레비나스는 타자를 인간적 제요소에서 윤리의 말할 수 없는 근거로서 제시한다. 이들은 같이 유럽의 신학적＝형이상학적 사고의 현대철학에서 최후의 잔조이다.

　존재 문제에 관한 최종항을 말할 수 없는 것으로서 말하는 것의 금지의 원리는 이미 칸트와 헤겔에 의해 나타났다. 칸트는 안티노미에서 형이상학 비판으로서, 헤겔은 진리는 개념의 전개로서만 가능하게 된다는 사고를 통해서이다. 진리에 관해서도 마찬가지로 윤리에 관해서 불가시의 혹은 규정불가능성인 근거에 관해서 말하

재사상의 형이상학성의 대조가 두드러진다(하이데거 자체는 유럽철학 전체가 형이상학이라는 비판을 행하고 있지만). 전자에서 그 사상은 뛰어난 철학적 원리사고의 범례를 나타내고 있지만, 후자에서는 원리가 전개되어 본질이 꺼내지는 과정은 거의 없고, 단지 개념의 대항적 배치에 의한 이야기적, 형이상학적 특징이 전면에 나와 있다. 졸저《하이데거 입문》제5장 3절을 참조.
5) 레비나스, 《전체성과 무한》, 아이다 마사토 역, 고쿠분샤, 1989년.

244

는 것은 존재의 형이상학이 존재자 존재의 절대적 근거에 관해서 말하는 것과 같은 논리유형이고, 이것을 말할 수 없는 근거로서 나타내는 것은 신성한 것의 존재의 대행이 될 수밖에 없다. 즉 윤리의 근거에 관해서는 로망과 니힐리즘의 존재본질과 같이, 인간관계라는 상황 속에서 그 존재의 가능성의 조건으로 말하는 이외에는 없다.

포스트모더니즘에서 이러한 공무화된 초월성은 세계에 대한 시대적인 부정성이 형이상학화된 것으로, 나는 일찍이 이 포스트모던적 부정성을 끝없는 세계에 이화를 주창해 나가는, 그리고 그 이화의 근거를 공무화 해두는것과 특징지은 것이 있다.[6] 즉, 현대철학, 현대사상에 있어서 특징적인 것은 이 말할 수 없는 것의 초월화가 모든 기성의 제도성, 관념, 언설로의 비판의 거점이 되었다는 것인데, 그러나 그것은 보아왔듯이 어떤 것을 부정하고 그 정당성을 상대화할 수 있지만, 스스로의 근거를 나타내는 것은 아닌 메타비판이론이 됐다는 것이다. 어쩌면 아즈마는 이러한 사태를 예민하게 헤아리고, 이것을 부정신학이라는 개념으로 불러, 총체적인 포스트모더니즘론으로 제시한 것이라고 생각한다.[7]

6) 카사이키요시/시마히로유키/히 데 미 /다케다 세이지 좌담회 "낭만주의비판의 귀추"《현대사회와 초월》카이쵸 1998년 초판은 계마사조 제8호 시쵸우출판사, 1990년 4월.

7) 아즈마에 의하면, 탈구축적 데리다파의 이러한 부정신학성을 알아차린 일본의 사상가로서 가라타니 고진을 들고 있다. 물론《비평과 포스트모던》이후, 가라타니 고진은 데리다파 및 데리다적 포스트모더니즘을 비판하고, 자신을 그 곳에서 구별하려고 여러 시도를 행해왔다. 그러나 일찍이 포스트모더니즘의 담당자로서 자기언급성과 결정불가능성에 관해서 선진적으로 논한 가라타니는 지금 타자와 윤리를 새로운 개념으로 논함에 이르고, 그 논리의 범형의 핵심은 실로 데리다와 레비나스의 타자와 윤리의 개념을 답습한 것에 불과하여, 이제야 그 자신이 근거를 공무화한 "초월성"으로서 조정하는 가장 대표적 인

이렇게 아즈마는 현대철학의 큰 흐름을 다음과 같은 과정으로 그린다.

(1) 논리주의적 단계→헤겔, 후설, 소쉬르의 형식규정주의적 진리주의.
(2) 탈구축적 단계→이런 극복으로서의 궤델적, 라캉적, 하이데거적 탈구축(형식적 규정성의 불가증성, 말할 수 없는 것의 시사)→부정신학성을 내포한다.
(3) 우편적, 오배적 단계→부정신학성의 극복의 전략으로서의 데리다적 우편 오배라는 개념으로.

즉 이러한 것이다. 아즈마에 의하면, 데리다는 텍스트의 결정불가능성이라는 장면에서 출발하고, 형이상학 해체의 전략으로서 탈구축의 큰 흐름을 만들었지만, 이것은 상대화와 부정의 논리를 기본으로 하는 것에서 유래하는 부정신학화를 피할 수 없었다. 체계의 결정불가능성을 증명하는 것은 비판의 조수로서 이용한 시니피앙을 초월론화하고, 또 다른 유형의 체계를 안정화시킨 것에 귀착하는[8] 것이다. 데리다는 이 사태를 자각하고, 탈구축의 논리를 넘어서 우편과 유령이라는 개념을 만들어 내는 것으로, 불가능한 것의 다수성의 사상을 구상했다. 이것을 가장 상징적으로 나타내는 것이 아즈마에 의해 강조된 오배의 개념이다.

그러나 나의 생각을 말하면, 아즈마 히로키의 이런 데리다 옹호가 충분한 설득력을 갖는다고는 말하기 어렵다. 왜냐하면 이 논의의 핵심은, 회의론적 방법에 의해 절대적인 근원성과 동일성의 개

물이 되었다고 말할 수 있다.
8) 《존재론적, 우편적》, 136면.

념의 불가능성을 논증하는 것을 형이상학 비판의 진수로 해온 데리다의 사상이 그 후 어떠한 사상원리에 본질적 변경을 다할까 하는 점에 있다고 말하지 않을 수 없지만, 내가 보는 한 데리다의 사상의 방법적 본질은 후기에도 거의 변하지 않기 때문이다.

아즈마 히로키는 데리다의 말할 수 없는 것이 라캉과 하이데거와 레비나스와 지젝 등의 그것과 달리 단일하지 않는 것, 즉 일종의 공무화된 절대적인 초월성이 되지는 않은 것을 그 옹호의 근거로 하고 있다. 현대사상의 부정신학적 성격에 관해서 아즈마가 지적하는 것처럼 다른 사상가들에 대한 데리다의 자각과 우위는 상대적으로는 있을 수 없을지 모른다. 하지만, 나의 생각은 애당초 말할 수 없는 것이라는 중심개념 자체가 포스트모더니즘의 메타논리적 성격에 의해 요청되지만, 실로 그 점에서 현대사상의 최대의 약점이 있다. 즉 그 의의는 데리다는 이 개념이 필연적으로 불러모으는 모순을 역시 어떤 회의론적인 탈구축의 방법으로 회피 혹은 상대화하고 있지만은 않은가 하는 것이다. 즉 그는 엄밀논리와 객관인식의 불가능성과 동시에 탈구축 사상을 관철하는 것의 불가능성을 자각하여 이것을 사상적으로 극복하려는 시도를 행했는지도 모르지만, 그럼에도 불구하고 결과적으로는 마치 주체의 죽음과 에크리튀르 등의 개념에 의해 근원성의 개념을 금지한 것과 같은 방법으로, 단지 유령과 우편이라는 개념에 의해 탈구축 사상을 형이상학화하는 것으로 금지요구를 첨부한 것에 불과한 것은 아닐까 하는 것이다.

우리들의 입장에서는, 애당초 헤겔과 후설의 사고에 엄밀논리주의와 진리주의를 읽고, 이것을 회의론적 형식논리에 의해 무근거화한다는 데리다의 사상적 전략의 출발점 자체에 이미 큰 오해와 어긋남이 존재했다. 데리다적 탈구축이 부정신학적 성격을 갖는 것은 그 회의론적 상대화라는 방법의 본질에 유래한다. 지금까지 내가 나타내 온 것은 그것이지만, 데리다가 탈구축적 "데리다파"의 만연에 부정신학성을 감지해 이것을 비판할 때, 그 상대화 자체가 역시 그 형식논리의 추궁에 의한 "무근거화"의 방법에 따르고 있다면 어떨까? 또 하이데거, 라캉, 레비나스, 데리다 등에 공통으로 하는 말할 수 없는 것이라는 현대사상에 특유의 개념이 이 형식논리의 극한화에 의해 요청된 무근거화의 개념에 불과하다고 하면 어떠할까? 만약 그렇다면, 데리다적인 부정신학 비판을 옹호하는 것은 본질적인 철학의 사고에 있어 막다른 골목을 나타내는 것이 될 것이다. 실제, 데리다 사상의 방법은 줄곧 후기, 90년대에 들어서도 그 회의론적 본질을 변경하지 않고, 그것은 아즈마의 지적에 반해 오히려 지금도 데리다 사상의 형이상학적 경향을 깊게 규정하고 있는 것처럼 보인다. 나는 이하에 그것을 실증해 보려고 한다.

2. 정의의 패러독스: 법의 힘

예를 들면 1994년 텍스트 《법의 힘》[9]에서 데리다는, 탈구축사상은 사상비판만으로 처음부터 끝까지 현실에서는 등으로 돌리는 니힐리즘에 속하는 것이 아닐까 하는 비판에 스스로 답하여, 탈구축은 정의에 대한/의한 무한의 요구에 의해 이미 담보되었다는 전제를 근원으로 법과 정의에 관한 "탈구축적" 검증을 감행해 보인다.

---

9) 자크 데리다, 《법의 힘》, 카타와 켄이치 역, 호세이대학 출판국, 1999년.

248

즉 여기에는 탈구축 방법의 약점을 어렴풋이 자각하여, 그 때문에 이것을 정당화하고 근거를 두는 동기가 명료하게 나타나 있다.

데리다는 먼저 그의 유일한 방법에 의해 법의 근거를 다음과 같이 탈구축해 보인다.

일반적으로 정의는 법에 의해 그 근거를 부여받으려고 한다. 그러나 정의에 잘 맞는다라는 사태에 이미 규칙의 패러독스를 볼 수 있다. 정의＝법은 규칙(룰)에 근거를 갖지만, 규칙은 여러 번 보아왔듯이 그 최종적 근거를 확정할 수 없다. 규칙은 규칙 자체에 근거를 가질 수 없고, 엄밀하게는 스스로의 근거를 그 "외부"에, 즉 폭력에 가질 수밖에 없다. 법의 기원은 국가이고, 국가의 기원은 그것을 가능하게 한 처음의 폭력이라고 하면, 법은 정의의 절대적인 근거라고는 할 수 없게 된다. 이렇게 데리다는 법의 권한과 근거를 탈구축에 의해 무효화한다. 계속해서 그는 이번에는 정의 그 자체의 탈구축 "불가능성"을 주장한다.

이 주장에서도 데리다는 패러독스적 수법을 사용한다. 이것을 정의를 이루는 것의 패러독스라고 이름붙일 수 있다.

먼저, 일반적으로 정의의 기준은 합법적이라는 것, 즉 규칙(룰)을 기준으로 행위하는 것이라고 일컬어진다. 그러나 사람은 단지 규칙을 따르는 것에 의해 정의를 이룰 수는 없다. 왜냐하면 어떤 규칙에 따라 이루어진 행위는 말하자면 규칙의 기계적 적용에 불과하고, 그것에는 정의라고 부를 수 있는 것이 나타나지 않는다. 예를 들어 재판관의 재판은 규칙의 형식적 적용인 이상 그것을 정의의 행위 혹은 결단이라고 부르기는 어렵다. 즉, 한 면으로는 분명 어떤 결단이 올바른 결단이라고 부를 수 있는 것에는 그것이 어떤 규칙, 또는 지시, 즉 규정에 따르는 것이 아니면 안 된다. 그러나 다른 면, 정의에 의한 결단과 행위라고 불리는 것이 있다고 하면, 그것은 단지 규칙의 기계적 적용이 아닌, 즉 무엇이 올바른가를 규정하는 규칙이 미리 존재하고, 그것에 "따라" 결정이 행해지는 경우가 아니라는 것이 된다. 이 패러독스는 다음과 같이 설명된다.

요컨대 어떤 결단이 정의를 이루는 것과 동시에 책임 있는/응답 가능한 것이기 위해서, 그 결단은 그것에 고유한 순간에서…규제되면서 동시에 규칙 없이 존재하지 않으면 안 된다.[10] (방점인용자)

혹은 또한

판단/판결은 반복가능성(itéabilité)을 반드시 갖고 있고, 그것에 응하기 위한 구조와 기술이 만들어진다.…그러나 그러한 이상, 사람이 이 재판관에 관하여 다음과 같이 말하는 경우는 없을 것이다. 즉, 그는 순수하게 정의를 이루고, 자유 또 책임을 짊어지고 있다/응답 가능하다고 말이다. 그러나 다음과 같은 경우에도 이렇게는 말하지 않을 것이다. 즉, 재판관이 어떠한 법/권리에도 어떠한 규칙에도 준거하지 않는 경우. 또 재판관이 어떤 규칙이든 자신의 해석의 필적하지 않는 소여라는 것은 없다고 생각하기 때문에 자신의 결단을 공중에 매달거나 결단 불가능한 것에 의해 발을 묶어나, 더욱이 모든 규칙과 원리의 틀을 벗어나서 상황을 능가하는 경우[11]

---

10) 《법의 힘》 56면.
11) 같은 책, 57면.

즉, 데리다에 의하면 정의의 결단과 행위라고 부를 수 있는 것이 있다고 하면, 그것은 올바름에 관한 어떤 규칙을 절대적인 규정근거로 하는 것도 아니고, 또한 어떤 규칙에 전혀 의존하지 않는 것도 아닌, 어떤 근거성에서 처음으로 존재할 수 있는 것이 되는 것이다. 그런데 우리들은 이미 제6장에서 비트겐슈타인의 규칙에 관한 패러독스를 보았지만, 여기서 데리다가 나타내고 있는 논증이 '규칙에 따르는 것이란 규칙의 기계적 적용도 아니고, 또 그 자유로운 선택이라고도 말할 수 없다'는 비트겐슈타인의 패러독스 변주형태라는 것을 이해할 수 있다.[12] 이렇게 정의의 근거는 절대적인 규정성을 갖지 않는다는 점에서 탈구축 불가능한 것이라고 일컬어진다.

그러나 데리다는 더욱 계속해서 이렇게 주장한다. 이렇게 정의 자체는 탈구축 불가능임에도 불구하고, 한편으로 우리들이 정의를 규정하는 것(=법)을 탈구축할 수 있는 것은 우리들이 어떤 무한한 정의의 이념을 갖기 때문이라고 말이다.

즉, 현전하는 정의에는 규정을 이룰 만큼 확실성이 갖추어져 있다고 하는 추정을 모조리 뒤집는 탈구축이 있다고 하면, 이 탈구축 그 자체는 어떤 무한의 정의의 이념에 의거하여 작용한다. 그 것이 무한하다는 것은 그 이외의 것으로 환원하는 것이 불가능하기 때문이고, 그 이외의 것으로 환원하는 것이 불가능한 것은 그 것을 타자에게 힘입고 있기 때문이다. 타자에게 힘입고 있다고는 해도 그것은 대개 계약 이전의 이야기이다. 정의의 이념은 이루어 왔기 때문이다. 즉 그것은 타자가 항상 다른 특이성으로서 찾아왔

---

12) 본서 제6장 3절 "규칙의 패러독스", 253~254면 참조.

기 때문이다.··· 이 정의의 이념은 그 긍정적인 성격에 있어서 파
괴할 수 없는 것이라고 생각된다. 긍정적인 성격이라는 즉 교환하
는 것 없이 증여시여로 요구하는 것이다.[13)

　더욱이 데리다는 이렇게 말한다. 이 증여라는 정의는 승인과 계
산과 합리적 이성을 넘은 어떤 무전제인 광기에 가까운 것으로,
탈구축은 실로 이 정의에 빠진다. 따라서 이러한 의미에서의 정의
는 법/권리가 아니고, 그것은 법/권리와 법/권리의 역사 속에, 혹
은 정치의 역사와 역사 그 자체 속에 작용하는 탈구축의 운동 그
자체이다.
　그럼, 여기서 데리다에 의한 정의의 근거를 두는 핵심은 먼저
법-국가를 탈구축 가능한 것, 즉 절대적인 정당성의 근거를 갖지
않는 것으로서 논증하고, 다음으로 정의를 탈구축 불가능한 것, 즉
무한한 근거를 갖는 것으로 논증하는 점에 있다. 그리고 이 논증
의 형식은 데리다 사고의 논리적 본질을 우리에게 잘 가르쳐주는
것이다.
　데리다는 여기서, 한편 법이 탈구축 가능한 것을, 다음으로 정의
가 탈구축 불가능한 것을 "논증"하고 있는 것처럼 보인다. 그러나
이 논의를 멈춰 서서 검토해보면, 데리다는 단지 같은 논증을 두
번 반복하고 있음에 불과하다는 것을 알 수 있다. 즉, 그는 먼저,
법=국가가 그 궁극적 정당성의 근거를 갖지 않는 것을 회의론적
패러독스를 이용하여 "논증"한다. 법을 근거 두는 것은 국가이지
만, 국가는 폭력에 의해서밖에 근거될 수 없는 것이다. 다음으로
그는 정의의 실행이라는 것이 규칙에 의한 절대적인 규정을 극복

---

13) 《법의 힘》, 63면.

했다는 것을 "논증"한다. 그리고 전자에 관해서는 이것을 법의 탈구축 가능성이라고 부르고, 후자에 관해서는 이것을 정의의 탈구축 불가능성이라고 부르고 있다.

그러나 이 두 가지의 논증, 법의 정당화의 불가능성과 정의의 행위의 절대적인 규정불가능성의 논증의 내실은, 실은 똑같이 우리들이 몇 번이나 보아 온 회의론적 방법에 의한 절대적인 근거의 불가능성의 논증임에 틀림없다(즉, 이것은 어떤 사항에 대해서도 이룰 수 있는 논의이다). 그리고 그는 단지 전자와 후자에서 그 의미(=해석)를 변경하고 있을 뿐이라는 것을 알 수 있다. 즉, 법에 관해서도 정의에 관해서도 우리들은 이것에 절대적인 규정과 근거를 부여할 수는 없지만, 데리다는 전자에 관해서는 이것을 법이 정당화되지 않는 근거로 하고, 후자에 관해서는 정의(혹은 그것을 지탱하는 것으로서 타자의 개념)가 규칙적인 것에 환원하지 않는 것, 즉, 무한한 근거를 갖는 것의 증거로 하고 있는 것이다. 게다가 그것뿐이 아니다. 정의의 "환원불가능성"은 여기서 합리성을 넘은 어떤 특이성, 이성적인 승인과 계산을 넘은 어떤 광기에 가까운 것으로서 찾아온 것이라고 일컬어진다. 즉 데리다는 여기서 회의론적 형식논리의 끝에 정의와 윤리의 근거를 어떤 종류의 방법으로 초월화하고 있다고 말할 수 있다. 어쩌면 이 정의의 패러독스에는 법과 국가를 상대화하고 있다는 신념보강적 동기[14]가 이미

14) 신념보강적 사고는 철학적인 원리사고에 대립하는 사고 타입을 나타낸다. 철학의 원리사고에서는 제시된 원리의 타당성이 이것과 대립가능한 여러 원리에 의해 반증되는 것을 통해, 원리의 전제성을 보다 근원적인 것으로 재편집하는 과정을 원칙으로 한다. 그러나 신념보강적 사고에서는 여러 지식과 논리는 단지 처음에 존재하는 직관과 신념을 보강하기 위한 수단에 불과하기 때문에 원리가 변증법적으로 검증되고 전개되는 과정을 갖지 않고, 방증과 이야기적 성격이 강하게 나타난다. 《처음의 철학사》(다케다 세이지/서구편 유히카쿠

채워져 있는 것이다.

　여하튼 우리들은 지금 보아온 데리다의 정의의 이론의 요체를 다음과 같은 두 가지의 메시지로 정리할 수 있다. 하나는 기성 제도로서 국가와 법에 올바름의 근본적 근거를 두는 것이 불가능한 것, 또 하나는 정의의 본질적인 근거는 타자에 대한 어떤 절대적인 즉 탈구축 불가능한 배려(이것을 그는 광기에는 가까운 증여라고 부른다)라는 것이다. 이렇게 다시 말하면, 이것들은 그다지 난해한 논리가 아니고, 오히려 정의의 개념에 관해서 사람들에게 공유되는 어떤 종류의 자연스런 윤리감각을 암흑의 전제로 하고 있는 것을 알 수 있다. 즉, 데리다의 패러독스는 법일반, 국가일반은 정당화할 수 있을까 하는 사회정의 일반의 물음을 암흑 속에 제시하고 있지만, 이러한 장면에서 출발하면, 이미 자명한 것으로 되어 있는 소박한 자연윤리가 암흑의 전제가 되어, 이 자체를 검증할 수 없는 채로 진행하게 된다. 데리다가 무한한 근거를 갖는 것으로서의 정의는 그 논리적 가상에 불구하고, 실은 말하자면 자연윤리적인 올바름의 의식이 절대화라는 것밖에 없다. 거짓말은 나쁘다, 폭력은 나쁘다, 지배는 나쁘다, 전쟁은 나쁘다 등의 자연윤리는 어떤 측면에서는 인간생활상의 보편적인 윤리성으로 의미를 갖지만, 그것은 또한 일반적인 선의와 동정의 감정성으로 공동체적 풍습 속에 보충되는 것이기도 하다. 이런 자연윤리는 생활세계 속에서는 기본적인 것이지만, 사회관계와 정치적 관계에서는 사상화되는 것 없이는 공동체 간의 문제를 넘어설 수 없다. 따라서 윤리의 문제의 본질고찰을 위해서는 오히려 이런 자연윤리의 근거자체를 재검증하지 않으면 안 되는 것이다.

　알마 1998년) 서장 등을 참조.

또 다음의 것에도 주의할 필요가 있다. 데리다는 정의의 개념을 포스트모던적 패러독스를 이용하여 "증명"하지만, 이러한 형식논리의 사용은 문제를 지적인 퍼즐로서 나타내는 것만으로 제출된 개념과 이념을 본질적으로 검증하는 것이 불가능하다는 것이다. 즉, 이러한 패러독스 속에서 인간은 문제의 본질에 관해서 사고하고, 동시에 이것을 검증하는 것이 불가능하다. 하지만 또한 그렇다고 데리다가 여기서 나타낸 정의의 패러독스가 아무것도 표현하지 않는다고 말하는 것은 아니다. 그것은 데리다의 어떤 사고표현(메시지)을 독자에게 전하는 것이지만, 단지 철학적인 본질고찰에 감당할 수 있는 방법으로 제시되지는 않는다는 것이다. 거기서 우리들은 데리다에 의해 제시된 정의의 문제의 패러독스에 말하자면 실존론적 환원을 덧붙여 그것이 품고 있는 문제에 관해서 본질고찰을 해보고 싶다.

3. 윤리의 현상학: 타자의 목소리/자기의 목소리

처음에 정의의 문제를 고찰하는 위에, 두 가지의 기본계기가 존재하는 것을 지적해 두지 않으면 안 된다. 하나는 올바름이라는 개념의 실존론적 계기로, 우리들은 어떠한 실존론적 장면에서 스스로의 윤리성을 묻는 것인가 하는 측면이다. 또 하나는 정의라는 개념의 사회적 성격의 본질로, 우리들은 도대체 어떠한 사태를 사회적, 공공적인 정의라고 부르고 있는가 하는 계기이다. 데리다는, 이 두 가지의 문제는 혼동된 한 가지의 것으로 여기고 있지만, 그 적절한 구분은 윤리성의 본질이라는 문제를 생각하는 이상으로 불가결한 것이다. 그 이유는 이하의 고찰 속에서 분명해질 것이다.

1) 윤리의 실존론적 본질

정의에 관한 데리다의 패러독스는, 정의의 행위(결단)는 규제되면서도 동시에 규칙 없이 존재하지 않으면 안 된다는 것이었다. 또 이것은 비트겐슈타인의 '규칙을 따르는 것은 규칙의 기계적 적용이 아니며, 또한 완전하게 자유로운 선택이라고도 말할 수 없다' 라는 규칙의 패러독스의 응용형이기도 하다. 이들의 패러독스가 표현하고 있는 문제의 본질을 한마디로 말할 수는 없다. 즉 이것은, 인간의 윤리적인 행위와 결단은 실존론적인 자유를 근거로 하는 것이라서 인과론적인 규정에 의해서만은 파악할 수 없다는 문제임에 틀림없다.

이것은 실로 철학적으로는 고전적인 문제로, 예를 들어 베르그송은 이미 이 문제에 관해서 이렇게 서술하고 있다.

이제야 다음과 같이 부언해야 할 때이다. 즉 내적 인과성의 관계는 순수하게 동적인 것으로, 서로 제약하는 두 가지의 외적 표상의 관계와는 조금도 닮아있지 않다. 왜냐하면 외적 표상은 특정의 공간 속에서의 재현이 가능한 것이라서 법칙의 구성에 참가하지만, 한편 깊은 심적 사상은 한번 의식에 나타나면 두 번 다시 나타나지 않기 때문이다.[15]

베르그송은 여기서 인간이 자유로운 행위와 사념과 생각하고

---

15) 베르그송, 《시간과 자유》, 히라이 히로유키 역, 白水社, 1975년, 199면.

있는 것도, 실은 절대적인 인과성 속에 존재하고 있다는 가능성을 배제할 수 없다는 스피노자적인 인과성의 개념에 반대하고 있다. 구체적인 자아와 그 자아가 완수하는 행위와의 관계가 자유라고 불리는 것이다. 이 관계는 우리들이 자유라는 바로 그 이유에 의해 정의하기 어려운 것이다.[16] 즉 그는 내적 인과성과 외적 인과성이라는 구분을 두는 것으로, 심적인 경험의 인과성(=자유)은 물질세계의 인과계열의 질서와는 다른 본질을 갖는다는 것을 나타내려고 하고 있는 것이다.

비트겐슈타인의 규칙을 따르는 것의 패러독스가 표현하고 있는 것도, 이 문제와 연관되어 있다. 인간이 규칙에 따르는 경우, 그것은 어떤 의미에서 합법칙적인 행위라고 할 수 있지만, 그것에 자유가 전혀 없는 것은 아니다. 적어도 자신의 행위가 어떤 규칙에 규정되어 있는 그것을 따라야 한다는 판단이 존재하고 있기 때문이다. 그것은 인과로서는 규칙에 규정된 행위이지만, 말하자면 내적 인과성으로서는 자유를 포함한다. 이러한 인간의 행위의 마땅한 태도, 이른바 규칙적인 인과성으로서는 이해되지 않기 때문이다. 즉, 데리다의 패러독스 또한, 이 사태의 윤리문제로의 적용이라고 생각해도 좋다.

우리들은 이것을 다음과 같은 문제로 고쳐 쓸 수 있다. 즉, 사람이 어떤 상황 속에서 윤리적인 의미로 하나의 행위와 결단을 강요당하는 경우(이것을 윤리적 상황이라고 불러 두자), 사람이 경험하고 있는 것을 어떤 상태일까 하는 문제이다. 여기서도 윤리의 문제에 관해서 실존론적인 문제설정을 행하고 있는 것은 《존재와 시간》에서 하이데거이다. 그는 이렇게 쓰고 있다.

---

16) 《시간과 자유》, 200면.

현존재는 자기 자신을 항상 자기의 실존에서 즉, 자기 자신일까, 혹은 자기 자신이 아닐까 하는, 자기 자신의 가능성에서 양해하고 있다.[17]

하이데거의 실존론에는 항상 본래성-비본래성이라는 이항대립적(=형이상학적) 요소가 편입되어 있기 때문에, 이 문장도 극히 잘못 읽힌 측면을 갖고 있다. 그러나 그래도 이 말은 인간존재가 항상 자기 존재 그 자체로의 염려(배려)를 갖고 실존하고 있는 것, 또 그것이 인간적인 가치질서(선·미)의 근거가 되고 있다는 사태가 잘 표현되어 있다. 그리고 이 말에서 우리들은 다음과 같은 것을 끄집어 낼 수 있다. 즉 인간은 어떤 윤리적 상황에서 최종적으로는 자기 자신의 존재의 진실(본래성)을 배려하는 것이고, 이런 자기 배려야말로 윤리의 실존론적 본질이라는 것이다. 더욱이 또 한 가지 중요한 것은 이런 배려는 항상 자기 자신일 수 있을까 아닐까라는 갈등에 수반되고, 이 갈등이라는 마땅한 태도가 다시 윤리적인 행위와 결단이라는 상황의 내적인 본질이기도 하다는 것이다.

우리들은 청신호에서는 차를 달리고, 적신호에서는 멈춘다. 혹은 또, 사람에게 빌린 돈은 갚고, 가령 들킬 가능성이 전혀 없어도 친구가 가진 물건을 은닉하거나 하지 않는다. 이런 것은 어떤 의미에서 윤리적 룰에 따르는 것이지만, 대개의 경우 누구나 그것을 윤리적 행위라고는 의식하지 않는다. 즉, 윤리적 상황의 본질에 관해서 우선 다음과 같이 말할 수 있다. 윤리적 상황은 크든 작든 내적인 갈등을 통해 나타나지만, 그것은 그것에서 인간의 실존론적

---

17) 《존재와 시간》 4절, 80면.

인 자유의 문제가 나타나 있기 때문이다. 인간의 자유는 어떤 규칙과 규범의 구속을 일방적인 전제로서, 항상 그 규칙과 규범의 적용에 관한 선택적 결단으로 나타난다. 이 기투적인 선택과 결단은 어떤 경우 이종의 규범 간(예를 들어 충과 효와 같은)의 대립으로 현재화하는 경우도 있고, 도덕규범과 경향적인 욕구(기분 좋은 것으로의 욕구)의 대립으로 생기는 경우도 있다. 그러나 어떤 경우에도 기투적인 선택과 결단은(문제가 타자로의 배려를 둘러싼 경우라도) 최종적으로 자기 자신으로의 존재배려와 존재양해의 문제로서 나타난다고 말할 수 있다. 이때 선택과 결정을 규정하는 것이 완전히 자명하고 그 적용에 아무런 문제도 있을 수 없는 경우는(상술한 것과 같은 경우에는) 갈등도 또 기투적인 결단도 없고, 그런 경우 우리들은 그곳에 윤리적 문제가 있다고 의식하지 않는다. 다시 말하면, 그곳에는 자기 존재에 관한 실존론적 배려가 작용하고 있지 않다. 결단과 선택이 어떤 갈등을 수반하여 나타날 때, 우리들은 윤리적 상황 속에 있다고 할 수 있다.

예를 들어 구명보트에 다섯 명밖에 탈 수 없는데 사람이 일곱 명 있는 경우 어떻게 할까 하는 극한 상황에 직면했을 때, 대단히 두려운 갈등에 휩싸이지 않을 사람은 없다. 여기서는 여러 가지 생각이 존재하고, 자명한 해결이 없고, 아무런 해결도 명확한 납득을 만들 수 없으며, 사람은 자문하고 번민하고 갈등할 수밖에 없다. 이러한 번민과 갈등은 불가피하고, 오히려 그것은 인간이 자유로운 존재라는 것의 증거라고도 말할 수 있다. 그리고 이러한 상황에서 각 사람은 말하자면 자신이 자기 자신일까, 아니면 자기 자신이 아닐까라는 자기의 마땅한 모습을 극한의 형태로 자문하지 않을 수 없다. 물론 이러한 극한상황은 극단에 지나지 않는 예일 것이다. 오히려 사람은 일상생활 속에서 이러한 심각한 형태는 아닌, 항상 그때마다 자기 자신의 존재의 마땅한 모습을 고려하는 상황에 부딪히고 있다. 그리고 어떤 방법으로 행위와 결단(선택)을 행하고 있지만, 그것에 관한 자기 인식의 마땅한 모습이 나는 무엇일까에 관한 자연스런 존재양해를 형성하게 된다. 즉, 이런 끊임없는 기투적 선택과 결단에 관한 자기 양해가 인간의 자기 정체성의 자연스러운 내적 근거인 것이다.

앞에서 본 데리다의 정의를 이루는 것의 패러독스를 실존론적으로 환원하면 이러한 인간의 윤리와 자유 및 자기 양해 간의 본질관계의 문제로 고쳐 쓸 수 있다. 우리들이 어떤 윤리적, 도덕적 규칙과 규범을 따를 때, 그곳에 아무런 갈등과 판단에 관한 헤맴도 생기지 않는다면 우리들은 그 행위와 선택을 애당초 윤리적인 행위라고 의식하는 것조차 없다. 즉, 우리들에게 윤리적 행위라고 의식된 상황은 반드시 어떠한 형태로 자기 자신의 존재배려에 관한 비판과 갈등을 수반하며, 그것이 하나의 자유로운 선택과 같은 경우이다. 여기서 우리들은 규칙적(기계적)인 방법이 아니고, 어떤 규칙(규범)을 따르거나 따르지 않거나 한다. 그리고 이러한 윤리적 상황을 형식논리적으로 표현하는 한, 그것은 '정의의 행위는, 규제되면서도 동시에 규칙 없이 존재하지 않으면 안 된다' 라는 형태를 취한다.

데리다는 윤리적 행위에 관한 이런 패러독스에서 정의의 탈구축 불가능성이라는 개념을 꺼냈다. 그러나 이것은 단지 인간의 윤리적 기투라는 상황에서 자유와 규칙은 논리적으로는 모순되는 것으로서 나타난다는 것을 표현하고 있음에 지나지 않는다. 즉, 이러한 메타논리학적(=일반논리학의 상위에 선, 그 형식논리의 모순을 지적하는 논리학의) 사고에서는 인간의 자유와 윤리의 본질은 표현할 수 없는 것이다.

　그럼 윤리에 관한 실존론적 고찰은 더욱이 다음과 같은 사항을 보다 본질적인 문제로 나타낸다. 즉 윤리는 먼저 어디까지나 인간의 실존적인 존재배려(자기배려)에, 또한 그 내적인 자기 확신이라는 것에 그 본질적인 근거를 갖고 있다. 그러나 윤리의 본질의 전체성은 또한 그 실존론적 주관성의 권역 속에서는 완결되지 않고, 반드시 간주관적 영역으로 곧 그 외부로 전개되지 않을 수 없다는 문제이다.

　예를 들어 우리들은 윤리의 문제가 실존의 외부에 어떤 근거를 갖지 않을 수 없다는 것의 하나의 예를 칸트의 최고선이라는 형태로 본다. 최고선이란, 모든 인간이 덕이 있고 행복하다는 사회의 상태를 이상상태로 하는 이념으로, 이것을 통해 인간의 행위는 세계를 이러한 공준에 접근시킬 수 있는 이상 선이라고 규정할 수 있게 된다. 그러나 칸트는 여기에서 도덕(＝윤리)의 문제의 최대 아포리아로서 덕복일치의 아포리아를 제시한다.[18] 최고선의 개념에서는 가장 유덕한 인간이 가장 큰 행복을 얻는 세계를 이상으로 하지만, 현실에는 인간의 덕과 복은 일치하는 보증을 갖지 않는다. 그곳에서의 모순(아포리아)을 어떻게 생각할까 하는 것이 중요한 문제가 되고, 칸트는 이것에 대한 답으로 혼의 불사 신의 요청이

---

18) '덕복일치의 아포리아'는 전술서 《실천이성 비판》 제2편 제2장 "최고선의 개념규정에서 순수이성의 변증론에 관하여"에서 나타난다. 그런데 분석론에 의해 명백해진 것은 덕의 격률과 자기의 행복의 격률과는 그 최상의 실천적 원리에 관하여 전연 다른 것으로, 덕도 행복도 함께 최고선을 가능하게 하기 위해 필요한 것이지만, 그러나 양자는 동일주체에 있어 서로 심하게 제한되고 부정되어 도저히 일치하기 어렵다는 것이다(162면).
　이 복덕일치에 관한 아포리아는 '선을 행하는 자가 비참한 생을 보내고, 사악한 만큼 영화로운 삶을 향락한다'는 감각이 사람들에게 초래하는 모순의 의식을 잘 표현하고 있다.

라는 새로운 개념을 끄집어낸다.

여하튼 최고선이라는 이념이 의미하고 있는 것은 윤리라는 것이 내적 실존에서 자기양해에 근거를 갖는 것이면서, 그것만으로는 절대적 규준을 조정할 수 없기 때문에 주관의 외부에 파악된 보다 선편적인 선의 근거가 요청되고 있다는 것이다. 누구나 이해하듯이 내적인 자기 확신은 어디까지나 주관적 확신이고, "객관적"인 것일 수 없다. 그곳에서 윤리의 보편성과 그 본질을 확보하기 위해서는 반드시 무언가 외부를 조정할 수밖에 없다. 이 구조는 심플하고 본질적이며, 근대 이전에는 신·왕·황제라는 절대권위가 그 역할을 다해왔다. 니체가 정확하게 간파했듯이 간트의 최고선이란 실로 탈성화된 지상존재인 것이다.

그럼, 또 한 가지의 전형적인 윤리의 외부적 근거가 있다. 그것이 실로 데리다도 조정하고 있는 부분의, 그리고 현대사상에서 종종 불려지고 있는 타자의 개념이다.[19] 타자의 개념을 윤리의 보편성을 근거 원리로 본격적으로 제시한 것은 주지와 같이 엠마뉴엘 레비나스이다. 그러나 지금 레비나스의 원리를 상세하게 더듬어갈 필요는 없다. 데리다는 레비나스의 타자의 개념 중에 그것이 윤리

---

19) 타자는 종종 윤리문제에서 실마리의 개념으로 제기된다. 그러나 나의 생각은 현대사상에서 특징적인 타자라는 개념을 근거로 하는 윤리사상은 암흑 속에 자기를 강자로 두고, 타자를 약자로 상정하는, 니체적으로 말하면 양심의 가책에 의한 무의식적 전도를 받은 문제구성을 취하고 있는 것이다. 즉, 여기서 윤리는 암흑 속에 꺼림칙한 양심을 기점으로 근거 두는 것이다.
　그러나 윤리에서 타자의 개념은 반드시 꺼림칙한 양심만을 본질적인 근거로 하는 것은 아니다. 물론 윤리의 문제는 기본적으로는 타자와의 관계에서 생긴다. 이 점에서 윤리의 문제가 종종 타자라는 개념에 의해 일컬어지는 것은 그 나름의 이유가 있다. 그러나 후에 보다 자세하게 보겠지만, 나의 생각에는 오히려 이것을 가치에 관한 내적인 신념대립의 문제로서 설정하는 것이 보다 본질적이다.

의 보편성의 근거가 될 수 있는 일정한 비전을 간파하고, 그것을 여기서 극히 상징적인 형태로 제시하고 있기 때문에 우리들은 그 것을 그러한 형태 그대로 취급하기로 하자.

데리다에 의하면 정의의 이념은 그 이외의 무엇으로도 환원 불가능하기 때문에 무한하고, 그것이 무엇으로도 환원 불가능한 것은 그것을 타자에 힘입고 있기 때문이다.[20] 이렇게 여기에는 타자가 윤리의 보편적 근거로서(여러 번 말하지만, 데리다는 그것을 근거라는 형태로 제시하는 것은 금지수로 하고 있기 때문에 탈구축 불가능한 것, 무엇으로도 환원 불가능한 것이라는 표상으로)나타나고 있지만, 실은 이것 자체는 누구에게도 이해하기 쉬운 측면을 갖고 있다. 다시 말하면 타자야말로 정의의 근거라는 표상은 최고선을 그 근거로 하는 생각보다 훨씬 자연스럽게 받아들이기 쉬운 것이다. 그 이유를 두 가지 들 수 있다. 하나는 인간의 근원적인 자기중심성을 상대화하는 원리는 타자(와의 관계)뿐이기 때문이다. 또 하나는 인간은 사회적 관계 속에서 살아가지만, 사회의 본질은 그것이 계약적인 집합적 체계(즉, 룰의 그물망)라는 것이다. 그리고 룰의 본질은 말하자면 적나라한 힘의 대립을 억제하면서 공동적 관계를 만드는 것, 인간생활에서 룰 게임적 요소를 도입하는 것이다. 즉 그곳에는 타자들과 함께 협동하면서 살아가는 것, 강자만이 아닌 약자도 살아갈 수 있는 것, 불행한 자에게 손을 내미는 것이라는 사항은 인간적 덕의 가장 중심적인 경험적 본질을 이루는 것이다. 타자야말로 정의 혹은 윤리의 본질적 근거라는 이념이 그 표상만으로는 이미 일정한 설득력을 갖는 것은 이 때문이다.

---

20) 《법의 힘》, 63면.

그러나 사상에 있어서 필요한 것은 이러한 일반적 표상을 항상 내실을 수반한 개념으로까지 단련하는 것이다. 그리고 철학의 사고에서는 종종 아포리아가 그 역할을 다한다. 예를 들어 방금 제시한 칸트의 덕복일치의 아포리아는 실로 그러한 것으로 제시되고 있는 것이다. 덕복일치의 아포리아가 의미하는 것은 사회전체에 있어 최고 목표는 만인이 유덕한 존재(=선)라는 것이지만, 각 사람의 실제적인 삶의 목표는 행복이고 이 두 가지는 합치할 보증이 전혀 없다는 것이다. 다시 말하면, 사회의 전체성에서 보면, 모든 인간이 유덕한 존재(선)로서 살아가는 것은 분명 이 이상은 없는 사회의 이상적 목표이지만, 각 사람의 개인적인 실존 속에서는 이 목표를 향하는 원리가 존재하지 않는 것이다. 이 아포리아에 대한 신의 존재요청이라는 칸트의 해답은 헤겔의 철저한 비판을 볼 것까지도 없이 확실히 불충분한 것이다. 하지만, 그럼에도 불구하고 칸트가 이러한 아포리아를 분명히 설정하고 있는 것은 높게 평가할 수 있다. 왜냐하면 대개 이상은 그것이 순수하고 아름다운 이상인 만큼 사상으로서는 취약한 것을 피할 수 없고, 실로 그 때문에 이러한 아포리아를 설정하여 이것을 현실을 통해 시도하는 것이 불가결한 작업이 되기 때문이다.

그럼 타자라는 외부의 근거는 어떨까? 결론부터 말하면 앞에서 나타난 것과 같은 데리다의 정의의 아포리아는 타자라는 근거이념을 현실을 통해 시도하려는 형태가 아니고, 오히려 그것을 대부분 스콜라신학적인 방법으로 옹호하고 있음에 불과하다고 할 수 있다. 여기서는 타자를 정의의 무한한 근거로 했을 때에 필연적으로 생기는 아포리아가 적절하게 꺼내지지 않고 있다. 타자라는 개념은 분명 어떤 의미에서 윤리의 내적인 자기 확신의 외부로서 조정될 수 있다. 그러나 실로 그것은 이미 역사적인 한계에 부딪쳤다고 말하지 않을 수 없다. 이것을 간단하게 설명해보자.

윤리의 근거로서 타자의 이념은 실로 최고선의 이념 이상으로 소박하고 보편적인 정의의 근거이념이 될 수 없다. 그 이유는 분명한 것으로 윤리에서 타자라는 원리는 우리들과 그들이라는 공통적인 구분의 원리를, 즉 공동체의 논리를 극복할 수 없기 때문이다. 그리고 이것이 타자를 정의의 본질적 근거로 했을 때 필연적으로 나타나는 극복할 수 없는 아포리아인 것이다.

한마디로 말해, 사람은 누구나 타자를 존중해야 하는 것의 필요성과 중요성을 암암리에 알고 있다. 삶에 있어서 타자를 이해하고, 고통과 기쁨을 함께 나누고, 동정하고 공감하는 것이 인간의 삶에서 가장 중시해야 할 요소라는 것은 분명하다. 그러나 그럼에도 불구하고 각 사람은 모든 타자를 동등하게 사랑하고 존중해야 하는 내적 이유, 내적 원리를 갖고 있지 않다. 실로 이런 이유에 의해 보편적인 타자로의 사랑의 이념은 단지 하나의 가능성을 배제하고 공동체끼리 서로 싸우는 상황 속에서는 원리적으로 실현 불가능한 이념인 것이다.

이 단지 하나의 가능성이란 무엇일까? 그것은 즉 어떤 거룩한 절대적인 존재(진리로서의 유일신, 지상존재)라는 것이 창설되어, 만인이 이 절대성으로 귀의한다는 경우만이다. 그리고 이 보편적인 타자로의 사랑이라는 이념은 이미 예수 그리스도에 의해 유럽사에 등장해 왔다. 그러나 그것은 결국, 세계종교라는 이념의 장소로 가다 멈추게 될 수밖에 없었다. 종교전쟁을 극복하는 원리는 종교의 이념 자체 속에는 존재하지 않기 때문이다. 그리고 이렇게 생각하면, 칸트의 최고선의 이념이 이미 이런 보편적인 타자로의 사랑이라는 근거이념을 극복하기 위한 원리였다는 것을 알 수 있다.

그런데 나의 생각으로 칸트의 최고선의 이념은 근대적인 선의 원리로서 하나의 극한 이념을 이루고 있다. 그것은 즉, 선이라는 개념의 근거를 극한적 이상상태에서 역산적으로 인도하려고 하는 것이다. 그러나 이미 보았듯이 현상학의 방법에서는, 윤리와 선의 본질을 파악하려고 하면 개별적인 내적 실존의 그 본질에서 출발하고, 그곳에서 이것을 간주관적으로 전개해가는 순서를 취하지 않으면 안 된다. 그리고 이 방법에 의해 꺼내지는 윤리 문제의 본질적 아포리아는 덕복일치와 만인으로의 사랑이라는 아포리아가 아니고, 신념대립이라는 아포리아임에 틀림없다. 이제 이것을 내재적인 윤리적 확신의 장면에서 고찰해 보자.

대강 말해 내적인 존재배려에서 자기의 본래성(진실) 선택의 확신은 몇 가지의 규준이 서로 다투는 갈등 속에서 파악된다. 몇 가지의 규준이란 공동체의 일반적 도덕규범, 자기의 내적규범(자기 이상), 그리고 경향적 욕구의지(좋은 느낌으로의 욕구) 등이다. 그리고 어떤 상황에서도 어떤 윤리적 행위의 결단은 최종적으로 자기 자신의 선택인 이상 자기 확신을 가져온다. 이 경우 어떤 행위가 윤리적일까 아닐까에 관한 외적인 판단과 평가는 문제가 되지 않는다. 그것들 외부의 요청과 위압과 이의제기라는 타자의 목소리를 포합하여, 최종적인 판단과 기투는 결국 자기 자신의 내적인 목소리에 맡길 수밖에 없기 때문이다. 그러나 윤리적 상황은 많은 경우, 우리들이 윤리적인 기투를 하여 불확정하고 결단 불가능한 여러 요소에 직면시킨다. 이것이 또한 자유로운 윤리적 기투에 있어서의 특징이기도 하다. 그 이유는 어떤 인간도 자신의 결단과 행위가 가져오는 그 결과, 그것이 보다 광범위한 사회관계 속에서 갖는 의의와 영향에 관해서 결코 모두 알 수는 없기 때문이다. 또 하나의 행위는 그 전제가 되는 가치판단과 사태의 판단으로 나타나지만, 사람은 이것의 가치판단을 한정된 재료에 의해서밖에 행할 수 없고, 그 의미도 판단의 절대적인 확실성은 아무런 보증이 되지 않기 때문이다. 그러나 그것에도 불구하고, 우리들은 그때마다 자신의 감각과 사고의 능력을 들어 자기 나름의 결단과 선택을 행할 수밖에 없다. 따라서 범례적으로 말하면, 우리들은 빠듯한 부분, 자신의 판단의 절대적인 불완전성을 자각하면서, 여전히 자신의 내적인 목소리(자기 자신의 진실일 수 있을까)에 따라서만 판단하고, 또 그 결과로서 나타나는 현실의 모두(그것은 의도를 벗어난 형태로 나타나는 경우도 있다)를 자기의 실존에 속하는 것으로 책임지는 방법으로만 자기의 자유를 내적인 확신으로서 파악할 수 있는 것이다. 윤리적 자유의 결정에서 이러한 본질조건에 관한 깊은 자각과 자기통찰의 올바른 모습을 헤겔은 양심(Gewissen)이라고 불렀는데, 이것이 말하자면 실존론적인 윤리의 올바른 모습의 핵심부라고 말해도 좋다.

그러나 이 윤리적 자유에 따르는 자기 확신은 이 지점에서는 결코 완결될 수 없다. 그것은 일반적으로 나는 이러이러한 것을 올바른 것(선)이라고 믿는다라는 형식을 취하고, 그 범위에서 반드시 타자와의 관계 혹은 사회관계 속에서 다른 신념과 서로 대립한다는 또 하나의 본질을 갖는 것이다. 이 신념대립의 문제는 종교와 세계관, 가치관의 대립으로서 가장 보편적인 형태로 현상해 왔고, 또 근대철학의 인식문제(주객의 일치)의 본질적 동기이기도 하다.

실존론적으로 인간은 자기배려와 자기양해의 본질을 자기 자신의 내적인 진실의 확신, 즉 자기의 목소리라는 형태로 갖고, 이것을 벗어나는 근거를 전혀 갖지 않는다. 예를 들어 신의 명령이라는 절대적인 초월성이 사람의 행동을 규정하는 경우에도, 그것은 신의 명령을 지상으로 간주하는 내적인 자기 확신만이 그것을 지지하고 있는 것이다. 자신의 행위의 규준이(그것이 법이든, 신의 명령이든) 자기 자신의 납득에서 선택한 것일까 외적으로 강요된 것일까는 일반적으로는 반드시 누구나 이것을 인지할 수 있기 때문이다. 그러나 실로 그것 때문에, 즉 내적 확신이라는 본질을 갖기 때문에 이 확신은 보편성의 절대적인 보증을 갖지 않고, 항상 새로운 대립으로 만나게 된다. 그렇기 때문에 선악의 문제는 철학적 사고에 있어서 항상 해결하기 어려운 아포리아로서 계속 존재해온 것이다.

그러나 또한 이 윤리적 신념대립이 불가피하고 본질적이라는 것, 윤리의 내적 자기 확신이 반드시 이 대립에 직면하고 그것을 극복하려고 하는 본성을 갖는 것에 윤리의 보편성의 근거가 있다. 내적으로 갇힌 윤리적 신념은 그것이 본래적인 자기 확신과 자기 납득으로까지 도달하려고 하는 만큼, 이 대립의 상황에서 윤리적 확신의 핵인 본래성이라는 계기 자체를 위험에 노출시키게 된다. 윤리적 확신의 대립은 나의 올바름과 타인의 올바름의 절대적인 대립, 그 해결불가능성을 명확히 하고, 그것에서 반드시 내적인 신념의 본래성이라는 감각의 핵을 위태롭게 하는 것이다. 물론, 세계에는 자기가 품는 윤리적 신념의 절대적 올바름을 완고하게 믿는 것으로, 자기 존재를 지키려고 하는 신념도 많이 있다. 그러나 그것은 어떤 윤리의 보편적 본질이 근거가 없다는 것의 증거가 아니다. 절대적인 자기의 목소리와 절대적인 타자의 목소리라는 대립은 그 논리의 실상이지만, 모든 외적인 초월항에서 자립하여 실존적인 내부의 자기의 목소리에만 의거하는 한, 윤리의 본질을 각자적인 실존의 장면에서 더욱 사회적인 보편성의 장면으로 끄집어내어, 이 해결하기 어려운 모순의 해결을 재촉하는 근본적 동기가

되는 것이다.[21]

이미 분명해 졌지만, 이때 우리들의 자기의 목소리는 절대적인 타자의 목소리에 밀려 그 요청을 들어주려고 자세를 갖추는 것이 아니다. 즉 여기에는 강자와 약자가, 또 정당화하는 자와 이의를 제기하는 자가 전형적으로 존재하는 것이 아니다(그것은 매우 유럽적인 도식이다). 그렇지 않고, 윤리적인 자유와 자기 확신에 관한 끊임없는 신념대립이 존재한다는 것, 그리고 각각의 신념이 그 내적인 자기 확신에 관한 본질적인 자각을 갖고 있다는 것이야말로 보편적인 배치이다. 강자와 약자라는 배치와 정당화하는 자와 이의를 제기하는 자라는 관계의 배치는 결코 본질적이지 않고, 오히려 신념의 대립이 자각한 자기의 목소리로서 서로 한다는 배치야말로, 윤리가 보편적인 것으로 전개할 수 있는 것의 근거이고 전제이다. 양심의 가책의 문제가 양심의 문제, 즉 자기 자신의 내적인 진실의 양해에 선행하는 것은 있을 수 없는 것이다.

이렇게 우리들은 윤리의 보편성의 근거를 외부적인 절대적 이상이념에 두지 못하고, 또 외부적으로 절대적인 타자의 목소리에 둘 수도 없는 본질적인 이유를 알게 된다. 그 이유는 단지 하나로, 절대적인 외부의 최고선의 이상도, 절대적인 외부의 타자의 이념

---

21) 실로 이 이유로 하이데거의 윤리문제의 본질 설정에는 한계가 있다고 말하지 않을 수 없다. 하이데거가 그것을 실존론적인 존재배려의 문제(=양심이 부르는 목소리)로서 나타낸 것은 어느 정도 강조해서 불태울 것 없을 만큼 큰 공적이었지만, 그러나 이 윤리적 확신에서 신념대립의 아포리아를 해명하는 과제에 관해서 이것을 충분히 다할 수 없었던 것은 그가 선과 윤리의 근거를 일단은 타자와의 공존재라는 형태로 설정하면서, 이것을 본래적으로 살까 그렇지 않을까 하는 형이상학적 이항대립 속에서 전개했기 때문에 결국 상속재산(전통)과 공동체 혹은 민족이라는 개념에 환원한 것으로 여실히 나타나고 있다. 《존재와 시간》 74절을 참조.

도 신념대립이라는 장면에서는 결코 그 아포리아를 극복할 수 없기 때문인 것이다.

실은 애당초 근대철학은 신을 근거로 하는 보편적인 타자(로의 사랑)의 이념을 얼마나 새로운 원리에 의해 극복할까 하는 동기를 갖고 있었다고 할 수 있다. 그곳에서 이미 칸트-헤겔-니체-하이데거 등에 의한 본질적인 전개가 있었지만[22] 여기서는 이미 보편적 혹은 절대적인 타자의 이념이 원리로서 다시 제시된 경우는 없었다. 이 이념이 이미 역사적인 역할을 마치고 있는 것을 그들의 누구나가 깊게 이해하고 있었고, 또 그들 중에서 몇 명인가는 오히려 실로 신념대립의 아포리아를 해결하는 것에 문제의 본질이 있다는 것을 자각하고 있었기 때문이다. 그리고 이 문제가 처음 시사하고 있었던 윤리의 또 하나의 측면, 윤리와 정의의 사회적 본질이라는 문제를 근대철학에서 새로운 중심문제로서 구성한 것이다.

2) 정의의 사회적 개념에 대해서

위와 같이 예비고찰을 둔 뒤에 우리들은 사회적이 정의의 개념의 본질에 관해서 생각해 보자.

데리다에 의하면 법의 근거를 소행하면 폭력에 다다르지만, 폭력은 악인 이상 그것에 근거를 둔 법은 정당화되지 않는다고 여긴다. 또한 그는 정의를 말하자면 이성을 넘어선 광기성으로 근거를 두는 것으로, 근대철학이 기초를 두어온 법/권리의 역사성을 무효

---

22) 칸트는 도덕, 헤겔은 양심(Gewissen), 니체는 삶의 긍정, 하이데거는 양심이 부르는 목소리라는 형태로 제시하고 있다.

270

화하려고 한다. 그러나 이러한 법(=국가)의 정당성의 무한근거의
주장은 전통적 유럽사상의 수준으로 이것을 두고 비교해보면 완전
한 퇴화현상임에 틀림없다. 미리 말해, 여기서 제시되고 있는 국가
=법=폭력=악=비정당성이라는 직관적 추론의 근거가 되고 있
는 것은 역시 앞에서 본 소박한 자연윤리에 불과하기 때문이다.
폭력은 악이고, 전쟁은 악이라는 일반적인 자연윤리는 인간사회에
서 지배관계와 폭력이라는 현재의 불가피한 이유를 갖는 실현성에
순수하고 무구한 이상이념을 단적으로 동시에 이항적으로 대치시
키지만, 실로 이것으로 이 현실성의 조건을 적절하게 파악하고 이
것을 해제해가는 과제를 설정하지 못하고, 단순히 현상요청주의로
서 시종할 수밖에 없는 것이다.

　　데리다적 법의 비판의 논법은 현재, 예를 들어 국가는 환상의
공동적 제도에 불과하다든지, 법은 권력을 근거로 하고 있음에 불
과하다는 누구나 가능한 "일반적 비판"으로서 크게 유통되고 있
다. 그러나 국가는 환상관계라고 하기보다, 모든 인간사회의 제도
성이 환상관계를 본질로 하고 있는 것이다. 그리고 이 환상관계에
는 예를 들어 종교라는 존재가 상징하고 있는 것처럼, 변하기 어
려운 필연성이 있다. 만약 종교와 국가라는 제도에 허용하기 어려
운 모순이 있다고 생각할 때, 우리들은 먼저 이것을 극복할 수 있
는 새로운 사회적, 정치적 원리를 구축하고 제시해보지 않으면 안
된다. 이 구상이 사람들의 광범위한 합의를 얻는 경우에만, 그 주
장은 처음으로 정당화될 것이다(일찍이 마르크스주의가 유일하게
그러한 정당성을 주장했었다). 요컨대 국가와 종교와 법은 역사적
으로 규정된 것에 불과하고, 절대적인 정당성의 근거를 갖지 않는
다고 하는 상대화와 비정당화의 논리는 직관적인 자연윤리에서만
기초를 두고, 따라서 말하자면 누구나 가능한 "일반비판표상"임에

틀림없고, 본질적인 구상을 갖는 비판사상으로서 자격을 갖지 않는 것이다.

다시 말하면, 데리다는 법과 폭력의 패러독스에 의해, 근대국가의 근거를 상대화한다. 그리고 법이라는 근대적인 정의의 근거에 대해서 타자라는 개념을 제시한다. 그러나 이것은 분명한 전도임에 틀림없다. 정의는 어디에서 오는 것일까? 근본적으로는 타자(아직 보지 않은 타자도 포함해서)에서 온다고 말할 수 있다. 그러나 보았듯이 타자로의 자연스러운 동정, 연민, 협동, 공생의 감정은 역사적으로는 반드시 공동체라는 임계로 막힌다. 그리고 이것에는 필연성이 있고, 누구나 이 사태를 비난하고 질책하는 권리를 가질 수 없다. 공동체의 원리는 또한, 인간이 다양한 언어와 종교와 문화, 또 지리적 편차를 갖는 것의 필연적인 결과이다. 그리고 공동체의 원리는 공동체끼리의 대립, 긴장, 지배관계를 필연화하고, 그것은 또한 공동체의 권력과 권위 집중의 본질적인 원인이 된다. 이렇게 모든 공동체는 근대 이전적인 계위제도(정치적, 종교적 신분제도)의 사회 시스템을 보편화했다.

근대철학의 큰 흐름이 이러한 전통적 공동체의 위계제도의 이념을 뒤엎으려는 동기에 영향을 받은 것은 상식에 속한다. 그리고 이것을 대신한 새로운 이념이 근대시민사회의 이념임에 틀림없었다. 한편으로 우리들은 근대 시민사회 이념이 국민국가와 자본주의라는 거대한 모순의 원천이었던 것을 알고 있기 때문에 근대철학에 의해 확립된 근대사회의 기본이념을 근본적으로 비판해야 한다는 충동에 사로잡힌다. 그러나 이 겨냥도가 가령 타당성을 갖고 있다고 해도, 새롭게 제시된 원리는 이전 원리의 본질적인 약점을 극복하려는 원리가 아니면 안 된다. 그러나 우리들이 보았듯이, 데리다가 제시하고 있는 타자의 개념은 그 과제를 다하고 있다기보다, 오히려 사상적으로 명백한 후퇴, 니체가 말하는 전형적인 사상의 반동형태를 나타내고 있다. 데리다는 근대철학을 형이상학으로서 본질적으로 비판하고 싶다면, 근대철학의 남은 정치와 사회의 정당성의 원리를 먼저 본질적인 형태로 인식하고, 이것을 정면에서 원리적으로 비판해야 한다. 그러나 그의 비판은 국가일반과 법일반의 정당성을 패러독스에 의해 무근거화하는 것밖에 없었다.

여하튼 근대철학의 남겨진 정치와 사회의 정당성의 원리는 극히 깊게 생각되어진 것이다. 그것은 전통적인 종교이념(이웃애)이 공동체 대립의 원리를 넘어설 수 없는 것을 기점으로, 이것을 극복하는 새로운 원리의 창설로서 제시되고 있는 것이고, 도저히 데리다적인 논리의 패러독스에 의해 만들어진 고전적인 타자의 개념에 의해 본질적인 비판을 받아들이는 것일 수는 없다. 나는 지금 그것을 가능한 간단명료하게 제시해 보겠다.

예를 들어 루소는 사회가 어떠한 것이어야만 할까(또 있을 수 있을까)가 아닌, 정치권한 이라는 것이 정당한 것이라고 간주된다고 하면 그 조건을 어떻게 말할 수 있을까 하는 극히 본질적인 물음을 설정했다.[23] 그의 대답은 다음과 같이 간결하고 본질적인 것이다. 통치권력은 사회 성원의 대등한 정치권한의 위탁으로 통치권을 갖고, 사회의 성원 전체의 일반의지를 대표하는 것으로 그 책무를 집행하고 있는 경우에만 정당화된다고 말이다. 일반의지의 개념은 근년에 완전하게 이해되고 있다고는 말하기 어렵지만, 근

---

23) 루소, '사회계약설' 세계의 명저 36 《루소》, 이노우에 코우지 역, 중앙공론사 (중앙백스), 1978년. 인간을 있는 그대로 현실의 모습으로 파악하여, 법을 있을 수 있는 가능한 모습으로 파악한 경우, 사회의 질서에 정당하고 확실한 국가의 설립과 국법의 기준이 있을까 어떨까, 이것을 나는 연구하고 싶다, 231면.

대사회의 근본적인 구성원리이고, 칸트도 헤겔도 이 원리의 근본
적인 본질성을 인정하여, 이것에 관해서는 그대로 받아들이고 있
다고 말해도 좋다.

　이상주의적이고 자연주의적인 윤리주의에 서는 논자들 중에, 시
민사회의 일반의지란 타자를 배제하는 공동체적인 의지에 불과하
다고 말하는 자도 많다. 그러나 이러한 반론도 시민사회 원리로의
무이해를 나타내고 있음에 불과하다. 오히려 시민사회적인 일반의
지의 원리가 자기적 계위에 의한 정치=종교적 질서, 및 이방인의
배제를 원리로 하는 공동체적 정치원리를 극복할 수 있는 근본원
리로 만들어진 것이다. 여기서 시민(citoyen)은 각 사람이 종교와
인종과 언어의 차이라는 다양성을 가진 채로, 그 차이를 넘어서
공존할 수 있는 사회집합의 원리를 의미하는 것으로, 그것은 처음
타자와 이웃애와 그 절대근거로서의 신의 신앙이라는 개념의 한계
를 넘어선 것이다. 실로 이 점에서 시민사회와 일반의지는 공동체
를 대신한 새로운 사회시스템의 이념이 될 수 있었던 것이다. 또
한 폭력을 절대악으로 직결하는 데리다의 레토릭도 그 자연 윤리
적 본질을 여실히 폭로할 수밖에 없다. 시민혁명은 폭력에 의해
이루어 졌지만, 우리들은 그것이 인민의 커다란 전체 의견을 대표
하고 있다고 간주된 이상, 그 결과 성립한 정치권력을 정당한 것
으로 생각하는 수밖에 없다. 윤리의 근거로서 타자라는 이념은 기
껏해야 보편적인 종교이념으로 전환할 수 있는 것만으로 이러한
정치권력의 정당성에 관해서 어떠한 근거도 전망도 부여할 수가
없고, 즉, 공동체의 아포리아를 극복하는 원리도 갖지 않는다. 시민
사회이념에 대한 대부분의 비판자들은 자본주의의 현상과 시민사
회의 원리를 혼동하여 이것을 상대화하고 있음에 불과하고, 스스
로는 공동체의 원리를 극복하는 정치권력의 정당성의 이론을 제시

하지 못하는 것이다.

헤겔은 또한 루소가 일반의지의 개념에서 나타낸 법과 시민의 관계에 관한 기본원리를 자유의 상호승인이라는 개념에 의해 한층 본질적인 형태로 나타낸다. 헤겔은, 인간은 자유로울까, 자유로워야 할까라고는 말하지 않았다. 그의 설문은, 인간의 자유라는 것이 사회적으로 실현된다고 하면 그 제도적인 본질조건 무엇일까 하는 것이었다. 각 사람이 그 소유하는 여러 가지 차이에 관계없이, 상호 타자를 개인으로서 자유(자기결정권한)를 가진 자립한 존재로서 공통적으로 서로 승인하는 경우만 그것은 가능하게 된다는 것이 그 답이다. 이 상호승인 개념도 극히 본질적인 원리이고, 인간의 제권리와 또 정치권력의 정당성의 근거로서 이것을 넘는 원리는 아직 누구로부터도 제시되어있지 않지만, 그 사정의 깊음도 아직 충분히 이해되고 있지는 않다.[24]

니체는 어떨까? 그 역시 폭력과 법에 관해서 극히 뛰어난 본질고찰을 남기고 있다. 그는 19세기 후반의 사회사상에서 정의와 법의 생각이 이상주의적 관념론에 퇴행하고 있다는 것을 확실히 보고 받아들여 다음과 같이 주장했다. 사람들은 선과 도덕과 정의라는 것의 본질을 시민사회 속에서 자명하게 된 자연윤리라고 잘못 알고 있다. 즉 선과 정의는 아름다운 이타적인 정신에 근거를 둔다고 생각하고 있다. 그러나 여기에 실로 기원론적 전도가 있다. 좋은 것 선 정의라는 개념은 본래, 생으로의 의지와 힘에 근 본질적 근거를 갖고 있다. 정의 자체도 이타적 심정에서가 아니라, 오히려 현실적인 힘에 의해 처음으로 가져온 것이다. 압도적인 정복민족이 강대한 제국을 완성하고, 거기서 통일적 힘의 실현에 있어

---

24) 루소 일반의지와 헤겔의 상호승인의 개념의 본질에 관해서는 졸저 《근대철학재고》에서 상론하고 있다.

처음으로 법의 일반적 실효화라는 것이 가능하게 되며, 또한 법의 근원의 대등이라는 것도 가능하게 되었다. 즉 개별적인 힘의 대항에서는 결코 실현될 수 없었던 것이 압도적인 정치권력의 출현에 의해 처음으로 가능하게 되었다. 힘을 사용하지 않는 것, 연민의 정과 이타성이라는 것, 그것이 정의와 선의 근거라는 자연윤리의 소박한 신빙에는 불가피한 사고의 전도가 숨어있다. 그것은 승려적 지배가 완성된 후에 일반화된 선량한 것의 신화에 불과하다. 각 사람은 생으로의 의지에 근거하는 자기 배려의 힘을 갖고 있다. 이 힘을 보다 고귀한 것으로 높여 사회적인 실효성으로 전화하는 것, 여기에만 정의의 보편화의 근거가 있다. 《도덕의 계보》 그 밖에 니체는 대개 이러한 생각을 선명하게 나타냈다.

　니체의 힘의 사상은 권력의 논리에 회수된다는 비판도 있지만, 이것도 소박한 이상주의에 유래하는 통속적 비판에 불과하다. 대개 루소, 헤겔, 니체 등의 근대사회에 관한 원리적 이상에 대해서, 소박한 자연윤리와 로망주의적 이상이념에 의해 이것을 비판하는 것은 불가능하다. 전자가 후자의 현실부인의 약점을 극복하기 위해 나타난 사상이고, 원리적인 힘으로 명확한 우위를 지키고 있기 때문이다. 또 폭력과 같이 권력일반을 악이라고 생각하는 자연윤리의 입장에서는 정치통치의 원리도 결코 구체적으로는 구축할 수 없다. 생시몽의 산업주의와 푸리에의 협동사회주의, 또 푸르동과 크로포트킨 등의 무정부주의가 사상사적으로 좌절한 것은 그 때문이다. 여기서는 정치와 통치원리에 대한 소박한 로망주의가 극복되지 않았다. 오히려 사람들의 자유와 대등을 실현하기 위한 권력의 정당성의 원리를 명확하게 하는 것이야말로 본질적인 문제라서, 그것과 현재의 자본주의의 여러 모순을 극복하는 원리와 계획을 구상하는 것은 또 다른 문제인 것이다. 모든 사회에는 절대적인 정당성이 있다고 말하는 자는 정신이상자 이외에는 없지만, 그곳에 어떤 정당성도 존재하지 않는다고 말하는 주장도 사상으로서는 이것과 표리일체이다.

따라서 우리들의 사회에서 정치통합의 정당성은 일반적으로는 그것이 합법적인 것에 근거를 둔다고 말할 수밖에 없다. 법과 그밖의 규정의 룰을 기준으로 통치와 사법을 실행하는 것은 정치적인 올바름의 제일의 원칙이라서, 만약 이것이 행해지지 않으면 통치는 자의적인 것이 되고, 인권과 여러 권리의 확실성은 금세 위태로워지며, 사람들에게 있어 자신의 힘 이외에 확실하게 의지하는 것은 없어지게 되어, 실로 사회 정의의 근거가 없어지기 때문이다. 재판관이 규칙을 기준으로 판결을 내릴 때, 그것은 규칙의 기계적인 적용이기 때문에 정의라고는 말할 수 없다고 데리다는 말한다. 물론 재판관은 매일의 업무 중에서, 자신은 매일 정의의 행위를 쌓고 있다는 등의 생각은 하지 않을 것이다. 그러나 그가 틀림없이 규칙에 적합하다고 생각하는 일정한 원칙에서, 말하자면 기계적으로 규칙과 재정을 내리는 것이 사회적인 정의가 실효적으로 기능하기 위한 본질적인 조건일 수밖에는 없는 것이다.

그럼 우리들은 여기까지 와서 데리다의 패러독스가 정의와 윤리가 인간에게 있어서 갖는 실존적인 본질과 사회적인 본질을 혼동하는 것으로 성립했다는 것을 확실히 이해할 수 있다. 보았듯이 이 패러독스는 인간의 윤리의 문제에 관해서 아무것도 말하지 않았던 것은 아니다. 그러나 거기서 말하고 있었던 것은 근대철학에서 전개되어 온 윤리의 문제의 본질적인 아포리아를 해명하는 것도 추진하는 것도 아니었다.

윤리의 문제는 먼저 실존론적인 내적 자유의 장면을 기점으로 각자적인 존재배려와 존재양해의 장면에서만 움직이기 시작한다. 그러나 또 그것은 이 권역 속에서 완결하는 것은 있을 수 없고, 존재배려에서 자기 확신적 본질의 자각이 깊은 정도에 따라, 반드시 신념대립이라는 사회관계성의 아포리아에 직면하고, 동시에 이것을 초월하려는 본질을 갖고 있다. 올바름에서 신념대립의 아포리아는 자각된 윤리성의 내적 본질이다. 실로 그 이유로 내적인 윤리는 이 아포리아를 극복하는 원리를 향해 자기를 외화하고 보편화하는 과제를 통해, 또 한번 실존론적 영역으로 환귀해오지 않으면 안 된다. 그렇지 않으면 윤리의 문제는 선악의 규준에 관한 일반적인 판단(일반적 표상), 거짓말과 자기중심성과 폭력은 악이라는 선악에 관한 일반 표상과 일반 신념에 머무를 수밖에는 없다. 여기서는 윤리가 윤리라는 것의 본질조건이 결여되어 있다. 왜냐하면 그곳에서 윤리는 각 사람의 생을 실질적인 형태로, 즉 그 실존적 자유의 본질 속에서 작용하는 것일 수 없기 때문이다.

때문에 하이데거가 윤리의 문제를 내적인 목소리의 문제로서, 즉 철저하게 실존론적인 문제계열로서 말한 것에는 큰 의의가 있다.[23] 윤리의 본질은 선악에 관한 일반적 가치판단의 문제와는 전혀 다른 본질을 갖는다. 얼추 말해도 사념과 사고방식으로 극히 아름답게 고상한 이상을 품는 사람이 자기의 구체적인 인간관계에서는 윤리적이라고는 한정하지 않는다는 것은 누구나가 알고 있는 보편적인 사태일 것이다. 윤리는 최종적으로 실존론적인 사상으로서 근거두지 않으면, 즉 각 사람의 생을 각 사람의 자유의 본질로

---

23) 하이데거의 양심이 부르는 목소리를 비유로 할 필요는 없다. 외적인 위력이 아닌 자신의 내적인 목소리로서 그것이 나타내는 것은 윤리가 선에 관한 일반 신념과 일반표상이라는 것(선악에 관한 일반적 비판)을 넘어, 개개인의 실존적인 자기 배려의 올바른 모습이 되기 위한 본질조건이기 때문이다.

서 살아가지 않으면, 결국 단순한 이상에 관한 취미판단의 문제로
시종하는 것이다.

데리다의 탈구축 사상이 현재의 자본주의의 모순의 극복의 시
도라는 동기에 의해 강하게 채색되었던 것은 물론 이해할 수 있
다. 그러나 좋은 뜻이 계속 이어지는 것은 그것이 뛰어난 사고법
중에서 전개될 때뿐이다. 뛰어난 사고법은 상대를 상대화하기보다
오히려 자기 자신의 사고를 적절한 방법으로, 즉 원리의 전개를
통해 시도하는 것이다. 포스트모더니즘은 어떤 하나의 관념을 전
도했다는 절실한 희망을 위해, 철학의 본질적 사고법과 교환에 모
든 것에 부정을 말할 수 있는 강력한 마법을 손에 넣은 자와 닮았
다. 그것은 지금 절대적 비판의 마력에 홀려 시발의 동기자체를
놓치고 있는 것이다.

종장 현대적 초월항

1. 말할 수 없는 것의 복수성: 기게스적 비판

데리다에 의한 후설 언어론 비판, 이데아적 동일성과 절대적 기원의 관념의 비판, 음성중심주의 비판 등의 검토에서 우리들은 출발했다. 그리고 그것은 현대철학 전체를 성격짓는 유럽적 형이상학 비판의 언설의 흐름으로 합류하는 것, 또 이 언설의 총체가 언어의 수수께끼라는 언어론적 아포리아를 둘러싸고 있다는 것, 더욱이 이 언어론적 아포리아는 현대철학에 특유의 형식논리적, 회의론적 비판주의에 주도되고 있기 때문에 결코 본질적인 해명에 다다를 수 없는 것을 보아왔다. 그리고 우리들은 이것을 대신해 현상학적 방법을 통한 언어의 본질 고찰을 대치했다. 이런 본질 고찰이 정당하게 해결된다면, 현대철학이 반복해온 언어의 수수께끼에 관한 형이상학적 논의는 이윽고 종언하게 될 것이다.

그러나 처음에 서술했듯이 이 논문의 중심 모티브는 철학의 본질적 고찰에 근거를 둔다는 점에 있다. 내가 앞장에서 제시하려고 한 것은 현대철학의 형식논리와 회의론적 상대화라는 방법의 본질

적 결함이다. 이 논문에서 나는 그것을 형식논리적 사고 - 본질고
찰이라는 대립항에서 나타냈지만, 이 논문을 결론지음에 이르러,
그것을 두 가지 점에서 명시해두고 싶다.

하나는 형식논리적 사고의 근거 상대주의적 본성에 관해서, 또
하나는 그 초월항적 성격이라는 것에 관해서이다.

보았듯이 아즈마 히로키의 데리다 옹호는 충분한 설득력을 갖
고 있다고는 말하기 어려웠다. 우리들은 그것을 데리다의 법에 관
한 논의의 검증을 통해서 확인해 왔지만, 더욱이 간결하게 그 본
질적 이유를 말하면 다음과 같다.

말할 수 없는 것을 절대적인 것(단수의 것)이 아닌 "복수화"한
다는 구상, 즉 인간의 양해의 본질구조를 오배적 우편제도로서 상
정하는 것으로 사상의 "초월화"를 회피한다는 구상 자체가 애당초
동일성-차연, 절대-상대, 단수-복수라는 대립적 이항성을 특징으로
하는 형식논리적 사고에 그 전제를 갖고 있다. 즉 데리다 사고의
발단에는 동일성 절대 보편이라는 관념에 상징되는 어떤 "이데올
로기성"으로의 대항이 있고, 이 관념이 자명성과 정당성을 상대화
하기 위한 장치로서, 앞의 이항대립적 논리도식이 설정되고 있는
것이다. 그러나 이것을 분석적 논리로 추궁하면, 이번에는 대항개
념이 절대적인 근거라는 성격을 띠게 된다. 그리고 말할 수 없는
것이라는 개념은 이 대항개념의 근거화의 "말소"를 의미하는 것으
로 요청되고 있는 것이다. 그러나 형식논리의 분석력은 더욱이 또
한 필연적으로 이 말할 수 없는 것의 모두를 상대화하는 근거로
지적하지 않을 수 없다. 말할 수 없는 것이라는 항목이 복수화와
미분화의 필요에 노출되는 것은 이 근거의 절대화를 또 한번 "금
지"하기 때문이다. 이렇게 말할 수 없는 것의 "복수화"라는 개념이
의미하는 것은 그것이 비록 모두를 상대화하는 근거라고 해도, 그

러한 근거성 일반을 만들어 내는 것 자체의 금지의 요청이라는 것
을 의미하고 있다. 따라서 복수화라는 개념의 창출 자체가 어떤
시대의 지배적 관념에 비판, 대항하는 수단으로 형식 논리적인 사
고를 방법화한 것의 결과이다.

　나의 생각에서 이러한 이항대립적 논리도식의 사용에 의한 시
대비판이라는 유형의 선행자는 의외로 하이데거이다. 후기 하이데
거에 특징적으로 보이는 이 이항대립적 논리도식은 하이데거의 사
고에 원래 포함되어 있던 형이상학성에 유래한다. 그리고 이 형식
논리적 사고는 원리를 제시하면서 이것을 전개해가는 근대철학의
사고방법과는 다른 것이다. 형식논리는 예를 들어 차이라는 항에
잠재적인 우위를 둔 뒤에 동일성-차이라는 이상성을 조정하고, 그
것으로 동일성의 개념의 비자립성을 "논증"한다. 복수 타자라는
개념에 잠재적인 우위를 부여해 둔 뒤에 복수-단수, 타자-주체라
는 이항성을 조정하고, 그것으로 단수와 주체개념의 가치박탈을
행한다. 형식논리적 사고는—이것은 이미 플라톤이 여러 번 테마
로 한 것이지만—그러한 방법에 의해 사태의 본질을 검증할 것
없이 여러 가지 것을 "논증"할 수 있기 때문에 필연적으로 신념보
강적 사고의 경향을 강하게 한다.

　이것에 대해서 원리적인 철학사고는 예를 들어 의식, 자기의식,
이성, 정신이라는 개념(원리)군을 두고, 어떤 사태(여기서는 인간
정신의 대자-대타적 전개)의 진상의 총체성을 제시한다. 감성 오
성 이성이라는 기구적 구조전체의 분절화와 내적-초월 노에시스-
노에마라는 본질 구조의 분절화도 또한 같다. 중요한 것은 여기서
는 이러한 개념군, 술어계열의 설정 자체가 원리의 제시이고, 이
원리는 인간의 세계경험에 놓여진 그곳에서 그 타당성을 시도하
고, 검증할 수 있는 형태를 취한다는 것이다. 이것에 의해 철학적

사고는 항상 현실에 의해 검증되고 원리(키워드)가 재편집되면서
끝없이 다시 시작되는 언어게임이 되고 있는 것이다.

형식논리적 사고는 그 이항대립적 특징에 의해 항상 세계를 잠
재적으로 가치 있는 것과 부정적인 것으로 크게 분절한다. 또 그
것은 모순을 만들어 귀류론적으로 적대하는 항을 부정하고, 그것
으로 자항의 올바름을 상대적으로 증명한다. 때문에 그것은 자기
의 정당성을 적극적으로 제시할 필요가 없다. 우리들은 여기에 실
로 니체가 말하는 승려적 가치평가양식의 특징, 즉 반동적 가치평
가라고 하는 특징을 보고 있지 않은가?

포스트모더니즘의 기초적 방법이 이러한 형식논리적 사고에 깊
게 규정되어 있는 것은 그 눈부심에 매혹되지 않은 자라면 쉽게
이해할 수 있을 것이다. 예를 들어 포스트모더니즘의 또 한 사람
의 대표적 사상가인 질 들뢰즈는, 그 비판의 근본구상은 제1장에
트리(체계적 시스템) 개념에 리좀이라는 개념을 대항원리로서 대
치하는 것이고, 제2장에 욕망의 제도성에 대해서 그 강도를 대치
하는 점에 있다. 또 미셸 푸코는 아르케올로지라는 개념이 필연적
역사성의 개념으로 자명한 것이 된 여러 제도와 개념성의 상대성
을 무근거화하는 전략의 근본적 무기가 된다. 예를 들어 《성의 역
사》[1]에서 가장 중요한 대립항은 욕망—쾌락이라는 대립항이고, 쾌
락에 의해 제도가 만들어지는 욕망의 장치를 넘는다는 것이 그 기
조를 이루는 메시지이다. 그들의 사고 속에는 흥미 깊은 본질고찰
이 전혀 존재하지 않는다는 것은 아니다. 그러나 이 기본구상은
현재사회, 국가, 이데올로기, 제도성에 대해서 새로운 대립항의 원
리를 도입하고 대치하는 것으로 그 정당성을 상대화, 무근거화 한

---

1) 푸코, 《성의 역사》(전3권), 와타나베 모리아키/타무라슈쿠 역, 신쵸샤, 1986~
  87년.

다는 방법에 의해 뒷받침되고 있다.

이렇게 포스트모더니즘은 사상으로 이미 신념보강적 성격을 띠고 있다는 것을 알 수 있다. 무엇이 해체해야 할 대상인지 미리 전제되어 있었던 것이다. 다시 말하면, 회의론적인 분석적 형식논리는 모든 것의 근거(정당성)를 부정하고, 상대화하고, 무효화하지만, 필연적으로 스스로의 원리를 제시하는 것은 불가능하게 된다. 따라서 그것은 자신으로부터는 타자를 보지만(판단할 수 있는) 타인으로부터는 결코 볼 수 없는(판단되지 않는), 말하자면 기게스적 성격을 갖게 되는 것이다.[2] 그 때문에 그것은 유형적으로 두 가지의 사상적 방향성을 취하게 된다. 하나는 비판사상의 근거를 이야기화하는 것, 또 하나는 근거를 논리적으로 논거를 둘 수 없기 때문에 사상적인 점프에 의해 이것을 초월화하는 것이다.

2. 현대적 초월항에 관하여: 무근거로의 점프

이야기는 임의의 검증될 수 없는 기원과 근거의 상정을 전념하지만, 심층심리학은 근대 이후 이것을 종교적인 방법이 아닌 "과학적" 방법으로 제공해온 전형적이고 대표적인 학문이다.

---

2) 플라톤 《국가》에 "기게스의 지론"이라는 잘 알려진 삽화가 있다. 옛날 양치기로 류디아 왕을 시중들었던 기게스라는 사람이 있었다. 어느 날, 큰 비가 내리고 지진이 일어나 대지가 갈라져, 지면에 뻥뻥 구멍이 뚫렸다. 기게스는 놀라면서도 그 구멍 속으로 들어가 그곳에서 자신의 모습을 사라지게 할 수 있는 신기한 지론을 발견했다. 그는 이 신기한 지론의 힘을 이용하여 먼저 왕비와 통하고, 왕비와 공모해서 왕을 죽인다. 이렇게 기게스는 편안하게 왕권을 자기 것으로 만든다.

예를 들어 아즈마 히로키 자신은 대항적 형식논리의 방법의 한계를 예민하게 헤아리고 있지만, 이 아포리아를 회피하기 위해 그는 심층심리학의 영역에서 새로운 가능성을 끄집어내려고 하고 있다. 그것은 프로이드의 끝없는 분석에 상징되는 무의식의 전이라는 개념, 의식이 아닌 무의식에 의한 타자양해의 가능성이라는 개념에 의해 나타난다.[3] 아즈마의 논의에 관해 여기서는 그 이상 상론하지 않지만, 나의 생각에는 아즈마의 이 구상도 의식-무의식 주체-타자라는 이항논리를 말하자면 미분적으로(즉 차연적으로) 극복하려고 하는 기본성격을 가지며, 사고 그 자체는 내재적인 동기로 출발하고 있지만, 방법으로서는 데리다적인 그것을 충분히 극복했다고는 말하기 어렵다. 그것은 아마, 데리다가 행해 온 탈구축의 방법의 고정성을 언어의 영역에서 무의식의 영역으로 월경시키는 것을 통해 극복하려고 하는 시도인 것이다. 그러나 나의 생각에는 프로이드의 심층심리학의 담화(discours) 자체가 말할 수 없는 것에 관한 형이상학적 이야기라는 본질을 갖고 있고(라캉은 실로 이 방향으로 프로이드를 받아들인다), 아즈마의 논의는 프로이드적 조직 틀을 인수하여 동일성-다의성 절대성-상대성이라는 이항성 대신에 의식-무의식, 주체-타자라는 새로운 이항성을 주도적 개념으로 도입하고 있다. 그러나 우리들에게 있어서 오히려 정신분석이라는 방법 전체의 본질적인 비판(해체=구축)이 먼저 필요한 것이다. 이 비판 없이는 그것은 마음의 수수께끼라는 또 하나의 형이상학을 만들어 내게 될 것이다.

원래 포스트모더니즘에 선행하는 구조주의는 프로이드적 심층심리학을 방법상의 하나의 골격으로 하지만, 포스트모던에서 그것

---

3) 《존재론적, 우편적》 제4장 이후를 참조.

은 역사의식과 시대의식에 의한 피규정성이라는 성격을 설명하는
알맞은 무기가 된다. 즉 그것은 당신이 그처럼 느낀다고 하면, 그
것은 실로 시대적, 사회적인 구조에 의해 그렇게 규정되고 있는
것이다라는 언설의 타입을 취한다. 푸코와 들뢰즈도 이 의식규정
론적 구조주의라는 성격은 매우 강하다.

또 하나 중요한 것이 있다. 프로이드적＝심층심리학적 문맥에서
는 말하자면 말할 수 없는 것의 영역이 이중화된다는 것이다.

먼저 무의식의 영역 그 자체가 말할 수 없는 것으로서 조정되고
있다. 그리고 그 위에 이 무의식의 영역을 만들어내고 있는 것, 무
의식이라는 영역을 움직이고 있는 역동성 자체, 즉 그 근본원인과
근거자체가 또 말할 수 없는 것으로 여겨지는 것이다. 라캉은 이
극한적 원인을 파로스(이 자체가 이름붙일 수 없는 것＝근본적 결
여에 부여된 이름이다)라고 부른다. 그리고 이것은 현대사상에서
또 하나의 근본 성격, 즉 실로 탈구축될 수 없는 말할 수 없는 것
의 영역을 확보하는 것에 의해, 포스트모던적 비판주의는 그 비판
의 근거를 끝없이 공무화된 초월항으로서 창출하지 않으면 안 된
다는 성격을 잘 설명한다.

다시 말하면, 포스트모더니즘은 자명화한 제도성과 이데올로기
를 근본적으로 전도하기 위해 회의론적 상대주의라는 전략을 선택
했다. 그것은 모든 것을 비판할 수 있는 것으로서의 탈구축이라는
기본성격을 갖는다. 그러나 모든 것의 무근거화는 당연히 무근거
화하는 것의 근거 자체의 상대화까지 다다른다. 그곳에서 포스트
모더니즘은 모든 것을 비판하는 장소를 확보해 두고, 그 위에 이
것을 "무근거화"해 두지 않으면 안 된다. 말할 수 없는 것이라는
영역 혹은 그 복수화는 그러한 동기에 의해 한층 절실하고 불가결
한 것이 된다. 그러한 이유에 의해 포스트모더니즘은 세계에 대해

서 어떤 적극적 태도를 취할 필요가 있는 장면에서는 반드시 윤리
와 정의와 타자라는 개념이 제시되고, 게다가 그것은 반드시 그
자체로서는 근거 둘 수 없는 말할 수 없는 것으로서 나타내게 되
는 것이다.

우리들은 데리다의 정의의 개념이 실로 그러한 것으로 논리화
되어 있는 것을 보았다. 그는 정의를 탈구축 불가능한 것으로, 즉
규정도 불가능하고 근거도 둘 수 없는 무언가라는 표상에서 제시
하고, 그리고 최종으로 이것을 무엇에 의해 근거 둘 수 없는 타자
로의 증여라는 개념으로 "초월화"한다. 이렇게 데리다적인 정의의
개념은 현대사상의 또 하나의 초월항의 원천인 레비나스의 윤리와
타자에서 무한성의 개념과 매우 닮아있는 것이다.[4]

나는 이 논문에서 두 가지의 것을 논증하려고 했다. 하나는 현
대사상에서 언어이론이 언어의 수수께끼라는 특유의 형이상학적
사고의 미로로 깊숙이 들어가고 있는 것. 이 수수께끼를 해명하기
위해서는 현대철학의 방법적 특징으로서 나타난 형식논리적 분석
으로는 불가능하고, 언어와 언어의 의미에 관한 현상학적, 본질론
적 고찰이 불가결하다는 것. 또 하나는 현대철학 및 현대사상의
총체가 시대비판과 사회비판을 행할 때, 철학의 본질사고를 수반
하여 그 동기의 검증과 원리론적 재시발이라는 방향을 취하지 않
는 것. 오히려 형식논리에 의한 대대적인 근거상대주의라는 방법
을 취했기 때문에 언어의 수수께끼를 해명하는 것도 불가능하고,
또 시대비판과 사회비판으로서도 마르크스주의의 원리조차 충분
히 극복할 수 없었다는 것이다.

---

4) 가라타니 고진도, 《윤리 21》(헤이본샤 2000년)에서 완전히 같은 것을 반복하
고 있다.

여기서 언어이론의 창출의 시도라는 것이 중심적 동기였던 것은 아니다. 오히려 사상과 철학에서 방법원리라는 것이 인간 및 사회에서 갖는 의미야말로, 이 논문에서 우리들이 나타내고 싶었던 것이다. 이미 19세기말에 니체는, 사람들의 자유의 자각의 급속한 진전이 종래의 공동체와 윤리의 해체를 결정적인 것으로까지 추진하고, 결과 유럽의 니힐리즘이 필연적이 된다는 것을 선언했다. 또 그는 이러한 역사의 상황 속에서, 세 가지의 사상 유형이 등장한다는 것을 정확하게 예견했다. 하나는 데카단사상(모드적 시니시즘과 니힐리즘), 하나는 과거의 윤리적 근거로의 반동적 회귀(보수사상 및 반근대사상), 또 하나는 새로운 초월성의 날조이다. 또 니체는 이제까지 최고가치의 비판만이 아닌 새로운 가치정립의 원리 창출이야말로 필요하다는 것을 몇 번이고 강조했다.

현대사상은 그것이 헤겔=마르크스주의의 도그마라고 간주한 것 속에 현대의 극복해야 할 형이상학을 보기 시작했다. 유럽의 계몽적 이성과 합리주의적 지성, 논리(로고스)중심주의, 유럽적 선편주의, 그러한 것이야말로 20세기가 되어 심한 모순을 드러낸 유럽적 원리의 "근거"라고 생각하여, 이 형이상학성을 극복하는 것으로 새로운 시대의 사상의 과제가 있다고 생각했다. 그러나 이런 생각은 철학의 사고의 본질적인 원칙을 벗어나고 있다. 현대의 철학자와 사상가들은 대개 근대철학이 남긴 원리적 사고의 중요한 공적을 이해하지 않고, 오히려 근대적 시민사회원리, 근대 국민국가, 그리고 그들을 지지하는 공동체원리의 분열과 전도라는 시대적 동기에 밀려, 형식논리적 비판사상을 만들어 냈다. 그것은 종래의 최고 가치를 비판하고 전도하는 것은 불가능했지만, 좀더 중요한 것, 즉 새로운 원리를 구상하지 못하고, 이 약점을 보충하기 위해 사고의 초월적 점프를 수행할 수밖에 없게 되었다. 이렇게 이제 20

세기적 사상의 역할은 종언을 고하고 있다. 우리들은 다시 한번, 철학의 본질적 사고의 원리를 재구축하고 고치지 않으면 안 된다. 그 방법원리를 우리들은 이 글 속에서 이미 윤곽을 잡아 왔고, 이 제 그것을 완전히 전개시켜야만 하는 상황에 서 있다.